蘭臺年譜叢刊 1

韓復智文史散集

韓復智 著

蘭臺出版社

本書作者韓復智（右）與錢穆（賓四）先生（左）在素書樓庭院中合影。

坐向黃昏看晚霞

韓兄今年八十六了，上次大病後，人一下子衰老了許多。這次又見了面，氣色卻好多了。只是耳背更嚴重，說起話來更高亢了。在福華用餐時，常引人刮目相看。耳背的人，說話會大聲，是因為過去的習慣使然—因為他自己覺得，聽來猶如從前也。

韓兄是山東流亡學生，「澎湖山東流亡學生編兵事件」中，他們的校長、老師和許多學長都冤死了。當時他也被編兵吃糧，後因健康出了問題，才得除役，後考入台大，以後當上教授直到退休。他是亂世的受難者，是孑遺的異鄉客。但從今天的場景看，孑然一身的流亡者，竟有賢妻眷屬，子孝孫賢，和樂融融，他是有大福報的人。

他是流亡學生中極少數走入學界而有成就的人。養成的讀書人的個性，日久和軍旅生涯中的故舊、難友就逐漸疏離、不搭調了。劉長卿詩云：「古調雖自愛，今人多不彈。」加以人越老，朋友也會越少，像秋風裏的落葉——故人多凋謝，本來如此！

我們是老同學了，很談得來，空談也不忌，都好作春秋議論，臭味頗相投。自他大病後，每來電話約敘舊。於茲，以稻田即將吐穗之際，會有一段空檔，否則待結穗後，就要忙著放炮驅鳥，不能離開了。今天就搭高鐵上去了，在福華會餐，聊了兩小時，懸念解除了，又搭高鐵回台南了。

人老了，特別是八十幾歲的老人，最不堪風吹草動！目送他拄傘作杖、日漸彎駝的背影，遲緩的步履，一時五十三年相識的往事，就都浮上心頭了。

就我的知解，他是善解人意，很體貼別人的人。他生於憂患的年代，離鄉背井，幾經艱難，才能客地生根。夫妻兩人對帶他們的老師，終身敬事如父；與患難弟兄之相處，比親兄弟還親；課堂上教學生盡責，絕不旁騖教職之外的雜事；課餘則讀書、著作，述作都數百萬言。像他這樣肯用功的老師，近日的學界少見了。

想一想我也七十二了，一樣也是坐向黃昏之年，看著夕陽漸漸沈入遙遠的海天，留下滿天的晚霞。我知道他對生死早無罣礙，他說：他早晚至誠禮佛感恩，他覺得這輩子必是神佛庇護，才能諸事逢凶化吉。這說法也對。本來「人在做，天在看。」若人持得此心仁恕，坦坦蕩蕩，能私欲少些，體貼別人多些，則是人走在「義路」上，就會少些坎坷的。天助自助者，吉人天相，不是嘛？謹此，願祝仁者壽。並聊繫一詩八句，詩云：

日有陰晴月有瑕，人世艱難誠非假。
成敗時命因果在，隨遇還宜天理洽。
揠苗造作難助長，逢春自然草生芽。
胸懷天機無諍求，坐向黃昏看晚霞。

林紀宏　書於台南歸仁

自序

這本小書，是我在台大歷史系教書時，除了編著的二十七本學術著作外，就是本書的問世。它分為下列三類：

（一）對歷史教育的批評

（二）短篇論文

（三）事略

中華民國一〇一（二〇一二）年四月十三日韓復智自識於臺北市大安區時年八十有六

目錄

註：本書各篇中之註引「符號」，因受篇幅限制一律略去

（一）對歷史教育的批評

（一）對歷史教育的批評

1. 當前歷史教育的危機

教育部最近對歷史教育的大變動，已引起了外界的大爭議，本人對此問題的管見是：

第一、教育部最近公佈的「國中課程標準總綱修訂草案」，將國中一年級的歷史、地理、公民與道德三科合併為「社會科」，並採取合科教學。據報載：草案的決議過程草率，已遭遇到許多教師強烈質疑，認為教育部想抹殺這三科的功能。不過一名教育部官員指出，合科教學是一個具有前瞻性的教育改革構想。

我認為：果如教育部所言之美，為何不同時將國一的數學、健教、生物三科合併為「自然科」，將國文、英語合併為「語文科」，將體育、音樂、工藝合併為「藝能科」？又為何不將國二以上到高中三年級的各科都大加合科，而獨鍾情國一的歷史、地理與公民呢？為何只強調與國小社會科銜接，不為學生的將來鋪路呢？國一是新階段的開始，不應將國小的課程型式延長，小學生總會長大的，當他們進入一個新階段，學些新知識，應當不會影響他們的學習興趣和效果的。實際上，「社會科」是上述三科教材的大雜湊，就像餐桌上的拼盤一樣，是不能名為另一道菜的。

本人也有編寫國中教科書的經驗，真不知道這種雜湊課本將如何編寫？又原來教國一歷史、地理、公民與道德的老師們如何教這門課程呢？將來的師資又如何培養？這些都是很值得深思的問題，策劃人也要為課本的編寫者及教師想想。

前兩天，一位文史造詣頗高並富有編寫中學教科書經驗及著名的化學學者對我說：「當年理化合科時，有前輩學者就不贊同這種做法，而且至今行之有年，效果並不好，物理、化學合科尚感勉強，歷史、地理與公民因性質不同，是不能合為『社會科』的。科目多了固然不好，但能否合科，必須重視經驗，明瞭實情，絕不能仿照美日模式，依樣葫蘆，不但美國各州情況不同，而且美日制度已並非如此」。筆者認為他說的很有道理。

所以，這種片面的合科，除了能減少科目，使學生獲得一些支離破碎的知識，同時也沖淡了中國史地的概念外，實看不出有什麼正面的效果。二月五日，中央日報刊載了一封師範大學歷史、地理兩系所「給教育部的公開信」，信中指出，國中課程修訂草案，內容實在有待商榷。這許多歷史、地理學科專家學者的意見，引起了社會大眾的注意。

然而，當外界引以為憂，訾議甚多之時，教育部不但不立即加以檢討，反而指外界的反彈、誤解及郝院長的關切，應歸因於「溝通不良」。並表示「將再以更多的說明爭取外界的認同」。令人不解的是：多數學科教授專家的意見，難道就不值得參考改進嗎？學科教授專家也算是「外界」嗎？教育部又以「學生興趣不高，甚至產生反彈」，作為所謂「改革」

的理由。一般人都知道，興趣是培養出來的。莫非不將數學、生物、英語、國文等合科教學，就是說明學生對於這些課程都有很高的興趣嗎？果如教育部所說，學生對歷史等科興趣不高，合科教學能獲得完整的知識，那就應當公佈專題研究或評估報告，始可取信於人。否則，如刻意力求表現，率爾將決議付諸實施，勢必輕易的將無數的國一學子當做實驗品。

其次，草案的制訂與決議，與專家委員們的意見有極大關係。因此，我認為：制訂此草案的專家，應該包括講授或研究歷史、地理、公民與道德學科的專家，不應當盡是些課程專家。這可能是引起外界反彈的癥結所在。教育部可仿照有的機構或委員會的做法，披露參與此事的專家姓名，及其專業知識等。這樣不但能昭大信，釋群疑，並且也使專家或委員們因為受到國人的注目與敬重，自會更認真負責議事的，俾使教育措施達到完善的境地。

簡言之，我認為國一仍應分科教學，教育部的改革應從充實歷史教材內容、大力增添教具著手，並嚴格督導教師養成敬業精神，認真教學。例如教材內容改為歷史人物，用講故事式的教法，以引起學生的興趣，藉以培養他們明是非、別善惡、辨賢奸、觀成敗的能力；進一步養成他們愛國愛人、自尊自重、奮發向上的志操，使歷史切實成為生活的教科書，不再只是升學考試的工具。

第二、中國近代史原為二專的共同必修科，教育部最近以行政簡便為由，決定用「藝術概論」、「音樂欣賞」、「美術鑑賞」三科任選其一，取而代之；同時將學分減少了一半。這種不經審慎評估其得失的決定，已引起二專中國近代史教師堅決的反對與共同聲明。大家都知道，辦教育應當以學生為主，不應該一切均遷就行政。更何況這種取代的措施，如教師的調配，課本的編寫等等，只能增加行政的繁雜，無法使之簡便。大家都知道，中國近代史與國人的關係最為密切，要做一個現代中國人，就應當瞭解中國近代史。因為只有明瞭近代苦難的由來之後，才能端正方向，發憤圖強，創造未來。

所以，教育部這種含糊其辭的取代理由，極不正確，無怪乎使國人憂慮。

其次，我認為：理想的中國近代史教材，應當包括近代的政治、經濟、社會、思想、藝術與科學等的演變及發展。這種理想的教材，實為大專學生將來做事與治國的必須具備之知識。實不懂教育部為何僅以「藝術概論」等三科取代「中國近代史」？假如「中國近代史」不適當，又為何不代之以「中國思想史」或「中國通史」與現代史？難道二專教育只在培養學生欣賞藝術的情趣，而不必教導他們獨立思考判斷與明辨是非的能力嗎？所以教育部這種草率的決定，是頗值得商榷的。無可諱言的，取消中國近代史的教學最令人憂慮的，就是無形中使得國家未來的主人翁，懵然不知近代帝國主義者侵略我國的史實和加諸我民族的苦難。為永保歷史的真相，我們有責任讓下一代要牢記這段慘痛的史實，絕對不容隨意的將它抹去，拋棄這面多難興邦、勵志圖存的鏡子。元人董文炳慨然曰：「國可滅，史不可沒。」清人龔自珍言：「滅人之國，必先去其史。」歷史的重要性在此，先哲言者多矣。至祈教育部，能博採眾議，及時推動充實中國近代史教材內容的編寫工作，或代之以中國思想史、中國文化史、中國通史。確使歷史知識成為青年學子未來擔當國家重任的知識寶庫。

第三、教育部擬將各大學暨獨立學院的本國（中國）歷史課程，改為必修四個學分，而且可以用斷代史、各種專史充抵學分，並於民國八十學年度開始實施。去年，中國歷史學會曾函請教育部維持各大學院校的中國通史與中國現代史仍為共同必修課程（學分照舊）。我認為：用斷代史（如秦漢史、宋史等）與專史（如中國科技史、藝術史等）均不宜作為共同必修科。因為這些課程，是歷史系學生二年級以上的選修課程，他們在大一時已修過八個學分的中國通史（臺大是如此），對中國歷史的發展、演變已有了整體的概念與基本的認識，才能進一步選修斷代史或專史。其他院系的學生，因無此基礎，倘使他們直接選修斷代史或專史，自然不能如司馬遷所說的「原始察終」，無法「通古今之變」，恐怕就成為如王充所說的「知古不知今，謂之陸沉；知今不知古，謂之盲瞽。」了。司馬遷曾言：「居今之世，志古之道，所以自鏡也。」唐太宗謂侍臣曰：「夫以銅為鏡，可以正衣冠；以古為鏡，可以知興替；以人為鏡，可以明得失……。」所以，歷史宛如鏡子，而斷代史、專史，只能照出歷代事實的局部，難以顯現出古今事實的全體，通史則否。例如，關於中國民族與文化的起源以及發展的問題，或歷代學術思想變遷之大勢與政治、經濟、社會、科學技術等發展的關係，都不是某一斷代史或專史所能記述的。我們知道，研讀歷史，貴能求其融會貫通，能會通方為有實用的史學，才能有益於社會人群與個人。因此，對非歷史系的大學生而言，修中國通史要比選斷代史、專史重要的多，更富有歷史教育的價值，也容易達到教育的目的。今世著名的史學家有鑒於此，如陳寅恪先生平生的志願是寫一部「中國通史」和「中國歷史的教訓」，目的是「在史中求史識」。賀昌群先生認為：「專題研究非歷史學的最後目的，且其弊容易流於支離破碎。歷史學的最後目的，還是在通史，——無論斷代的或貫通古今的，通史的最大功用，要在能與整個民族的心靈發生關係。」張蔭麟先生以為民族復興的根本大事，當在教育改革。他平生志在中國通史的寫作，以供給中華民族在空前大轉變時期的自知之助。錢賓四先生的《國史大綱》，就是為教育今世之國人及學子而問世的。在許多年前，傅樂成先生費時數載，完成一部《中國通史》，嘉惠了無數讀者。此外，本人亦編過《中國通史論文選輯》等書，期能發揮一點歷史教育的功能。總之，我們深信，對非歷史系的大學生而言，修習「中國通史」要比修斷代史、專史更能「明於盛衰之道，通乎成敗之數，審乎治亂之勢，達乎去就之理。」更能作為學生立身處世的珍貴知識。至於有人說大學生對「中國通史」均不感興趣，故始作此變動云云，更是不明實情、倒果為因的武斷之言。試問有無可靠的評估資料與調查數據？又如何判定他們將會對斷代史、專史發生興趣？根據我多年屢次徵詢他們的意見得知，實並非如此。這純係教學法上的問題，其咎絕不在中國通史課程的本身。因此，教育部、各大學院校以及有關教師，都應該客觀認真的反省與檢討，力求在教學方面作切實的改進，如改為小班制、充實教材、改良教法，採用電化教學，史蹟的參觀，專科教室和博物館的興建等等，以提高學生的興趣，不要一味迎合，要使學校成為真正培養人才的地方。否則，若不真知問題的癥結所在，僅為一種憑空抽象的理想，或一念之私，便蠻幹強為，求其實現，於現狀只有破壞並不能改善，如此怎不令人憂慮！其次，各院校師資短期內亦無法配合，尤其是未設有歷史系的院校，執行起來問題會更多。再者，學分較原先減少三分之一，原有師資必將發生過剩現象，在此情形下，過剩的師資將如何安排？亦勢必為各院校徒增困擾。這些也都是應該慎重考慮的問題。剛才得知，有一所大學已提出了類似的困難問題和建議。

總而言之，我們很贊成革新，但應有周詳的計劃和充分的準備；我們更反對為標新立異，率爾操觚，斲喪歷史教育。教育樹人，百年大計，一切「宜詳慎而行之」，尤其是在此時此地，至祈教育部對於以上所陳的幾點意見，能博採眾議，擇善而從；更望參與此三項工作的諸公，能夠做教育界的功臣，慎毋成為歷史教育的罪人。則學子幸甚，國家幸甚，民族幸甚！

（本文原刊於民國八十（一九九一）年三月七、八、九日中央日報，此後中國歷史學會會訊又加轉載，惟兩者文字有詳略不同）

2. 搶救歷史教育

關於眾所矚目的國一史、地與公民合科與否的問題，看來，教育部已快定案了。國中教育是國民教育的基礎，而歷史教育是國中教育重要的一環；教育部此次的決定，對歷史教育的影響，至為深遠，故不可不慎重將事。筆者願在此為歷史教育再表示幾點淺見。

關於歷史的功用，古今中外史家或有識之士均早已詳言，毋庸在此贅述。簡言之，歷史知識是人類知識的寶庫，也是國民不可缺少的知識。其次，歷史能啟迪思想、增加人們的智慧，並有資治的功用。總之，歷史不是一門死記古人事跡的學科，而是為了明天的人類、國家民族及個人發展的「將來學」。誠如太史公所說：「述往事，思來者。」易曰：「君子以多識前言往行，以畜其德」。此之「德」字，不僅指道德、品行，還包含著有見解、有器識。其目的是：明是非、別善惡和觀成敗。今日的青少年，就是國家未來的主人翁。因此，為了使他們將來不但做個好國民，更能成為福國利民的人才；在他們的求學時代，就應當加強歷史教育，尤其是中國史的教育。不可諱言，導致今日台灣社會日益紊亂的現象，原因固多，而教育當局過份忽視人文教育，乃是重要原因之一。

自三月上旬拙文〈當前歷史教育的危機〉刊出以來，從報紙上看到有關的文字，先後有謝鵬雄先生所寫的〈史地往何處去〉、王純先生的〈毛部長逼退中國歷史〉、魯艾先生的

〈歷史鎖定了毛部長〉、林少雯先生〈歷史！歷史！〉等文。細讀諸文，皆語重心長，作者憂國憂民之情，溢於言表。尤其最近師大施添福教授〈國中社會科分科與合科的論述〉，以及師大王仲孚教授所撰的〈對於國一公民、歷史、地理合併為「社會科」的質疑〉長文，從學理和實際情況兩方面來探討問題，分析得鞭辟入裡，誠為擲地有聲不可忽視的大作，也是很值得修改國中課程的人士仔細一讀的建言。文章中最後的意見是：「國一公民、歷史、地理應維持分科教學，而且教學時數國一至國三每週二小時，勿藉故削減。」筆者認為施、王二文，誠為教育部與委員諸公在討論與決定本案之前兩篇重要的參考文字。國中史、地與公民的合科既不可行，至祈決策人士能察納學科專家學者之諍言！

（本文原載於民國八十（一九九一）年五月十四日民生報民生論壇）

3. 對改進大學中國史教學的反省和芻議

一、前言

四十多年來，由於時代的鉅變，人們的道德標準和價值觀念大異於昔日，因而使得大學裡中國史的教學之效果也受到嚴重的質疑。中國歷史學會、國立政治大學歷史系乃毅然舉辦「中華民國大學院校中國歷史教學研討會」，期望擔任此一課程的教師集思廣益共同研商改進之道，這不但是史學界的盛事，更是中國歷史學會自成立以來具有重大意義的創舉，是很值得我們慶幸的。

關於歷史的功用，史學界的諸先進及各位同好都知之甚詳，大家自然知道，歷史知識是人類知識的一個寶庫。特別是政治家、教育家和思想家都離不開它。《易・大畜・象傳》云：「君子以多識前言往行，以畜其德」。一位史學界前輩認為：這個「德」字不光指道德、品行說，還包含有見解、器識。其目的主要是「明是非、別善惡」和「觀成敗」。《禮記・經解》上說：「疏通知遠，書教也」。這位前輩指出：所謂「疏通知遠」，主要包含兩個問題。一個是依據自己的歷史知識觀察當前的歷史動向。另一個是依據自己的歷史知識，提出自己對未來歷史的想法。歷史知識的運用，主要的就是這兩大類。孔門四科以德行為首，德行也稱作德性或性行。人們雖然有智力和知識，若無德行，往往為了一念之私，便成為最可怕和最野蠻的動物。今天的大學生，就是將來社會的中堅、國家的棟樑，如果在學校裡沒有獲得中國史教學的益處，將來的社會、國家就不堪想像。所以在此我們對過去中國史教學的效果作一反省和研討，藉此反省和研討而做出新的努力和改進，以提升教學品質，應是我們教學工作的當務之急。

二、對大學中國史教學的反省

四十餘年來，中華民國台灣地區的教育日益普及，其蓬勃發展的現象，是有目共睹的事實。但是，教育的發達，並不一定表示教育的成功。例如私立學校的商業化，公立學校的衙門化，校長的官僚化，以及有些教師的金錢化，較之過去，更是變本加厲。其次，一些主導國家教育的「教育專家」，他們沒能使教育以中國的實際需要為基礎，大多以外國的模式為基礎，沒能取人之長，以補己之短，而是依樣葫蘆，食洋未化，因而無形中逐漸形成一種反對儒家思想、蔑視中國歷史文化的教育病態；以致使得教育和國民的生活之實際事務脫節，無法提高其生活品質。再者，在升學主義的風氣盛行下，職業學校漸少，普通中學日多，使得實際生產人才之培育大受影響；加以填鴨式的教學方法，過多記憶性的負擔，以及考學的競爭激烈，使得中學生大多失去了求知的興趣和好奇心。在大學裡，則一直颸著，「來來來，來台大；去去去，去美國。」的留學風，使得我國的教育無法落實。凡此種種現象，都難以肯定教育的成功。單以當前大學非歷史系的中國史教學之成效而言，就不能說是成功，而是相當的失敗。例如有些人獨對台灣光復後發生的二二八不幸事件大肆宣揚，竭力主張紀念和賠償受難者家屬，而對於中國八年的抗日聖戰，對於侵華日軍慘絕人寰的「南京大屠殺事件」，以及對於日本人殘酷的殺戮台灣同胞的「霧社事件」、「噍吧哖事件」、「北埔事件」、「林杞埔事件」、「土庫事件」、「苗栗事件」、「六甲事件」等等卻隻字不提，噤若寒蟬。反觀日本每年都紀念「廣島事件」；去年，美國也擴大紀念「珍珠港事變」；韓國人一向對日本人都不恭順崇媚，並曾強烈抗議日本文部省竄改侵韓的歷史等事；中共亦修建南京大屠殺紀念館，以示永誌不忘。而且今年有上萬的大陸同胞正在發動要求日本賠償侵華時我國所遭受的重大損失。尤其是連日本老兵也公開談論南京大屠殺的罪行了，以及南京大屠殺將上日本教科書了。然而，幾十年來，台灣地區的朝野人士，除少數讀書人每年於七月七日舉行紀念大會，並發表有關文章外，絕大多數的有力人士或知識分子等等，對於這件中國人為了保衛國家生存、保障民族自由的一部血淚史，好像都忘得一乾二淨，或諱莫如深，生怕得罪了日本，招致不良的後果。所以，這種罔顧歷史真相的媚外心態，就遠不如美國、日本、韓國和中共了。誠然，二二八不幸事件是全中國人的悲劇，實應紀念與妥善處理，告誡後世子孫永遠不可再犯此種錯誤。同樣的，我們也不應該忘記對日抗戰、南京大屠殺、霧社事件以及苗栗事件等等。因為紀念抗日聖戰、南京大屠殺、霧社事件和苗栗事件等等，並不是挑起對日本人的仇恨，企圖報復，而是從紀念中記取歷史的教訓，告誡日本後人永遠勿再犯侵華的錯誤，以保持中日的友好關係，和平相處。此即所謂「前事之不忘，後事之師也」。除此而外，近些年來，也有些人由於不滿和反對執政黨，逐漸轉變為不認同中國，甚至急於切斷與祖國的一切關連。再者，於數十年前，台灣地區的經濟，由十分匱乏，全民致力發展，直到今天的舉世聞名，外匯存底之多名列世界各國前茅，形成了國史上空前富庶的景象。然而美中不足的是，這個美麗的寶島，卻被美國先後批評為「文化沙漠」和「貪婪之島」(Island of Greed)。我們的國民所得雖然比從前提高了，但是，富庶了並未好禮，國民道德卻沒有提高，因而生活得並沒有尊嚴。尤其是每日報紙或電視所刊載和播放的社會脫序、倫理的破壞、道德淪喪的種種新聞，真是令人怵目驚心，十分痛心！總之，凡上述種種的社會病態與亂象，追本溯源，都是由於教育的不成功，都是由於忽視人文科學、不重視人性教育和中國史教育的失敗所釀成的。這是台灣地區全體同胞很值得深思和急應檢討改善的大事。中國歷史教育的失敗，與中國歷史教學的不成功有密切的關係，其不成功的原因，據我看來，大致有下列幾點：第一、由於教育當局的不太用心。近幾年來，教育部在力求表現、銳意創新變革的大前提下，敦請了些「課程專家」，首先對歷史教育大動起刀斧，因而，對於歷史教育造成了空前嚴重的傷害。例如去年將國一的歷史、地理、公民與道德合併為「社會科」，並採取合科教學的做法，就等於鏟除歷史教育的老根，動搖了國本。進而取消二專的中國近代史，代之以「藝術概論」等課程的計劃，這無異於表示不希望國家未來的主人翁詳知帝國主義者侵略我國的史實，和加諸我中華民族的苦難，好像有意的要湮沒這段慘痛的史實，輕易的拋棄這面多難興邦、勵志圖存的鏡子。尤其于兩年前，更擬將大學院校非歷史系的中國史課程，改為必修四個學分，而且可用斷代史或各種專史充抵學分，計劃於民國八十學年度實施。這種委託「專家」一連串有意的矮化歷史，使歷史教學變質和縮水的策劃及動作，自然引起了外界的大爭議，招致了強烈的批評。教育部見於這種情況，終將原來的計劃加以改變，有的暫緩實施，也有的正在付諸實驗階段。總之，教育部這種「對各級學校歷史課程所動的刀斧」，對於歷史教育所造成嚴重的傷害，尤其是對大學中國史教學所造成的不良影響，真是既深且鉅，有識之士，聞之莫不太息流涕！

第二、由於有些大學院校對中國史此一課程的漠不關心，或有心而無力。幾十年來，在經濟掛帥、科學第一的政策下，大學校長自台大傅斯年先生以後，大多非人文學科出身，此與民國以來，由蔡元培、胡適、蔣夢麟諸先生之執掌北大，傅斯年先生之代理北大校長和執掌台大的情形，不可同日而語。由於他們在文史哲學方面多無深厚的基礎與造詣，因此很難真正了解中國史的重要功用。所以，有的大學主管，雖然常把「加強人文教育、重視歷史文化」掛在嘴皮上，但是在做法上並不重視歷史教育。他們積極的發展和擴建非文學院的各院系，獨對中國史教學的設備以及文學院的增建卻十分吝嗇。甚至將培植文史哲的土壤和營養分移作他用。此外，或有的因受經費和人員的限制，只得因陋就簡，也不積極設法盡力改善。所以，許多年來，有些學校對於各系共同必修科的中國史，大多敷衍了事。有的合系上課，班大人多，宛如開同樂會；有的聘請非學歷史的人來教，以圖應付規定。這種搪塞敷衍的作風，使得專任教師也大多不願意教這門費力不討好的課程，只得請年輕力壯而經驗少的同仁擔任。學生知此，自然不加以重視，故難以發生興趣，並且代代口口相傳，使得大一新生進入校門就對此課不感興趣。倘若教師很仁慈，不輕易當掉學生，又不點名，蹺課者為數必定不少，這樣便使得教學效果令人失望。

第三、由於社會的劇變，價值觀念異於往日，所以，世雖未衰，而師道已微。不可諱言的，有的教師對這門課程缺乏熱心。或遲到早退，心不在課堂上；或忙於外務，課前未及準備，上課時，便天南地北，東拉西扯，以度過時間；或憤世嫉俗，批評時弊；或誤導學子，而不自知。形形色色，各有一套，以致使得所講授的中國通史泰半中道崩殂。除此而外，絕大多數負責任的教師，雖欲盡力教好，但由於上述的原因，學生既有先入為主的觀念，又加以社會風氣的不良，這種無助於謀職，只有求知特性的史學，自然引不起學生的興趣。

第四、由於大學生普遍的對中國通史及現代史的輕視和沒有興趣。根據今年三月份我對台大醫學系一年級一百一十九位學生所作的問卷確知，他們都一致認為歷史有重要的功用。例如歷史是使人鑑往知來，增加智慧的寶典；歷史是民族延續生命的根本；所謂「國可滅，而史不可滅」，身為中國人，應當熟知中國史等等。但是他們也明白的指出，目前大學生對中國史的不重視和缺乏興趣的原因。

(1)除了攻讀歷史本科的學生外，許多學生認為中國史不是他們的主要課程，與他們的本系無關，不願花費太多的心力和時間，大多抱著應付的心態，只求通過就可以了。

(2)自國中、高中以來，學生對歷史就感到枯燥乏味，所以從內心裡產生排斥。因為數十年來的教育方式，皆以考試為主導，平時老師要求學生強記，而考試試題大半偏重人物、年代和事件的記憶。如此使得真正對中國史有興趣的學生望之卻步。對大學而言，國中、高中所教的歷史無非是為了爭奪分數，心中對歷史的喜愛可能早已隨著反覆的記誦而消磨殆盡，所以大學生對中國通史也成了取得學分的工具。

(3)中國通史教學不成功，亦實導因於中學歷史教育留下的陰影。國中讀歷史是為了聯考，到了高中，因為「升學領導教學」，而第二、三、四類組不考歷史、地理，所以學生在極大的升學壓力下，自然必須放棄這些科目而盡全力於升學科目。因此，當他們進入大學之後，自然有銜接不上的感覺。同時，認為不重要科目就加以放棄的想法，到了大學也沒有改變。因此，對中國史不重視，形成上課意願不高的情況。尤其當大學聯考壓力剛解除，精神上較為渙散，而又精力旺盛，每個人都希望痛快的玩一下，於是形成蹺課及對於一些看似無用或不重要的科目，抱著打混、得過且過的心理。

(4)中國通史內容範圍太廣，每週上兩小時，以一年的時間上完，實嫌不足；故老師對問題僅作概略的講述，無法深入分析探討，加以大班人多，教授對課程的設計、選用的教材和講授的方式如不精彩，幾乎無法引起學生的學習興趣。

(5)教育當局對歷史教育不重視，社會上對人文科學的價值認識不夠，人文素養的低落，尤其是功利主義之盛行，瀰漫著各個角落，這些因素都使大學生只對那些有利於自己深造和謀職的科目感興趣，對於一些能充實自己內涵，瞭解本身歷史文化的科目多不重視。

除此而外，他們對於我在本學年度第一學期中國通史的教學也提出些很寶貴和善意的建議，主要的是在教材教法方面的問題。記得當時我要他們寫出他們的意見時，曾對他們說，若想直言無隱，又怕引起不良的影響時，就不要寫出姓名學號，但務希都能將意見毫不保留的寫出來。結果，他們絕大多數都在意見書上寫出了自己的學號和姓名，即是些沒有寫明的，從他們所提出的意見看來，也都是由衷而發的真心話。總之，不管他們的建議如何，我深深地被那些坦誠而頗富建設性的真心話所感動了。青年人的可愛處就在這裡。

三、對改進大學中國史教學的芻議

在這普遍的不重視歷史的環境中，教師想要教好中國通史，的確是件很不容易的事。教學與教好固然是教師的任務和理想，但如何才能教好也決不是教師單方面所能夠做到的事，這要多方面的配合才可。最重要的是先培養起學生的興趣，和加緊建立起他們對於中國通史學習的信心。但如何始能達到這種目的呢？我的淺見是：

第一，教育部宜廣聽與博採諸學科專家的意見，不應偏信課程專家的策劃，明確的宣示取消減少中國史之授課時數以及用斷代史等充抵學分的計劃，並認真檢討得失，力求改進，藉以提高教學的士氣，使學生產生學習的信心。其次，以適當的經費支援各大學院校增加教學設備及獎勵認真教學的教師。再進而透過傳播媒體使一般人都瞭解歷史知識的重要，以達到間接培養與建立學生的信心和興趣。

第二，大學主管人員應對中國史的功用有正確的認識，將漠不關心轉變為誠心盡力的輔助教學。應在經費合理的分配下，積極的增加教學設備，如改為小班制，增購圖書，採用影視等電化教學，興建專科教室和博物館，並成立出版部，協助與便利教師編著及出版教材等。果能逐年按著計劃積極的加強中國史的教學，深信將會改變學生的觀念，而樂於上課，或自動的去學習。

第三，大家都知道，一個教師的教學思想、教學態度和教材教法，直接影響學生學習的興趣和信心，這也是教這門課程成敗的最重要的因素。在教學思想和教學態度方面，我認為在今天做教師的，仍應該效法我國歷史上偉大的教育家孔子的「有教無類」、「學不厭而教不倦」的精神。孔子對學生平等相待，視同自己家中的弟與子。並以平易近人及親切的態度增進師生互敬互愛的感情。他是以自己高尚的品德和淵博的學識贏得弟子們尊敬的。他的教而不倦的精神，深深地影響著他的弟子，使弟子們積極的求知。但是這種「求」不是強制性的，完全是建立在自覺的基礎之上。美國漢學家克里爾(G. Creel)說：「孔子不是僅僅培養學者，而是訓練治世能人，他不是教書，而是教人」。我們從《論語》各篇中看來，這話是不差的。所謂教人，就是訓練治世能人，這樣的人首先要具有士、君子的品格。孔子心目中的君子，是具有高尚的品德而又精通「六藝」的德才兼備的人才。所以，他的教育內容是道德教育和知識教育並重的。孔子的道德總概念是「仁」，「愛人」就是「仁」的總原則。但並不是沒有原則的愛，而且也有「惡」，故曰：「唯仁者能好人，能惡人」。他教導弟子要能分清善惡，「行己有恥」。然而人往往感情衝動，所以要有抑制。因而他提出了「中庸」的主張，作為平衡道德感情的準則，以防止感情用事。孔子在傳授知識方面，主要的是人事，就是專講做人、從政和治學的方法，而這些都是通過經典（六藝）而完成的。總之，孔子的教育內容與態度，時到今天，依然有參考的價值。

在教法方面，孔子的靈活而多元的教學方法，同樣是很值得我們參考與取法的。(1)孔子認為一個人要求得知識，必須學與思並重。故說：「學而不思則罔，思而不學則殆」。有人指出：「學」是佔有知識材料，「思」是思考分析問題，兩者相得益彰，缺一不可。孔子特別提倡獨立思考，要學生「多聞闕疑」，敢於發現問題，以培養思考能力。他這種學與思並重的方法，到今天還是最好的求知方法。(2)孔子係針對學生智力高下的不同，志趣各異，「因材施教」，「循循善誘」。他認為一個人不但應該知道學習的重要性，而且要樂於求知。所以他說：「知之者不如好之者，好之者不如樂之者」。只有培養起求知的興趣，才能建立起求知的自覺性，進而產生求知的熱情，以至學而不厭。他這種耐心的教導，諄諄善誘的使弟子主動學習，必然會收到良好的教學效果。(3)孔子首創了啟發式教學法，他主張不應採取強迫的灌注式方法去教導學生，而是要結合教學同時誘導他主動思考，思考以後，仍然不得要領時，再去開導他；其次是要在他想說出自己的意見，但又說不出來時，再去啟發他把意見說出來。此外，他要學生能夠舉一反三，觸類旁通，若學生不能就不必再勉強教了。總之，孔子這種啟發式教學方法，在今天仍然有十分重要的現實意義。(4)孔子在教學法上提倡師生之間相互切磋，共同討論問題，以收到教學相長的效果。他很歡迎學生向他提出意見，樂於接受學生的批評，責怪不願提意見的學生。從《論語》有關篇章看來，可知孔子確是一位開明和尊重不同意見的教育家。(5)孔子藉著評價古代的人物和評論時政，他特別注意評論那些對社會對百姓有大功的人，或是品德高尚的人，以向學生闡發他的政治觀點和哲學思想，同時也抨擊不肖之徒，他的用意是通過對人物的評價，教導弟子能辨別是非善惡，為弟子立身、做人和處世樹立了理想人格的典範。此外，他也很關心時事，隨時表明自己的態度，宣傳自己的主張。我們從他的評論人與事中，不但看出他的抱負，也明白了他通過實例教育弟子的理論聯繫實際的良好學風。

以上所轉介的是我國歷史上第一位偉大的教育家孔子之教育思想、教學方法、治學態度、以及他倡導的互敬互愛的師生關係，我覺得在今天仍然值得我們取法的。所以在這裏特別提出來，供各位先進參考，以期有助於中國史的教學。此外，應特別說明的是，相信諸位先生不會懷疑孔子的這套成效卓著的教育實踐及其哲學，在十八世紀的西方曾被德國哲學家來布尼茲（Leibniz 一六四六—一七一六）和吳爾夫（Christian Woff 一六七九—一七五四）等大為讚賞。吳爾夫曾說：「有德的知識必能引導有德的行動，善惡既不能並存，則國家的主要責任就是在學校中實施道德的教育；而中國人的教育就是這種理想的典型」。清末以來，由於政治上的原因，使國人對中國傳統文化中精粹部分也產生懷疑，至今已形成一股濃厚的崇洋媚外的歪風，這是由於不自尊好學所造成的懶病，使得自己不知道取人之長，補己之短；而是盲目跟從他人，丟棄了自己。這是世間相當可悲的事。

第四，在教材方面，我國歷史源遠流長，而史料又卷帙浩繁，不但編著教材誠非易事，而且在一年中每週兩小時的時間要將中國通史講完，也是很難做到的事。在教材方面，仍可採用錢賓四先生的《國史大綱》，或以《中國歷史精神》作補充，或參讀傅樂成先生著的《中國通史》，另外再選若干篇具有代表性的專論，以期收融會貫通和既新且深之效。讀史貴能融會貫通，能會通方為有實用的史學，才能有益於社會人群及讀者。因此，我認為對外系的大學生而言，修習中國通史要比選中國斷代史或專史好得多，更富有歷史教育的價值，也容易達到教育的目的，我已在拙文〈當前歷史教育的危機〉中粗淺的說明過。因此，我們在教材內容及課堂上講述時，要在「通」字上多下功夫，應著重貫通古今，對每一時代之大事與時代精神以及重要人物作深入的敘述，重視各種社會現象的內在聯繫。至於如何編撰教材，可參考白壽彝先生主編的《中國通史》第一卷，採用「綜述體」為佳。

學歷史不能不知時代，我認為在當前這個鉅變的時代，在大學裡教中國史最重要的在於培養學生的品德，其次是養成他們求知的志趣。要學生真正做到如傅孟真（斯年）先生所說的「敦品勵學，愛國愛人」。要學生研讀歷史，誠如錢賓四（穆）先生所說的，應從「世運興衰」、「人物賢奸」八個字入門作歸宿。歷史是人類活動的總體，所以，歷史上的興衰治亂，主要關鍵在人，而人有好人和壞人，好人不會做壞事，壞人也不會做好事。君子道長，小人道消，便是治世；相反的，小人道長，君子道消，就變成亂局。如諸葛武侯云：「親賢臣，遠小人，此先漢所以興隆也；親小人，遠賢臣，此後漢所以傾頹也」。所以，「不識得人有好壞，便也不識得事有得失，如此又何從來講歷史」。因此，識人是十分重要的。《史記·日者列傳》中明白的指出賢人的行為是：

直道以正諫，三諫不聽則退。其譽人也不望其報，惡人也不顧其怨，以便國家利眾為務。故官非其任不處也，祿非其功不受也；見人不正，雖貴不敬也；見人有污，雖尊不下也；得不為喜，去不恨；非其罪也，雖累辱而不愧也。

自古以來，在中國歷史上有不少的聖賢和大政治家、軍事家、思想家、文學家、史學家、自然科學家和社會科學家。他們的艱苦奮鬥和明幹勇為的業績，形成了中國歷史上光輝燦爛的一頁和光明面，不但使我們感到無上的光榮和自豪，同時也更激勵著我們必須為繼承和發揚他們的業績而努力不懈。但是，在我國歷史的長河裡，也出現了些奸人賊子和佞幸小人。每值國家、民族危急存亡之秋，他們便賣國求榮，為虎作倀；如值社會安定，經濟繁榮之時，他們就浪費奢侈，誘君為虐；他們對賢能忠良之士忌如仇讎；對博學多才之人棄之如蔽屣。「有利可圖，則趨之若鶩；無權可得，則望而逃。他們可以滅子殺妻，鴆父弒君；可以認賊作父，背信棄父。草菅人命，魚肉人民；竭澤而漁，不知紀極。爾虞我詐，雖同伙而不饒；黨同伐異，雖親舊而不避。以至政治腐敗，生產破壞，人民塗炭，國家危亡。」他們的惡行敗德，形成了國史上的黑暗面。在古代中國，奸人賊子和佞幸小人的共同本質特徵是：1.嫉賢妒能。殘害忠良。2.唯利是圖，嗜權如命。3.多疑善變，反復無常。

4.陰險狡詐，虛偽成性。5.豺狼成性，虺蜴為心。他們為了達到爭權奪利的目的，往往不擇手段，或顛倒黑白，混淆是非；或口蜜腹劍，笑裡藏刀。或勾結黨羽，狼狽為奸。或挑撥離間，製造矛盾，或威逼利誘，軟硬兼施。或栽贓陷害，反口噬人。我們在研讀歷史的過程中，如能瞭解他們為非作歹的卑鄙手段，洞察了他們禍國殃民的可恥伎倆，便不會被壞人的詭計所欺騙和利用，同時也使奸佞小人的陰謀將無法得逞。更進一步，我們從古代聖賢和大政治家、軍事家等等一生事功的講述中，倘能使學生獲知自強不息的人生哲學；發憤忘食的進取心；富貴不淫，貧賤不移，威武不屈的志操；先天下之憂而憂，後天下之樂而樂的德行；天下興亡，匹夫有責的愛國精神；以及天下為公的大同思想等等，那就足以說明中國史教學的成功。

除了上述的幾點外，就學生的本身而言，也要表現的可教才可。除極少數例外，我相信大學生在年齡上知識上都用不著教師耳提面命，都知道自己的職責是什麼。讀書的興趣是培養出來的，這個不能單靠教師，主要的要靠自己，所謂師傅領進門，修行在個人。讀歷史更要養成自動的習慣，大學和中學最大的不同處，就是大學採行學分制，台大歷史系教西洋史的劉景輝教授認為，例如一個學分的課程，除上一小時的課外，還應該自修三小時，照此計算，每週兩個學分的中國通史，應該有六小時的自修，大一的學生一般說來都是修二十二個學分，除星期天休息外，每週六天都應是很忙的。所以大學的生活，並不是「由你玩四年」。許多年來，大學裡最壞的風氣，是把拿到大學畢業證書、取得學位當作第一件重要的事。傅斯年先生就早已指出這種不良的風氣，他說：

其實在大學裡得到學問乃是最重要的事，得到證書乃是很次要的事。假如一班三十個人畢業，三十年後，各人情形不同，這是靠他的證書嗎？雖然說，社會的情形複雜，然而成功或失敗，終究有不少地方靠他的學業。……諸位（同學）將來的前途，更是不可忽略的。諸位由學術的培養達到人格的培養，尤其是不可以忽略的。須知人格不是一個空的名詞，乃是一個積累的東西，積累的人格，需要學問和思想的成分很多。

有的同學認為，讀歷史沒有用處，讀的都是古人古事，與現實生活沒有關聯，所以引不起興趣。其實這是不深知歷史功用的錯誤想法，在中外各國的學校裡，都設有本國史這門課，這已說明它是有用處。歷史的確也有許多與現代生活不相干的，但並非全如此，實際上歷史不是一門死記古人古事乏味的學科，而是為了明天的人類、民族國家和個人生存及發展的「將來學」。傅斯年先生指出，歷史之被我們看重，有三個意義。第一是對於人類及人性之了解，把歷史知識當作「人學」。若能實現這一個意思，歷史當然不比動物學次要。人性是難於抽象解釋的，尤其是人的團體行動。如借歷史說明生命界最近一段的進化論，當然是與我們現在生活有關的。第二是國民的訓練。把歷史教科做成一種公民教科，借歷史事件做榜樣，啟發愛國心，民族向上心，民族不屈性。前進的啟示，公德的要求，建國的榜樣，借歷史形容比借空話形容切實動聽得多。「託諸空言，不如見諸行事之深切著明也。」第三是文化演進之階段，民族形態之述狀，在中國史更應注重政治，社會，文物三事之相互影響。記得傅教授樂成先生於生前曾對我說：「當年傅故校長（斯年先生）認為歷史是大學文法學院各系課程的基礎，如同數學是理工學院各系課程一樣，他為了使同學們將來在本科方面有很好的成績和表現起見，便十分重視這一奠基的工作。」從前，世界最著名的科學史家喬治·薩頓（George Sarton，一八八四—一九五六）認為科學史是人類文明中最重要的一部分，因為科學史是唯一能夠確切地反映出人類進步的歷史。隨著科學在人類生活中所起的作用越來越大，科學史在人類歷史中的地位也越來越重要。因為科學是最富有革命性的力量，是一切社會變革的根源。由於科學在人類帶來了巨大的物質利益的同時也給人類帶來了可怕的災難，惟一的辦法就是使科學人性化，把科學同人文主義結合起來，而科學史恰恰是兩者之間的一座橋樑。大家都明白，科學史是歷史中的一部分。由上所述，可知歷史知識有重要的作用了。又如今天從事農業現代化，不能否定民族農業的優良傳統，不能照搬西方農業現代化的模式。日本京都大學飯沼二郎教授指出：「否定傳統農業的現代化，將會導致農業的衰退，只有尊重農業傳統從事現代化，才會使農業迅速發展。」在今天，我們所以要研究《齊民要術》，就是為了不割斷歷史，就是為了弄清楚發展到《要術》的時代有那些優良傳統，佔著怎樣的地位，有那些合乎科學原理的東西應該吸取和借鑒。這也是《齊民要術》

在國內外農業史上享有崇高地位的原因。上面所說，是一個「古為今用」的實例。歷史在政治上作用更大，例如太史公說：「居今之世，志古之道，所以自鏡也。」唐太宗謂侍臣曰：「夫以銅為鏡，可以正衣冠；以古為鏡，可以知興替；以人為鏡，可以明得失。」司馬溫公的通鑑是寫給皇帝看的，所以名曰《資治通鑑》。總之，我認為中國史的教學能否有效果，就學生本身而言，首先應養成自動自發的精神，建立起正確的求學之思想和觀念，表現的好學向善的可教，使教師受到鼓勵，更加（或不好意思不）熱心和認真的教學，這樣始能收到良好的教學效果。否則，就是教師優良，同學們心中先橫一排斥、漠視或無用不學的念頭，就使得教師也孤掌難鳴了。

四、結語

在這經濟繁榮的台灣，在這社會秩序日益紛亂的寶島，在這人慾橫流，利己心和私念支配一切之際，我們要淨化社會，變化人的氣質，要人與人之關係得到和諧，人的情感獲得安頓，要人人都有國家民族的觀念，須知，在今天，已是天下者天下人的天下，中國者中國人的中國了。天下興亡，匹夫有責。非要及時加強人文教育不可。因為人文作用之大，在《易經》中和《史通》上都已講的很清楚。劉知幾說：「夫觀乎人文，以化成天下；觀乎國風，以察興亡。是知文之為用，遠矣大矣。」所謂「觀乎人文，以化成天下。」就是用禮樂之教來化成天下。用禮樂之治以補助今天專門講求法治的不足。而歷史是一切人文科學的基礎，所以，要真正實現安和樂利之社會的景象，積極的加強中國史的教育是刻不容緩的事，尤其是在培養建國人才的大學裡。多年來，中國史教學的效果受到質疑，連帶懷疑歷史在教育上的價值，因而就輕視它，其實這是由於各方認識不夠而未能通力合作所造成的，其咎決不在歷史的本身。當然，我們做教師的，對於個人的教學態度、教材的內容以及教學的方法，更應及時認真的反省和檢討，藉以提升起教學的品質。但是，如果教育當局、大學主管甚至同學們沒有共識，不能充分密切合作，單靠教師，也會使他們心有餘而力不足。所以，要真正想救青年、救台灣、救中國，端靠有關人士和大家都要拿出良心來才行，光會說而不去腳踏實地的做，是無濟於事的。自然和應用科學要講求實驗，人文科學道德精神要重實踐，否則，那只是空談。

第一場研討會評論

鄭樑生（淡江大學歷史系系主任）

剛才李教授所報告的意見，我非常贊成。此外，我想談談個人對評鑑的感想。李教授說歷史系所負責人應該迴避擔任評鑑工作，本人完全贊成，但本人也認為在外校兼課者也應該迴避評鑑工作，這樣才比較公平。而在評鑑時，對於所要評鑑的項目，教育部應事先列一標準，作為評鑑的客觀依據，使不致完全依憑個人主觀的觀察。如果是依照主觀的觀察，則難達到公平。比方說師資方面多寡的問題，教育部應事先擬定一位老師應對多少學生的比例，如此才有客觀的標準，才不至於同一情況，有人認為師資充足，有人則認為不充足。再如兼任、專任老師的比例問題，有些學校有歷史系夜間部，有些則否。沒有歷史系夜間部的學校，因有其他科系需要支援，但由於本身無歷史系，就無法多聘專任老師，在這種情況下，只好多聘兼任老師。還有圖書收集方面，應以每年增購圖書若干作為評鑑的依據，而不要以現有藏書總量作為衡量，因為建校較晚的學校比不上建校早的，比如台大承續了日本帝大的圖書，歷史悠久，在圖書收藏上得天獨厚。還有評鑑時應將公立、私立學校分開來，因為公立、私立學校先天條件就不一樣。私立學校先天上即有不足的地方，如台大僅二、三學生即可開課，私立學校則需十數個，在此情況下，私立學校即無法多聘老師。對於系所主任在評鑑時作解釋、辯護的問題，我個人認為是應該給予其解釋的機會，因為評鑑人員只於當日才前往視察，或憑書面資料來看，可能有所疏失。所以作評鑑時若憑第一印象來判斷即應予系所主任以解釋的機會，況且解釋也並不意謂即在為其本身辯護。同時在評鑑時對於學生所提供的意見，本人認為應該可以參考，但也不應視為百分之百完全是對的，因為看法可能是片面的，而非整體的。當下次教育部再舉辦評鑑時，應注意這些地方。至於李教授的意見我非常贊成，以上只是我的一些補充。

接著是韓教授的報告，本人非常贊成他的高見。近年來歷史教學未受重視，在功利主義充斥的社會環境下，很難有翻身的機會，一般社會人士皆以經濟、科技為優先，如經濟會議中有降低教育經費比例的意見即為顯例，輕視人文社會學科的觀念甚難扭轉。不僅主管教育的機關有此傾向，在學校校園內這也是普遍的現象。在改進中國歷史教學方面，本人非常同意韓教授的舉例，若要提高歷史教學的成功，首先要設法引起學生學習的興趣，學生若無意願，儘管歷史教育的使命多麼崇高，對國家社會及個人如何重要，則我們所作的努力都是事倍功半。個人認為要達到歷史教學的目的，除主管教育的機關應重視歷史課程外，擔任教學的人員應在教材的安排方面多加重視，因為教材的編排實關乎學生是否對歷史發生興趣。韓教授說中國史資料非常豐富，編排教材的取捨問題非常重要，若我們講授所用的教材與學生中小學時所學大同小異，學生學習意願當然不高。所以除主管教育的機關及學生應努力外，我們擔任教學的人也應負責引發學生興趣。剛才韓教授說中國通史難教，本人頗有同感，就因為通史課程難教，所以資深、較有經驗的老師應在這門課程中多偏勞一些。

第一場自由討論與綜合答覆

自由討論

王德毅（台灣大學歷史系教授）：

對於李教授的報告，我有幾點意見，第一是，評鑑結果為何不公布？若不公布，不讓大學任教同仁知道，則評鑑已成形式化，毫無意義。第二是，教師同仁的教學研究之成績如何來評鑑？譬如有的教授上課，課前並無準備，或五，六年來未曾發表論文，對於他們應如何評鑑及作監督？且評鑑對於他們是否能夠發生實質的作用？第三是評鑑之結果及改進意見應如何去追蹤？是由教育部來做？還是大學之院系主任？其實際之執行均有其困難，此事還要認真思考。

王仲孚（國立台灣師範大學歷史系教授）：

關於大學歷史系所的評鑑，我認為似乎缺少了一個重要的項目，亦即各大學歷史系所設立之教育目標及特色為何？學生畢業後的就業出路情形如何，也應做調查統計，然後與設立所系的目標作一對照。今天李教授報告提很多歷史系學生轉系，他們為何轉系？我們四年教給了學生什麼？他們到社會上去要依賴那些資源？我們雖說大學非職訓所，但也是陳義太高，學生畢業後究竟分布到什麼地方？尤其是進入歷史研究所者，根據以往的觀察，主要的出路是到大學院校任教或到研究機關服務，但研究機構容納的數量很少，而大學因有共同必修科的歷史課程，所以容納較大。然而教育部近一、二年設立了幾個歷史研究所，可是一方面又要減少共同必修科，那麼研究生將來出路為何？這兩者似乎形成了矛盾現象。

陳三井（中央研究院近代史研究所研究員）：

李教授的意見，我大部分贊同，只有幾點感想提出：

一、評鑑委員事實上不能夠由系所主任擔任，我建議將來教育部要繼續評鑑的話，可以分別為兩種身份，一、諮詢委員，由各大學系所主任擔任，因為讓其觀摩有事實之必要，但不列入評鑑之參與。二、我建議評鑑委員人數不要太多，最多五至七人為原則，至於其組成，則現任系所主任應當迴避，而評鑑委員的聘請，應以過去擔任過各大學系所主任的資深教授為主要考慮的方向。另外在沒有歷史系所的幾個大學的共同科目負責人，亦可請他們其中一、兩位參與為評鑑委員，待將來該大學欲成立歷史系所時，即可提供為經驗之參考。三、則可考慮由研究機構中的研究人員擔任評鑑委員，當然有些亦在大學任教，但應該不致對其兼課的大學有立場上的偏袒，故教育部可考慮立場較為超然的研究機構人員。最後我認為最重要的是評鑑結果要讓學校與任課老師知道，否則無從加以改進。另外，不知道評鑑委員及系所相關行政人員舉行綜合座談時，所謂相關行政人員有無包括上級的院長、教務長、校長？個人認為他們若能列席的話，效果應該更好。

黃耀能（成功大學歷史系教授）：

本人很同意李教授對大學歷史系所評鑑之檢討與評論人鄭教授的見解，在此我想再補充一下對評鑑成果之追蹤的一點意見。我認為每一個學校，每一個系沒有不想把系所辦好的，可是各公立大學自有其問題，各私立大學亦同，其本身的好處自己相當清楚，但對於缺點則不願意公開，不過評鑑以後發現的缺點問題，應該由教育部來督促學校、系所加以改進，而學校、系所遇到困難，如果沒有教育部加以重視，幫忙解決，則評鑑結果，將流於形式，沒有什麼意義。所以本人建議教育部應多重視評鑑結果。

王壽南（政治大學文學院院長）：

對於李教授的報告我非常同意他的一些看法。教育部至今已舉辦三次評鑑，本人很榮幸三次皆擔任評鑑委員，所以從第一次至第三次評鑑當中有何進步，本人有較深的瞭解。我認為評鑑之價值應予肯定。所以贊成往後教育部再辦評鑑。若教育部認為自己辦評鑑有所困難，應該可以委託一個可信的學術機構來作此工作，由於這關係到政策問題，在此不多講。我個人參加三次評鑑，覺得最大的困擾是評鑑表格的處理，許多表格未必適合歷史系，而且表格說明不清，於是此校與彼校的填寫遂大有出入，舉例來說，表格中有該系有師也列入本系兼任，有些學校則不計，於是評鑑委員憑書面評鑑的結果，便有不公平處，故表格的說明很重要，每一項名稱應予明確定義，這是個人認為表格應加以改進的地方，原因主要是教育部未能在評鑑之前，請學科專家（即歷史學者）來參與表格設計。由於每一學系要求的表格都不一樣，故不能用同樣的表格來衡量，所以我建議教育部將來評鑑時，表格須從頭檢查。

其二，個人同意李教授所說的評鑑實際上是觀摩的說法，個人覺得教育部將來可以舉辦兩種，一種為評鑑，一種為觀摩，每兩年輪流辦理一次，因為個人覺得三次評鑑，對各校歷史系是有刺激的作用，雖評鑑結果不好，教育部也不會處罰，但仍能促其本身加以改進，有觀摩作用的好處，但評鑑的效果則較少，也就是教育部沒有追蹤考核，那麼將來評鑑是否能請態度公正的資深教授為評鑑委員，並請教育部將評鑑結果列入考核，作為各系增班設所的依據。另外觀摩則由各系所主管來負責，各系所互相觀摩，彼此吸收對方長處。所以將評鑑與觀摩分開舉辦似應更好。

呂實強（中央研究院近代史研究所研究員）：

我個人感到韓教授的報告在講話時很是慷慨激昂，但我認為其內容卻是十分理智客觀，並不情緒化。以課程專家這點來說，由於教育部對於教學的改革常由一般學教育的課程專家來作決定，學科專家的意見反不被尊重，這點，就我近幾年的感受，課程專家幾達專斷一切的局面，我們振振有詞地說，學科專家與課程專家的關係，譬如像供應菜餚給食用者，學科專家各就本科提供肉、魚、菜等材料，至於如何作菜，怎樣配置是課程專家的事，學科專家可以不必干預。這樣的作法實有可議之處，我們都知道，所有學科皆有其獨立的領域，並不能隨意侵入別的學科，別的學科也不能侵入其領域。因此要改進歷史教育應由課程專家與學科專家共同商量協調，彼此溝通。並非單由課程專家來作菜，學科專家在供給材料後即不能有意見。但教育部近幾年來，所有重要課程討論會議，一概請課程專家作概論性報告，好像他們是該計劃的領導，建立了很高的權威，所以個人感到韓教授所提的意見很有道理。至少我們歷史科在教學方面必須自立自強，一方面自己確能有所革新，一方面也必須擺脫那些不懂歷史的所謂課程專家的支配，但也要承認課程專家的貢獻，接納他們合理的建議，也虛心和他們討論溝通，以使歷史學科獲得革新與發展。

呂士朋（東海大學歷史系教授）：

教育部對於各大學歷史教學的評鑑，目前僅限於各大學的歷史系所，而各大學之有歷史系所的，其歷史教學若說不好，其實不會太差，真正有問題的是沒有歷史系所之大學的歷史教學。無歷史系所之各大學院校，其歷史師資、教材、圖書由於沒有列入評鑑範圍，乃成空白。此實為一大疏失。而無歷史系所的大學歷史師資，甚多是無史學專業訓練的教員，濫芋其間，至於各專科學校更屬等而下之。因此我建議教育部在以後的歷史教學評鑑中，把無歷史系所的各大學院校一併包括在內，一個是就各大學歷史系所來評鑑，另外則是就沒有歷史系所之大學的共同科歷史課程的師資、教材來考核。畢竟有歷史系的學校終究是少數，而無歷史系所的學校畢竟是多數，尤其是專科學校的歷史教學應特別值得注意，盼望教育部重視這一漏洞。

程光裕（文化大學歷史系教授）：

韓復智教授的報告中特別提到中國通史的教材方面可採用錢穆的《國史大綱》，關於這點，個人可以回憶到錢老師常常提到其寫作《國史大綱》的主旨，在使讀者深知國家民族的優越歷史文化，從而激發熱愛國家民族的心理，使人人成為堂堂正正的中國人，有凝聚國家團結，強固國本的積極意義。所以個人認為韓教授的意見確當。而中國通史這門課是與一個國家民族的生存有重大關係的課程。個人記得在一次國民黨中常會中，曾經有人提到，說今天大學學生課程壓力很重，因此想濃縮中國通史的課程。當時有數位中常委起而發言，亟亟以為不可，認為是毀滅國家與民族歷史文化的作法。我認為若我們的政策照這樣發展下去，連中國通史課程也取消的話，一旦沒有了國家意識，將非常危險。

綜合答覆

李國祁教授：

今天我的報告似乎成為炮火的重點，我大致作一綜合回答：一、對於王德毅先生所說的，我的意見並非不贊成評鑑結果，而是說我無權決定。根據教育部所定的辦法，是評鑑不公布，而關於評鑑的結果除了向各校作總報告之外，還要通知各學校該評鑑結果。至於教授的研究成果與教學成果的評鑑，在研究生活上，自我的評量即有許多不同，而講到教學成果，主要是看學生反應如何而定，除此外，要評鑑的話就有許多困難。

二、而王仲孚先生提到的各系所設立目標，其實評鑑表上有目標這一項，但往往他們事實上所達到的與系原定的目標有所差距。

三、陳三井先生所講的評鑑結果應讓學校行政人員知道，其實我們的綜合座談有邀請學校行政人員；也有的校長自行前來，但也有些校長即使受邀也不會參加。

四、黃耀能先生所提的成果追蹤，應如何解決，當然要視教育部如何辦理。

五、王壽南先生所提的我很同意，特別是表格的設計。

六、呂士朋先生認為應對於沒有歷史系所的大學院校另作評鑑，這點本人非常同意。

韓復智台灣大學歷史系教授：

一、所謂課程專家，由於不懂各專門學科，很可能教書是個壞教員，當校長則可能是官僚。

二、學校校長要加強人文教學的歷史教育，應該以合理經費擴建專科教室。

三、要請教育部鄭重考慮我們的反應，也要請各大學校長及教育學者考慮我們反應的意見是否正確，如果是對的，即應該接納改進，今天光談不行，還要實際去做。

（蔡紅金紀錄）

（本文原載民國八十一年（一九九二）年《中國歷史教學研討會論文集》）

4. 論中國科學技術史的教育功能與研究價值

今年四月，《歷史月刊》第七十四期刊載了拙作〈中國科學技術史研究和教育〉一文，當時，因為時間和篇幅的關係，有些問題沒能細說，故在此再詳加討論，謹用以紀念錢穆賓四先生的百歲誕辰。

一、前言

歷史告訴我們，科學技術的發達與否，往往關係著國家民族的盛衰存亡和能否富強，以及人民生活水準的高低。例如五十年前的八月，日本被美國投擲兩顆原子彈而宣布投降。又如清道光二十年（一八四〇）鴉片戰爭，中國失敗的原因固多，但甲不堅、兵不利、科學技術不如人，當是主要的原因。所以，我們要發憤圖強，必須積極的發展科學技術和走向現代化。要發展科學技術。就必須從根本做起，最理想的方法是：一方面加強科學高深學術的研究，另一方面積極的提倡科學教育。然而，這又非從推廣科學技術史的研究和加強其教育著手不可。將來中國由於科學技術的發達而富強了，再輔之以傳統道德精神，才有能力扶弱濟傾，也才有能力導致全世界人類的和平。以上所述，即為筆者寫此文的動機。

二、科學技術的釋義和科學史的重要性

「科學」一詞，拉丁文Scientia原意為「學問」或「知識」的意思。有人認為：因為科學的發展和人類思想、文化、社會的發展有密切聯繫。所以，在不同時期、不同場合和不同國家，人們對科學的理解和解釋都不相同。在西方，從古希臘的柏拉圖、亞里斯多德、到英國現代實驗科學的始祖弗蘭西斯・培根（Francis Bacon，一五六一—一六二六）、德國哲學家康德以及十九世紀末二十世紀初的科學家都對「科學」各有不盡相同的解釋。有的將它解釋為「系統化的實證知識」；有人稱為「關於自然、社會和思維的知識體系，是實踐經驗的結晶」。直到今天，人們對「科學」還沒有找出一種能適用於一切時間和地點而完全公認的定義。在此為了討論問題的方便，對科學技術的定義，姑且採取一種廣狹二義的說法。廣義的解說，科學是指人們所獲取的關於自然、社會和思維的知識體系；技術是指人們為能更有效地實現其目的而採取的方法和程序。狹義的概念，是指自然科學和生產技術。科學技術史指的是關於自然科學和生產技術的產生與發展的歷史。

關於科學史的重要性，科學家和思想家們已說的很清楚。弗蘭西斯・培根（Francis Bacon）和十八世紀法國啟蒙運動思想家們如伏爾泰（Voltaire，一六九四—一七七八）都認為：在一般的歷史研究中應當包括對於科學和技術的歷史研究。尤其畢生從事科學史的研究和教學、並極力闡述科學史研究和教學的重要性與必要性，而將科學史作為一門獨立學科

的奠基者喬治・薩頓（George Sarton，一八八四—一九五六）更特別強調科學史的重要意義。這位世界最著名的科學史家認為：科學史是人類文明中最重要的一部份，因為科學史是唯一能夠確切地反映出人類進步的歷史。隨著科學在人類生活中所起的作用越來越大，科學史在人類歷史中的地位也越來越重要，歷史學家應該把主要注意力從最初集中在政治史和軍事史，逐漸轉移到文學史、藝術史、宗教史和經濟史之後，進一步轉移到科學史上來。因為科學是最富有革命性的力量，是一切社會變革的根源。科學的發展極大地改變了人們的物質生活條件並進一步開闊了人們的眼界，解放了人們的思想，變革了人們的精神世界，從某種意義上講，科學決定了人們對世界的總看法。不了解科學的發展，就無法真正理解人類的進步；不了解科學史，就不可能真正理解人類的歷史。

薩頓不僅是世界最著名的科學史家，而且是人道主義者，他強調科學在人類精神方面的巨大作用，認為科學對人類的功能決不只是能給人類帶來物質上的利益，那只是它的副產品。科學最寶貴的價值不是這些而是科學精神，是一種嶄新的思想意識，是人類精神文明中最寶貴的一部份。因此，他給科學史下的定義是：

> 客觀真理發現的歷史，人的心智逐步征服自然的歷史；它描述漫長而無止境的為思想自思，為思想免於暴力、專橫，錯誤和迷信而鬥爭的歷史。

他又強調科學的統一性顯示了人類的統一性：強調科學和人文主義結合的必要性和可

能性。他指出：科學史的研究會使人們明確地意識到人類的統一性，因為科學永遠是國際的。無論是過去或現在，科學的大廈總是由許多不同國籍、不同膚色、不同語言、不同信仰和不同階級的人們在不同時間、不同地點、用不同方法共同建立起來的。儘管在他們之間還存在著分歧、誤解、對立甚至仇恨，但是在科學上卻追求著同樣的目標，研究著同樣的問題，為共同的難題而煩惱，為共同的成就而歡欣。人類所進行的科學研究本質上是一致的，對科學、對知識、對真理的追求將會把整個人類統一起來，科學活動是人類團結一致共同進步的最有利的紐帶，科學史終將使每一個人認識到人類的根本利益是完全一致的。

薩頓更指出：當科學給人類帶來重大的物質利益的同時，往往也給人類帶來了可怕的災難，其原因是人類還沒有學會更好的利用科學。當然，單靠科學，即使我們的科學比現在再發達一百倍，我們也並不能生活得更美好。如果將科學看成是物質上的東西，它隨時都可能成為危害人類的可怕的工具。唯一的辦就是使科學人性化，將科學同人文主義結合起來，而科學史恰恰是兩者之間的一座橋樑。總之，薩頓認為科學史是實現他的理想的最好的甚至是唯一的方法。

總而言之，關於科學史的重要性，亦正如李約瑟（Josepeh Needham，一九〇〇—一九九五）博士在他的最為舉世注目並將永垂不朽的科技史巨著《中國科學技術史》亦即《中國之科學與文明》（Science and Civilization in China）第一卷第一章開頭就說：「現在，人們已經越來越廣泛地認識到，科學史是人類文明史中一個頭等重要的組成部份。」

三、中國科技史的教育功能

臺灣的若干個大學開設《中國科學技術史》（以下簡稱《中國科技史》）課程，大約是近十年的事。臺灣大學文、理、工、醫等學院的好幾位同仁，早已認識到科技史的重要性以及中國科技史研究的意義，並有不少的書文相繼問世；然而，正式將中國科技史成為全校大學部學生共同選修的一門新的通識課程（歷史學系的學生選修則視為專史課程），是事先經過兩年的研商準備，直到民國七十八學年度（一九八九）才付諸實現的。

此課程之開授，係由化學系教授劉廣定（當時他也是國際科學史與科學哲學聯合會科學史組中華民國委員會主任委員）的倡議和策劃，並由歷史系教授韓復智負責，與數學系曹亮吉、化學系劉廣定、植物系李學勇、土木系夏鑄九、生化系林榮耀五位教授聯合主講。第一學期由韓復智、曹亮吉、劉廣定、李學勇四位教授介紹科技史導論、數學史、化學史、生物學史等。第二學期由韓復智、夏鑄九、李學勇、林榮耀四位教授講授交通史、建築史、農業史、醫學史等。

當時，我們對中國科技史這門課程所揭櫫的教學目標，不是溺述我國古代科學技術的光輝，而是結合文獻與考古資料等，以現代科學的觀點，來探討中國自上古至近代的數學、天文、曆法、化學、物理、生物、地理、農業、醫學、建築與工業等的起源、演變及發展，以期有助於明日中國科學技術的創建。因為科學技術的發達與否，直接關係著國家民族的存亡富強與人民生活水準的升降，所以要發展科學技術，除加強研究外，必須先從教育著手。

時光荏苒，此課程自開設迄今，中間除筆者因休假赴香港任教而暫停一年外，前後已有六個年頭，但後來因為諸位先生課務繁重，因此自八十二學年度起，改由筆者一人講授，於是在課程內容與教學方面也做了適當的調整。此外，這幾年，筆者又先後於中興大學和臺大歷史學研究所開設了中國科技史專題研究，與研究生研討《齊民要術》、《本草綱目》及《天工開物》等幾種科技史名著中的主要部份內容，希望通過這幾部原典的研讀，對中國傳統的醫學、農業和工業生產的科學技術能夠有深一層的認識。總之，以我幾年來對中國科技史的教學經驗和心得，使我深刻的了解到，中國科技史在教育方面有極重要的功能。今分述於下：

第一、能使學生從中國古代大醫藥學家的著作言論中，學到一些養生的知識，懂得如何保健強身和防止疾病，而能有健康的身體。

人生最大的快樂莫過於健康，因為有健康的身體才能有一切。人生最大的問題是死亡，因為死而不可復生。所以，一般而言，人人都怕死。因此，自古以來，許多帝王將相權貴豪族和士大夫等都篤好仙丹妙藥，以求長生不老。例如秦皇、漢武，唐宗、宋祖都被丹藥所迷惑，都渴望服食長生不死的神丹而永遠活著，但是到頭來還是一場空，終於不免一死。

另外，也有許多人，如思想家、宗教家、醫藥學家和學者等，已理解到人的壽命是有極限的，不可能長生不死，但是如能通過適當的調攝養生，就可以延年益壽。所以，在經史子集、《道藏》和佛經裡記載了許許多多養生袪病、頤享天年的思想言論和方法。

所謂養生，就是古人強身保健，防止疾病和抵抗衰老的手段。自先秦以來，關於養生的理論和方法，主要有「靜以養生」與「動以養生」兩種觀點。例如莊子、老子主張「靜以養生」，而醫學家華佗則主張「動以養生」。據史載：

> 華花……兼通數經……曉養性之術，時人以為年且百歲而有壯容

他強調養生在於勞動，也就是要運動。所謂：

> 人體欲得勞動，但不當使極爾。動搖則穀氣得消，血脈流通，病不得生，譬猶戶樞不朽是也。

其運動的要則，是在傳承了古人氣功導引的基礎上，加以自己對五種動物如虎、鹿等活動姿態的觀察，再模仿它們的動作，創立出歷史上著名的：「五禽之戲」。

> 是以古之仙者為導引之事，熊頸鴟顧，引輓腰體，動諸關節，以求難老。吾有一術，名五禽之戲，一曰虎，二曰鹿，三曰熊，四曰猿，五曰鳥，亦以除疾，並利蹄足，以當導引。體中不快，起作一禽之戲，沾濡汗出，因上著粉，身體輕便，腹中

欲食。

因為這些動物的活動都是連續而和緩的，不但能夠增加體溫、出汗、排泄糞便和促進食慾，而且不會因為運動過度，使得身體疲勞，受到傷害，是一種非常好的鍛鍊身體之方法。他的弟子吳普遵循老師的教導，經過長期鍛鍊，身體相當健康，活到九十餘歲，「耳目聰明，齒牙完堅。

此外，華佗並提倡食餌養生。他的另一弟子樊阿就是遵從他的教導，服食漆葉青黏散，收到活了百餘歲的顯著效果。

史載：

（樊）阿從佗求可服食益於人者，佗授以漆葉青黏散。漆葉屑一升，青黏屑十四兩，以是為率，言久服去三蟲，利五藏，輕體，使人頭不白。阿從其言，壽百餘歲。

又《三國志》裴松之注引《華佗別傳》曰：

青黏者，一名地節，一名黃芝，主理五藏，益精氣。本出於迷入山者，見仙人服之，以告佗。佗以為佳，輒語阿，阿又私之。近者人見阿之壽而氣力彊盛，怪之，遂責阿所服，因醉亂誤道之。法一施，人多服者，皆有大驗。

又據今人的研究，將漆葉青黏兩種藥配合，確實是養生的良藥。

又如隋唐之際，被後人尊稱為「藥王」的醫學家孫思邈（西元五八一—六八二年），生於隋文帝開皇元年，卒於唐高宗永淳元年，活了一〇二歲，他能享此高壽，和他對養生學的研究大有成就，並能持之以恆的身體力行，有密切關係。

孫思邈在他的醫學名著《千金要方》中，對養生的理論和方法有很多重要的論述。他將養生稱為養性，他在《養性序》中指出：「善養性者，則治未病之病。」只有「安神定志，無欲無求。」才能達到養性的目的。

調氣和保精是隋唐醫學家養生的兩個重要方法。調氣就是運用氣功，導引方法調整充實人身體內的氣。保精就是保養腎精，保養腎精對人體的生長發育和保健防老有特殊重要的意義。孫氏認為氣功不僅能保健，並能治病。《千金要方》中所載述的《老子按摩法》和《天竺國按摩法》是關於氣功中動功的論著。孫氏又認為，縱慾是人生的大敵，告誡人們「恣其情慾，則命如朝露。」他強調「獨臥是守真」，「少慾終無累」。並說：「服藥百裹，不如獨臥」。故認為養生之道，「當先斷房室」。對年輕力壯的青壯人來說，也應該節慾保精，防止多病早衰。所以，他引了岐伯的一段話說：

> 上古之人……飲食有常節，起居有常度，不妄作勞，故能形與神俱而盡終其天年，度百歲乃去。今時之人則不然，以酒為漿，以妄為常，醉以入房，以欲竭其精，以耗散其真，不知持滿，不時御神，務快其心，逆於生樂，起居無節，故半百而衰

也。

因為精足而氣充，氣充則神全，精氣神三者之間的盈虧消長，有互為因果的作用，這是研究養生學的人所不可忽視的。

孫思邈又十分重視食餌養生和「食治」。他在《千金翼方、養老食療》篇指出：「不知食宜者，不足以生存也。」主張善於養生者，「先饑而食，先渴而飲」，提倡少食多餐，食不欲雜。其次，又認為不要輕易服藥，食療不癒時，然後命藥。因為食物對養生袪病是有其功用的。例如用穀白皮煮米粥常食預防腳氣病，用海藻、羊靨、海蛤等防治癭病，用動物肝臟防治雀目（夜盲）。據現代醫學學者表示，這些與近代研究結果都較吻合。總之，孫思邈的養生論，主張「安不忘危，預防諸病」，強調「抑情養性，慎語言，節飲食」的重要性。這些內容對現今老年醫學和老人保健都有重要的借鑑作用。

以上所述，是通過我國古代大醫學家有效驗的養生學，深知他們的養生理論和現代預防醫學並沒有什麼差異。因此，青年學子如果把學得的這種寶貴的知識，用在實際生活上，並能知而力行和持之以恆，在把它加以推廣，深信這不僅為自己帶來健康幸福，而且也能造福他人。這是中國科技史教育的第一個功能。

第二、通過對中國科技史的研讀，能夠激發和增強青年學子敦品勵學和奮發向上的志氣與信心。

經典之作或優良的著作，除能給人豐富而寶貴的知識和增長智慧外，更能給人啟發和力量。在我國古代就有很多這類的科技史名著，如《黃帝內經》、《傷寒雜病論》、《齊民要術》、《千金要方》、《天工開物》和《本草綱目》等等。它們不但在國內的文化史上有崇高的地位，在國外也受到高度重視。這些具有重大成就和價值的巨著，都是作者辛勤的工作、克服艱難、以認真嚴肅的態度和精心鑽研的結晶。青年讀者必將從潛心研讀的過程中，獲得啟示而奮發有為。

例如《齊民要術》的作者賈思勰，在大約距今一千四百多年前，他從家鄉山東益都（今山東壽光縣）出發，到今天山西、河南、河北等省，足跡遍及黃河中下游，他所到之地，不是遊山玩水，而是隨時隨地留心觀察農業生產技術。然後，他將搜集前人的農學資料，和特別向有經驗的老農請教，所收集的民間農諺，總結當時農民的生產經驗，並通過親身的觀察、試驗、比較研究和實踐，始寫成這部流傳後世的農業科學名著。

又如直到今天還被廣大的群眾在生活上作重要參考的《本草綱目》之作者李時珍，他在熟讀了四書、五經、史書和諸子百家文集，積累了文史知識，為研究醫學打下堅定的基礎後，大都依靠自學，以超人的毅力，刻苦耐勞的閱讀醫藥著作，用批判精神，抱著後來居上的壯志雄心，力求在醫藥學方面有所發明創造。後來，他以四、五年的時間，從家鄉湖北蘄州（今湖北蘄春縣蘄州鎮）到湖南、江西、安徽、江蘇等地，跋山涉水，風餐露宿，所到之處，虛心的向老農、漁夫、樵夫、獵戶、老嫗、鈴醫、藥商等請教，在不怕艱苦，不懼豪強勢力的阻撓下，採集了各種藥物標本，寫下數百萬字的調查訪問記錄。然後，把大量藥物，反覆比較，經過深思熟慮和刻苦鑽研，再三修改文稿，終於在明神宗萬曆六年（一五七八）完成巨著，為中國藥物學的發展，建立了揚名中外的里程碑。時李時珍年六十一歲。

我們深信，凡有志學子讀了中國歷史上數不盡的大科學家大醫學家為科學研究、欲造福人群的奮鬥史，定會除景仰之外也產生一種「見賢思齊」的奮鬥精神，努力向他們學習。同樣的，在讀了李約瑟博士著的《中國科學技術史》（《中國之科學與文明》）之後，除感激他為中國提高了在世界文化史上地位、祛除了自鴉片戰爭以來的民族自卑症，更對他憑著自身堅強的意志，辛勤的工作，高度的智慧，淵博的學識，工作上竭力的合作協調以及獨特的創意，所建立的中國科學技術史之千秋大業，也定會除景仰之外而產生一種思賢的精神，誠敬的向他學習。無論在學與否，倘若青年們大都持有「人皆可以為堯舜」的抱負，力求上進，中國才有前途。

其次，再說明研讀中國科技史，能夠增強青年學子自立自強的信心。而且假以時日，就足以恢復中華民族的自信。但信心不是建立在無知的自大上，而是要以真實的歷史做基礎。

自鴉片戰爭以來，由於我中國抵抗帝國主義的侵略，屢遭戰敗，被迫割地賠款以求和，尤其自庚子年（一九〇〇年）八國聯軍攻進北京，次年，訂立《辛丑條約》之後，我國遭受損失之大，為歷次和約之冠。從此京城門戶洞開，一國首都的主權也不能完整，國民心理和國家威信都受到極大的傷害。從此，民族自信喪失殆盡，人們認為外國什麼都比中國的好，非徹底、全盤西化不可，這就是所謂的新文化運動。它認定中國文化不適於現代生活，崇洋媚外之病因而形成。一些西化派人士，認為中國文化不能產生科學。例如著名學者馮友蘭氏曾撰文說：「中國沒有科學」。但實際情況恰恰與此相反，根據李約瑟博士對中國科技文明的深入研究，可知馮氏等人的論調是完全錯誤的。

當年，李約瑟博士曾撰〈中國科學對世界的影響〉一文，其主要用意，「是剔除中國沒有科學這個普遍的錯誤觀點。因為，長久以來，外國人認為中國沒有科學，中國人也認定本國沒有科學，李約瑟氏乃舉出了許多實證，證明事實並非如此。」所以，他在該文的結論中評論到：

朱浤源、胡菊人二氏對此事也先後評論道：

李氏為中國科技文明所下的工夫，早在二十年前即已受到世界各國學界的肯定。而由於李氏的成功，使原被忽略、誤解的中國古代科技文明，也因此而洗刷了一百多年來的不白之冤，特別是五四以來所受西化派人士的誤會。

在朱說之前，胡氏即論道：

由此，我們得出一個結論：五四以來所盛行的中國文化不能產生科學的說法，是完全錯誤的。在十六世紀之前，中國科學幾乎在任何方面，都居世界各國之首。……中國文化不止未妨礙科學的發展，還有極輝煌的建樹。

此外，胡氏在翻譯〈中國科學對世界的影響〉一長文中的前面的一段話，也是很值得我們深思的。

本文把中國科學對世界的影響和貢獻，提綱挈領的羅列出來，很多論點和發現，都是我們中國人聞所未聞的。中國的科學成就，對西方古代科學技術有極重要的影響，對現代科學亦有不可或缺的貢獻。這是對我國文化歷史進一步認識的最佳材料之一。

我們深信，若細讀胡氏的這篇譯文，或翻閱一下李約瑟博士的巨著《中國之科學與文明》一至六卷，必然會斷定，中華民族的本質可以和世界上最優秀的民族比，中國人的聰明才智決不亞於任何其他的民族。雖然由於種種原因，以致近代科學未在中國生根，而中國也沒能隨著時代的進步走向近代化，到了十九世紀遭遇著空前的難關，但這不表示近代中國人的聰明才智退化了。反觀近四十餘年來，海峽兩岸的中國人，在經濟與科技方面的驚人表現，即足以證明中國人的聰明才智仍然不在任何民族之下，中華民族的本質仍然可以與世界上最優秀的民族比。所以，全中國的青年學子，若通過對中國科技史的研讀，明瞭歷史真相，再結合現實情況，建立起自立自強的信心，團結一致，努力奮發，中國必將大有可為，世界人類也將臻於和平共存之境。這是中國科技史教育的第二個功能。

三、研讀中國科技史，能夠激勵學生恢復與實踐傳統道德，藉以達到儒家修、齊、治、平的理想境域。

在魯桂珍博士著的《李約瑟小傳》末尾，附有一篇〈CHINA—創造與發明的樂土〉，是李約瑟著，胡道靜翻譯的一篇短文，文末這樣寫道：

所以說，中國有過一個很偉大的過去，而且是必然有一個偉大的未來。任何事情西方人能夠做到的，中國人也一定能夠做到，即使不是超越的話。而最主要的是，中國人民有偉大的道德傳統，這將是防止現代科學有毀滅我們世界的危險的可能因素。

我們知道，道德是立身行事的根本。錢賓四先生在〈中國歷史上的道德精神〉一文中說：

道德就是我們的生命，就是我們的人格。這是人生真性情的流露，它有一個最高意志的要求，再加上方法技巧，便可完成最高的理想。……我們祇有講道德，纔能使每個人發揮其最大的力量盡其最大的責任……。救世界救國家，不是幾個人幹的事，要大家幹。如何能使大家來幹呢？就要發揚道德精神。

遺憾的是，近數十年來，我國的道德傳統已遭到空前而嚴重的破壞。但是我們為了不能辜負李博士對我們全中國人的期許，應該積極的重振我國固有的道德，根本之計，要從學校教育著手。

在大學裏，中國科技史應是重整道德最理想的課程。因為在我國古代，凡是有極大成就的科學家，除都具有極高深的學識和高明的專業技藝外，大都具有不重名利、不求富貴、不畏艱險、剛正不阿、以利國福民為務、以救民族苦為先的高尚品德。他們對科技人才的道德教育和科技專業教育視為同樣重要，換句話說，就是德育和智育應相輔相成，缺一不可，既強調德的重要和主導作用，又認為技藝是道德的精華，使道德通過技藝體現出來。

例如，在我國和全世界的科學史上堪稱為巨星的漢代大科學家張衡，自幼即刻苦好學，勤奮努力，修養品德和專心研究。但由於他不肯曲意奉承權貴，不慕榮利的高尚品德，雖然有極高超的技術和偉大的科學成就，而遲遲不能飛黃騰達，故遭到他人的譏笑，他為文表明心志說：「君子不患位之不尊，而患德之不崇；不恥祿之不夥，而恥智之不博。」他認為君子首先應該建立正確的價值觀念，才能夠做到「藝可學而行可力也。」張氏在中國和世界科學史上具有崇高的地位，端在他努力鑽研的成果；人們千百年來對他無限的敬仰和懷念，當是由於他的藝德兼備之故。

又如唐代大醫學家孫思邈在《備急千金要方・論大醫習業》中強調，凡欲為大醫，必須精研熟讀《素問》、《甲乙經》、《黃帝針經》、《明堂》、《流注》、《十二經脈》等等醫學經典著作；又必須涉獵群書，如五經、三史、諸子等等，並說明學習它們的道理。他認為「若能具而學之，則於醫道無所滯礙，盡善盡美哉」。他更在同書〈論大醫精誠〉一篇中強調醫家的醫德。

凡大醫治病，必當安神定志，無欲無求，先發大慈惻隱之心，誓願普救含靈之苦。若有疾厄來求救者，不得問其貴賤、貧富，長幼、妍媸，怨親、善友，華夷、愚智，普同一等，皆如至親之想；亦不得瞻前顧後，自慮吉凶，謹惜身命，見彼苦惱，苦己有之，深心悽愴，勿避嶮，晝夜寒暑，飢渴疲勞，一心赴救……如此可為蒼生大醫；反此，則是含靈巨賊。自古名賢治病，多用生命以濟危急。……所以醫人不得恃己所長，專心經略財物，但作救苦之心。

孫氏強調醫生的醫療作風必須是有德有體。以上所引，就是有德。所謂有體，是指醫生的儀表要端正，舉止要檢點、得體。其次，孫氏業醫有強烈的社會責任感，他在醫療實踐中告誡：「膽欲大而心欲小，智欲圓而行欲方。」對臨床診治疾病既強調小心翼翼，周密謹慎，又強調大膽果斷。毅然能決，這一珍貴格言，贏得後世醫家的普遍推崇。

《論語．里仁》子曰：「見賢思齊焉；見不賢而內自省也。」深信有志青年讀了中國科技史裡的此類著作，也必定會見賢思齊的。

中國將來若能恢復了傳統道德，發揮了敬與愛的美德，就能如李博士所說，「必然有一個偉大的未來」，它將有能力挽救世界的危機，給全人類帶來和平與進步。這是中國科技史教育的第三個功能。

錢賓四先生在〈中國歷史上的教育〉一文中說：

中國人傳統的道德觀念是人文精神的。中國人之所謂道，不是為自己打算，而是為別人、為大眾、為天下，乃至為後世打算。所以它是人文精神：

青少年是國家未來的主人翁，如果他們接受了良好的教育，尤其是中國科技史的教育，既知道如何養生，有了健康的身體；又有敦品勵學奮發有為的志氣和信心，以及傳統的道德觀念，才能本著愛國愛人的情懷，肩負起治國平天下的大任，以促進全人類的和平共存。由此可見，科學和人文主義相結合的橋樑—科技史的教育是多麼的重要了。

四、中國科技史的研究價值

在人類歷史的長河裡，政治史雖然是歷史的主流，但科學技術史也是整個歷史的重要組成部份。因此，它自然具有普通歷史對現在和將來的借鑑或啟迪的功能。對科學技術史的研究，不僅能幫助我們深入了解科學技術的起源和發展經過，更能從以往創造和發明成功的因素中獲得啟發，從失敗的原因中吸取教訓，以便為進行中的科技研究和發展，科技政策與管理提供一些寶貴的經驗，作為參考，有助於工作的進行。同樣的，研究中國科學技術史的真正意義和價值也在此。

近四十餘年來，關於海峽兩岸對中國科技史的研究狀況，幾年前，大陸上中國科學院自然科學研究所前任所長席澤宗教授及臺灣大學化學系劉廣定教授曾分別為文說明過。劉博士在〈臺灣的中國科技史研究簡況與展望〉中指出：目前臺灣的科技史研究發展雖已到達四十年來的高潮。但是一直存在著一些基本的問題，如不逐一解決，非但阻礙繼續進步，還可能導致未來的衰退。

他所說的一些基本的問題，有下列三點：(一)觀念的誤導，(二)人力與經費的缺乏，(三)研究範圍與方法的侷限。他在「觀念的誤導」問題中說：「近代科學在中國起步較晚，且不普遍。是故很多前輩人文學者對科學的了解不多，對科技史所知亦少，因而忽視科學與科技史間相互關係之重要。例如梁啟超就認為：『天文學為一事，天文學史又為一事』，使後學者誤以為科技史與科技無關而低估科技史的重要性，不視科技史為主流學問，而不願參與其研究。過分深信權威是國內科技史研究發展的另一觀念上的障礙……國內少數前輩學者的某些誤解，也可能使有關的研究停滯不前……」。

我們都知道，做一件事或研究和學習某一學科的態度，往往受觀念的支配，假如觀念不正確，結果便適得其反。幾年來，有時聽人說，在今天農業技術比過去大有進步的時代，為什麼還要研究《齊民要術》？關於這個問題，今世中國著名的農業科學家繆啟愉教授，在他的厚達近九百頁亦是《要術》最佳版本的《齊民要術校釋》中，明確的解答了這個問題。他說：

《齊民要術》反映我國古代黃河中下游相當高水準的農業科學技術和生物化學技術，涉及範圍很廣，內容豐富多采，也比較細緻、切實。它是我國最早最完整的包括農、林、牧、副、漁的綜合性的農業全書，也是世界上最早最有價值最有系統的農業名著，其中有許多寶貴的經驗，在今天仍可借鑑。

他又在手著的《齊民要術導讀》第二章《齊民要術》在國內外農學史上的學術地位中說：

農業是在繼承的前提下發展的，農業技術是在積累的基礎上創新前進的。我國千百年來建立起來的獨具特色的傳統農業有著十分豐富的農業遺產。今天搞現代化農業，不能否定民族農業的優良傳統，不能照搬西方農業現代化的模式。日本京都大學教授飯沼二郎指出：「否定傳統農業的現代化，將會導致農業的衰退，只有尊重農業傳統搞現代化，才會使農業迅速發展。」……我們所以要學習《要術》，就是為了不割斷歷史，就是為了弄清發展到《要術》時代有哪些優良傳統，佔著怎樣的地位，有哪些合乎科學原理的東西應該吸取和借鑒。……它的偉大貢獻是永遠不會因為它是一千四百多年前的東西而磨滅的。無論在過去在今天，無論在國內或國外，都有其深遠影響。所以我們應該認真學習和研究這部祖國農業遺產和世界農業生物學史方面的名著，它是經過歷史考驗留給我們的文化瑰寶。

依據繆氏的研究毋庸置疑的，《齊民要術》是中國農業發展史的里程碑，作者賈思勰不愧是古代農學的繼往開來的大功臣。此外，《要術》在日本及歐美等國家都受到高度重視和研究。日本學者把《要術》的學術研究稱為「賈學」，賈思勰的書竟成為專門的學問。大家都知道，日本是工農業生產技術相當發達的國家，尚且把《要術》提高到「專學」的高度，這只能說明《要術》不僅在科學技術史上有其卓越成就，而且還有它的現實意義，有不少項目有待我們繼續探索研究。

十九世紀，英國著名的生物學家達爾文(Charles Robert Darwin, 一八〇九－一八八二)在他的震撼世界的《物種原始論》一書中記述他所看到的一部中國古代的百科全書清楚的記載著選擇原理。據考證，達爾文看到的這部百科全書，就是《齊民要術》。因此，他能以《齊民要術》的論述為有力證據，駁斥了西方那種把選擇原理看成是近代發現的不正確說法，並且從正面闡述了古人如何運用這項原理。總之，正如大陸中國科學院自然科學史研究所資深研究員潘吉星說：「《齊民要術》在達爾文經典著作中始終起著積極的作用。」

此外，李約瑟博士在他編著的《中國科學技術史》（或《中國之科學與文明》）第六卷關於生物學和農學分冊，以《要術》為重要材料。英國白馥蘭(Francesca Bray)女士將《要術》前六卷譯成英文，德國赫茨博士(Dr. Christine Herzer)正將《要術》譯成德文。在美國，尤其得到美籍華裔學者的重視。

以上所轉述繆氏等人的研究，目的在說明《齊民要術》不僅在國內廣泛流傳和整理以及有深遠的影響，而且在國際學術界亦十分引人注目，藉以闡述研究中國科技史的真實意義和價值，讓國人對中國科技史有進一步的了解，並藉以激發青年學子研究中國科技史的志願。

在此，我們從《齊民要術》中列舉出兩個例證，具體說明其中許多寶貴的經驗，都有豐富優異的實用價值，在今天仍然極可借鑑。例如〈耕田第一〉中云：

凡耕高下田，不問春秋，必須燥濕得所為佳。若水旱不調，寧燥不濕。春耕尋手勞，秋耕待白背勞。

凡秋耕欲深，春夏欲淺。犁欲廉，勞欲再。秋耕稀青者為上。初耕欲深，轉地欲淺。

「國以民為本，民以食為天」。所以，賈思勰強調：糧食生產是治國安民的第一件大事。但是，糧食的生產，必先從種莊稼著手，又種莊稼首先必須整好土地，尤其是北方旱作農業，整地保墒（即保澤）是種好莊稼的第一道關。在北方，春季乾旱多風，夏季多雨，秋季還有陣雨，如何控制不利因素，利用有利因素，使作物順利出苗生長發育，最重要就是水的巨大作用，而這一關首先就在於基礎工程的整地上。因此，整地的中心任務就是盡最大可能做好保水工作，從而提高抗旱能力。

賈氏在文中分析了適耕期，就是耕時最好要土壤乾濕適度。因為當土壤乾燥時耕，雖然有土塊，但是「一經得雨，地則粉解」。如果在濕時耕，所翻起的土岱，乾燥後堅硬不易破碎，幾年都不好耕種。又春天多風，所以耕了之後，要隨手耮。就是為保墒創造條件。這在華北旱作地區是極重要的。又因為在北方夏秋之間是雨季，容易使土壤下陷顯得緊實，所以秋耕後，要等待土壤稍乾土面呈現白色的狀態時再耮。

為什麼秋耕要深，春夏要淺呢？因為華北的秋季常有陣雨，秋耕深了有利於收墒、蓄墒，為來年春播提供好墒情；秋耕後經冬入春，土壤經過凍融交替的變化，促進風化，使土體酥散，結構良好，而且深耕加深了耕作層，有利於深土熟化，所以秋耕宜深。春夏沒有這樣的條件，而且北方春多風旱，夏天進入高溫，如果深翻，等於揭底跑墒，土壤又不易熟化，所以不宜深耕。犁起的土條要窄些。因為窄了犁的拉力輕，犁條細，可以減少和消滅犁不到的犁瘠，地就耕得勻透些，牛也省力氣。並且要務兩次，使土壤有良好的墒情。

所謂「䅖青」就是通過耕翻把青草掩埋在地裡作為綠肥，現在人們也叫「壓青」。䅖青和綠肥固然是增施了有機肥料，但植物掩埋在地裡，同樣有保蓄水份的作用，腐爛後產生腐殖酸，還有中和土壤鹼性偏高的作用，這在北方是特別重要的。

又如〈種穀第三〉所載，首先提醒種莊稼必須遵循因時因地制宜的總原則，才能獲得最好的效果，如違反自然規律，必然「勞而無穫」，要言不煩，具有顛簸不破的真理。

其次說明從品種類別、整地、播種、中耕除草到收穫的全部過程，敘述詳盡，基本具備現代作物栽培學的主要內涵。其中特別值得重視的是對於品種的分析比較。當時作為主糧的穀子品種已發展有八十六個，品種有早熟或晚熟，有高稈或矮稈，有耐旱、耐水、抗風、抗蟲等抗逆性能的強或不強。賈思勰通過細密的觀察比較，總結出形態和性狀之間存在著的一定的相關性，是很值得我們重視的。

一、植株高矮和產量的關係：矮稈的產量高，高稈的產量低。這個問題在一千四百多年前已被記錄下來，很值得現代借鑑。

二、植株高矮和成熟期的關係：矮稈的成熟早，高稈的成熟晚。

三、植株高矮和莖稈強弱、籽粒顏色的關係：矮稈的莖稈堅強，抗倒伏力強，籽粒黃色；高稈的比較軟弱，籽粒青、白、黑。

四、植株高矮和地宜的關係：由於二和三的原因，矮稈的宜於種在山田，以抗風霜；高稈的宜於種在低地。以發揮它比較耐水的性能，求得較好的收穫。

五、植株高矮和種植布局：由於一至三的關係，黃穀莖稈矮，早熟，產量高，堅強抗旱抗風，八十六個品種中大量的是黃穀，種植布局也以矮稈黃穀占優勢。

六、籽粒糯性和產量、口味的關係：糯性的產量低，吃味好而不漲鍋（「美而耗」）；不糯的產量高，吃味差而出飯率高（「惡而息」）。這個千百年來存在著的澱粉化學組成和產量之間矛盾，現在也還很難突破。

關於上面引述的兩個例證，另在繆啟愉教授的〈齊民要術的科學成就〉一文中，對於以保墒防旱為中心的精細技術，播種技術、輪作和間混套措施，有很精詳的論述。由此可知。雖然今天已進入現代化農業生產，但是這種優良傳統的整地技術、尊重自然規律和種植措施，仍然極富借鑑價值。

作為多門類指導農業生產的《齊民要術》，不但適於全中國人所閱覽和借鑑，而且也適用於日本。所以當清乾隆九年（一七四四年），日本人山田羅谷在用漢字刊印的第一部《齊民要術》（他作了簡單的校注，並附上日語的譯文。）序文中說：

我從事農業生產三十餘年，凡是民家生產上生活上的事業，只要向《齊民要術》求救，依照著去做，經過歷年的試行，沒有一件不成功的。尤其關於農業生產的切實指導。可以和老農的寶貴經驗媲美的，只有這部書。所以我特為譯成日文，并加上註解，刊成新書行世。

山田氏在農業生產中由於取法於《要術》而獲得成功。對《要術》推崇備至，所以特為刊成新書推薦給日本人民。

以上所述，充份說明了今天從事現代化農業，不能否定民族農業的優良傳統的最佳例證，也就是最好的借鑑的例證。尤其當西方農業經過「無機農業」的挫折之後，國外學者對此非常重視，對中國精耕細作的優良傳統給予高度評價和一片讚揚聲。

例如，近代農業化學的創始人、德國著名科學家李比希曾以「無與倫比的農業耕作方法」稱頌中國精耕細作的優良傳統。

又如美國現代育種學家、諾貝爾和平獎獲得者諾爾曼・布格格對我國的多熟種植作了高度評價，他說：「中國……遍及全國的雙作和三作，在發展中國家居於領先地位。」又說：「中國人民……創造了世界上最驚人的農業變革之一。」

《齊民要術》所記是中國精耕細作的精華，也是東方「有機農業」、「生態農業」的精華。歐美農業在熱乎「無機農業」或「石油農業」碰壁之後，轉而研究中國的傳統農業，並且採取行動，改弦易轍推行「有機農業」。這就必然吸取中國精耕細作的傳統農藝。

由上可知，歐美新興的「有機農業」，就精神實質來說，不能不首先受到《齊民要術》「脈沖」的震盪和衝擊，不能不首先借鑑於《齊民要術》。

以上所引述的借鑑的例子，在《本草綱目》等其他中國科技史的名著中，實不勝枚舉，在此不細說了。

五、結語

綜合前面的論述，歸納出下列兩點結論：

第一、在十六世紀以前，中國科學文明的輝煌成就，遠超過世界上任何一個民族，而且對西方古代科學技術有極重要的影響，對現代科學亦有不可或缺的貢獻。這個事實足以證明中國人有科學的智慧，中國文化並非反科學的。至於近代科學未在中國產生，換言之，就是中國近代科學落伍，使得近百餘年來，中國遭受空前的難關，中華民族蒙受了奇恥大辱，民族的信心淪喪，其原因是由於近代政治上的大變動、經濟匱乏等實際問題和環境問題造成的，並不是到了近代，中國人的智慧衰退了，或聰明變得愚笨了。古人云：「多難興邦」。近四十餘年來，海峽兩岸的中國人，都從困苦艱難中站了起來，在經濟和科技上的發展，已有巨大的成就。今年四月，報端登載楊振寧博士對建國中學學生演講時說：「二十一世紀，兩岸必成一工業大國。」此外，在科學研究上，也有了幾位獲得諾貝爾獎的。由此可知，中華民族的本質仍然可以與世界上最優秀的民族比，中國人的聰明仍絕不在任何民族之下。所以論人論地，中國將必大有作為，甚至超越漢唐，成為中國歷史上另一個盛世。

第二、中國與世界各國將來的出路，端在發展與人文主義相結合的科學。因為科學技術，能夠滿足人類物質上的需求，能夠提高生活水準，造福人群。但水能載舟，亦能覆舟，它也可能給人類帶來莫大的威脅和災難。只有中國的科學發展，才真能給世界人類帶來安樂和平。因為中國文化尊王道、不重霸道，「中國文化是人本位的，以人文主義為中心，是入世精神的。」「中國人傳統的道德觀念是人文精神的。中國人之所謂道，不是為自己打算，而是為別人、為大眾、為天下，乃至為後世打算。」對於科學，中國古人講正德、利用、厚生。又中國古代的科學家都很重視他的人文修養，重視職業道德。所以，青年學子通過中國科技史的教育和研究，不但有了健康的身體，傳統的道德觀念以及奮發向上的自信心，而且能夠致力創新發明，作為和平用途，為全人類造福，不會有毀滅世界的危險，也才真正給全世界人類帶來和平。

（本文原刊於《中國歷史學會史學集刊》第二七期，民國八十四（一九九五）年九月十七日出版）

（二）短篇論文

（二）短篇論文

1. 傅斯年先生年譜

一、傅斯年先生的先世

先生名斯年，字孟真，他的先世，世居山東省聊城縣，但遠祖則源自江西。他的初祖傅回祖，係江西省永豐縣人，於明憲宗成化（西元一四六五－一四八七年）中任冠縣（今山東冠縣）縣令。聊城於明代屬東昌府，且為府治所在地，冠縣則是東昌府的屬縣之一。從回祖到斯年先生，共歷十四世，四百七、八十年。回祖任縣令期滿，將返回故鄉，但夫人李氏不願隨行。回祖乃將七子中之三子留下侍奉夫人，自攜四子南歸。三子中有名祥者，原係次子，奉母李氏僑居聊城，其餘二子，一居冠縣，一居博平。傅回祖何以要留三子在北方？據清初人所撰的傅氏碑文記載，回祖任縣令時，頗有善政，百姓不忍其期滿離去，回祖乃留三子以撫慰之。此外，據說夫人李氏精勘輿之學，認為如卜居聊城，後世必可騰達，因此獨寓聊城，未返回江西。其後李氏歿，葬於城南，子祥因不忍遠離母親廬墓，乃在聊城落戶，從此他的子孫，世世代代都居於聊城。聊城是一人文薈萃之地，且民風極淳樸。傅氏子孫憑藉著這優美的環境，不但出了不少詩文書畫的名家，也頗有幾位是武技超群的。

傅祥畢生務農，其妻孫氏，生有四子。次子名綸，為聊城諸生（秀才），後配母氏，生三子，次子名諭，改營商業，因宅心寬厚，又重信義，而生意興隆，家計也漸充裕。諭配趙氏，生子三人，次子天榮，既長承襲父業、繼續經商，以奉養母兄。天榮配王氏，生有五子，次名思敬。思敬幼受經書，不久因家貧，棄學從商，是一位誠信、知足守分的商人。其妻李氏，素具賢德，生有二子，長以恆，早卒；次以漸，字于磬，號星巖。自傅回祖至以漸，凡歷六世，一百六十年。在此期間，傅氏除耕讀外，多經營商業，不顯於世。但到傅以漸，以明季諸生，於清初大魁天下，不十年位登宰輔，便大為振起傅氏的家聲。

傅以漸生於明萬曆三十七年（一六〇九年），少時從大師受經講，明義理之學，被選為諸生。他為學極勤，因家貧缺少紙張，作文章時便在牆壁上起草，當文章寫成後再將字跡擦去，以備再用。夜間讀書，有時沒有燈火，便焚香為照明之具。有一次，土匪圍聊城，城垣幾被攻破，但他仍朗誦典籍，有如平時，認為「死生命耳！」他博通群書，尤留心於經世之學，從天文地理以至禮樂兵農之說，類皆考訂古今，討論原委，以求用世。清順治二年（一六四五年），清廷首次開科取士，當時以漸已三十五歲，他參加鄉試，得中舉人。次年，又赴北京會試，得中一甲一名進士，成為清代第一位狀元，大為鄉里增光。因此後來傅氏過年時所寫的春聯，常以「開代文章第一家」為下聯，以示炫耀。以漸中狀元後，歷任修撰、侍讀、庶吉士、國史院大學士等官。十五年，任會試總裁。並因久參機務，改任武英殿大學士兼太子太保、兵部尚書，加少保，進階光祿大夫。這時的傅以漸已達到「榮祿兼極」的地步。以漸崛起孤寒，不振家聲，受到傅氏後人普遍的尊敬。但他於明清易代之際，亟求功名，應科舉試，並在異族政府中為官。斯年先生本於民族大義，對他極表不滿。但傳說他並不甘心為異族效力，陰有非常之志。他以清聖祖的師傅之尊，臨終不肯請卹請謚，而清廷竟亦從其所願，與此事不無關係。

傅以漸與其妻虞氏僅有一子，名端揆，八歲而殤，由族子宅揆繼嗣。宅揆有一子，名永綍，為乾隆十七年（一七五二年）壬申舉人，為人耿亮廉潔，官至台州同知。永綍初娶何氏，早死。續娶楊氏，名秋輝，但無所出。再娶黃氏，生三子，長名廷輝，字映宸；次名廷椿，三名廷松。廷輝就是斯年先生的高祖。廷輝長大後，乃捐納了一個九品小官，分發河南任職；並曾參討天理教之變。廷椿事蹟無考，廷松是位豪俠人物。廷輝妻朱氏，生二子，長名繩勛，字接武，號秋屏，嘉慶十九年（一八一四年）進士，道光末年，歷任浙江、江西、江蘇巡撫等職。次子繼勛，字玉溪，號湘屏，為斯年先生的曾祖，道光五年（一八二五年）拔貢，在安徽任知縣、知府二十餘年，所至有循聲。他為人不忮不求，順時守分。任知縣時，專以慈祥化民，排難息訟，不假威嚇。百姓如有訟事，例不開庭，而予以誘導，勸其和解。時常訪問百姓，探求民隱，平反冤獄極多。他曾以格言四句，勉勵縣學諸生，且身體力行，以為倡率。格言是：「貴莫過於為聖賢，富莫過於蓄道德，貧莫過於不聞道，賤莫過於不知恥。」

清代名臣如李鴻章、丁寶楨，都出自他的門下。道光末年，他曾以循良陛見。咸豐初年，洪楊亂起，安徽被兵禍，省城失陷。巡撫福濟以繩勛熟悉安徽情形，密保他為布政使，兼辦全省糧臺，甚受倚重。但不久福濟調任，他以繼任者不聽進言，引疾而歸。

傅繩勛有八子，長子浚，道光二十四年（一八四四年）進士，曾任職吏部。次子沅，咸豐元年（一八五一年）舉人，曾任山西大寧等知縣。四子淮，出身廩貢，曾任直隸侯補縣丞。七子濂，曾任軍職。其餘諸子均無可查考。

傅繼勛的元配李氏，生有七子。長子灣，同治元年（一八六二年）舉人，官至浙江嚴州知府。次子澐，曾任浙江候補布政使理問。三子淦，是斯年先生的祖父，事蹟詳見後。四子瀰，曾任江蘇武進典史。五子殤，名亦佚。六子滉，曾被任命為安徽侯補府經歷。七子溥，性極聰慧，七歲而殤。

清代道咸同時代，是傅氏的盛時。繩勛、繼勛二人均為封疆大吏，而諸子多具才華，或以詩文書畫名世，或以武技見稱，可謂滿門俊逸。但傅氏先人，大都孤高廉介，居官決不積蓄金錢，決不逢迎上官，以致解任後一貧如洗。有的甚至恃才傲物，玩世不恭。因此傅氏雖自清初即是海內名家，但歷代大都與窮神為伍，斯年先生的為人，也頗有一些祖風。

斯年先生的祖父淦，字笠泉，是一位文武兼資具有多方面才藝的人。斯年先生受他的影響最深，他可以說是斯年先生學問人格基礎的奠立者。笠泉少有才名，博通經史，工讀書畫，尤以書法知名；精醫理，尤擅針灸；此外並長於武技，但從不傳授子弟。他為人澹泊自甘，不樂仕進。重諾任俠，雖貧不舉炊，而赴義惟恐後人。生平不為人作墓誌，私函不入官府。他是同治十二年（一八七三年）拔貢，以後便不再參加科舉，絕意仕途。他少喜遨遊，塞北江南，到處都有他的蹤跡。他認為歷代的弊政，皆由宦官啟之，因此痛恨宦官。笠泉兄弟，原合住於祖宅，後因各房人口漸多，乃謀議析居。相府原有樓十二座，笠泉均推讓給兄弟，獨分馬廄一座。而他不事生產，又好周濟窮人，以是日益貧困。笠泉配陳氏，名梅，生有三子，長名旭安，字伯雋，號曉麓，是斯年先生的父親。次子暠安，三子春安。曉麓中年去世，他的兩個弟弟也均早逝，因此家道益落。到斯年先生降生，祖父笠泉年逾知命，及斯年先生稍長，笠泉即居家以課孫為樂，不再出遊；民國十一年（一九二二年）六月二日卒，享年七十八歲。他曾註《易筋經》，去世前，連同其他文稿一齊焚燬，以是無著作傳世。

斯年先生曾對弟弟斯巖說：「祖父生前所教我兄弟的，盡是忠孝節義，從未灌輸絲毫不潔不正的思想。我兄弟得有今日，都是祖父所賜。」從這些話，可以看出祖父笠泉對斯年先生的影響之深。

斯年先生的父親曉麓，德配李夫人，聊城西南鄉賀家海人，出生於一個富有的家庭。她雖然識字不多，但賢孝知大體。她生有二子，斯年先生居長，次為斯巖，字孟博。曉麓為光緒二十年（一八九四年）順天舉人，性仁厚，有文名。曾任山東東平縣龍山書院山長六年，光緒三十年（一九〇四年），病歿於任所，年三十九，父母均在堂。時斯年先生僅九歲，斯巖纔七個月，賴門生故舊，經紀其喪，由李夫人撫櫬歸聊。當曉麓病時，李夫人親往東平侍疾，割股和藥以進，但卒不能救。曉麓既歿，夫人守節，事翁姑，撫幼子，克勤克儉，倍嘗艱辛。親舊賻贈數千緡，由山友人周祖瀾、范玉波二人代存生息，維持家計。此外，曉麓的學生，也表現出難得的風義，每當舊曆年底以前，他們之中必有一人來聊城，送上大量的用品和食物，並在商號代為存上若干銀錢，以備來年之用。年年如此，直到斯年先生學成就業後纔停止。曉麓有一位學生侯延塽，少時孤貧，為商店學徒，但極好讀書，工作之暇，手不釋卷。曉麓見他是可造之才，於是助其進入龍山書院就讀。後來侯氏考取進士，而曉麓已歿，他便在墳前自誓，以撫育斯年先生兄弟為己任。後來斯年先生兄弟上學，都由他供給，親如家人。他年齡頗長，斯年先生兄弟都以父執事之。侯氏卒後，斯年先生曾說：「我家非侯公無以有今日！」

斯年先生的學問基礎，雖由祖父笠泉奠立，但太夫人督教之功，亦不可沒。當時家境極困，日用全賴太夫人張羅。她含辛茹苦，盡力供給斯年先生兄弟讀書。同時管教極嚴，遇有過錯，立予責罰。斯年先生中年，遇太夫人發怒，仍長跪不起。此外，太夫人的膽識也有過人之處，民國十八年（一九二九年），聊城為土匪攻陷。匪徒至家中劫掠，太夫人與之爭論，匪徒舉槍擬之，太夫人神色不變，言談自若，匪徒終不敢加害。其後斯年先生著文，攻擊權要；其弟斯巖從軍，每戰身先士卒。他們的膽識和勇氣，都沒有辜負太夫人的培育。

民國二十年後，家境漸裕，太夫人雖然年逾六十，仍勤儉如昔，她時常告訴孫輩往日生活的艱苦，勸勉他們發憤為學，並不可亂用金錢。他她對貧困的親友，則十分溫恤，每遇他們有所需求，總是盡力相助。抗戰期間，太夫人隨斯年先生移居重慶，民國三十年（一九四一年）十月二十一日病逝，享年七十五歲。當太夫人病時，斯年先生正患重病，恨防護未週，痛傷不已。次年，他給友人的信上說：「不幸者家母於去年十月去世矣！如非在此亂世，或者不至於此，此弟念之不能忘者也。」可見斯年先生抱憾之深。

二、斯年先生年譜

清光緒二十二年（一八九六年）一歲

農曆二月十三日辰時（陽曆三月二十六日），先生生於山東省聊城縣北門內祖宅。

清光緒二十三年（一八九七年）二歲

先生在聊城。

清光緒二十四年（一八九八年）三歲

在聊城。

清光緒二十五年（一八九九年）四歲

在聊城。

清光緒二十六年（一九〇〇年）五歲

在聊城。

清光緒二十七年（一九〇一年）六歲

春，入邑人孫達宸拔貢學塾，同學有朱笠升、鄭錫九等。祖父傅淦課讀於家。

清光緒二十八年（一九〇二年）七歲

在學塾攻讀。祖父課讀於家。

清光緒二十九年（一九〇三年）八歲

在學塾攻讀。祖父課讀於家。

清光緒三十年（一九〇四年）九歲

在學塾攻讀。祖父課讀於家。五月，父傅旭安卒，享年三十九歲。

清光緒三十一年（一九〇五年）十歲

春，入東昌府立小學堂讀書。祖父課讀於家。天賦秉異，有神童之稱。

清光緒三十二年（一九〇六年）十一歲

在東昌府立小學堂攻讀。祖父課讀於家，是歲讀畢十三經。

清光緒三十三年（一九〇七年）十二歲

在東昌府立小學堂攻讀。祖父課讀於家。

清光緒三十四年（一九〇八年）十三歲

(一)在東昌府立小學堂攻讀。祖父課讀於家。

(二)冬，隨侯延塽（雪舫）進士至天津，住孔繁淦（祖父的門生）家，由父執吳樹棠（字筱洲）按時接濟。

毛子水云：「這個侯先生，為山東省東平縣人，是傅曉麓先生的學生；平日對他的老師很為尊敬。侯先生到北京會試，中了進士；回到家鄉，則三十九歲的老師已因病過世了。他便把老師兩個兒子的撫養和教育當作他自己的責任。傅先生幼時文史的根柢，除他的祖父外，受到侯先生培養的益處很多。就是他生平樂於幫助故人的子弟，恐怕侯先生的榜樣亦不會沒有幾分影響。」

清宣統元年（一九〇九年）十四歲

春，考入天津府立中學堂，開始接受新式教育。

清宣統二年（一九一〇年）十五歲

在天津府立中學堂攻讀。

清宣統三年（一九一一年）十六歲

(一)在天津府立中學堂攻讀。

(二)臘月，與聊城縣紳丁理臣之長女馥萃女士結婚。

中華民國元年（一九一二年）十七歲

在天津府立中學堂攻讀。

中華民國二年（一九一三年）十八歲

夏，考入北京大學預科。

毛子水云：「民國二年，傅先生進了北京大學預科。那時的大學預科分甲乙兩部：甲部偏重數學及自然科學，乙部偏重文史。傅先生入乙部，雖身體羸弱，時常鬧病，但成績仍是全部的第一。就我現在所記到而言，當時全校學生中，似乎沒有比他天資更好的。」

中華民國三年（一九一四年）十九歲

在北京大學預科攻讀。

中華民國四年（一九一五年）二十歲

在北京大學預科攻讀。

中華民國五年（一九一六年）二十一歲

(一)夏，卒業於北京大學預科。

(二)秋，升入文本科國文門。

毛子水云：「他那時的志願，實在是要通當時所謂國學的全體；惟以語言文字為讀一切書的門徑，所以託身中國文學系。當時北京大學文史科學生讀書的風氣，受章太炎先生學說的影響很大。傅先生最初亦是崇信章氏的一人，終因資性卓犖，不久就衝出章氏的樊籠。」

中華民國六年（一九一七年）二十二歲

在北京大學文本科攻讀。

1.毛子水云：「傅先生進中國文學系一年後，胡適之先生來北京大學任教，胡先生於應用科學方法以研究學問以外，兼提倡白話文，亦被稱為新文學。當時在北京大學師生中，文言文寫得不通或不好而先贊成新文學的很多，文言文寫得很通很好而贊成新文學的很少。傅先生便是後一類中的一個，只有這一類人，才可以說真正能夠懂得用白話文的意義和道理。」

2.羅家倫云：「我和孟真是民國六年開始在北京大學認識的。他的中國學問的基礎很好，而且瀏覽英文的能力很強，這是一件研究中國學問的人不容易兼有的條件。我當時讀的是外國文學，我們開始有較深的了解，卻在胡適之先生家裡，這時期還是適之先生發表了〈改良文學芻議〉以後，而尚未正式以文學革命作號召以前。適之先生甚驚異孟真中國文學之博與精，和他一接受以科學方法整理舊學以後的創獲之多與深。適之先生常常是很謙虛的說：他初進北大做教授的時候，常常提心吊膽，加倍用功，因為他發現許多學生的學問比他強。這就是指傅孟真、毛子水、顧頡剛等二、三人說的。當時的真正國學大師如劉申叔（師培）、黃季剛（侃）、陳伯弢（漢章）幾位先生，都在北大文科任教也非常之讚賞孟真，抱著老儒傳經的觀念，想他繼承儀徵學統或是太炎學派等衣鉢。孟真有徘徊歧路的資格，可是有革命性，有近代頭腦的孟真，決不徘徊歧路，竟一躍而投身文學革命的陣營了。以後文學革命的旗幟，因得孟真而大張。」羅氏又敘述先生當時之生活情形云：「孟真住在校內西齋四號。他房間裏住了四個同學：一個顧頡剛靜心研究他的哲學和古史；一個狄君武專心研究他的詞章；一個周烈亞阿彌陀佛的在研究他的佛經；一個就是大氣磅礴的傅孟真，和他的一班不速之客的朋友羅志希（編者按：羅氏字志希）等在高談文學革命和新文化運動。這一個甚麼配合！可是道並行而不相悖，大家還是好朋友。」

中華民國七年（一九一八年）二十三歲

(二)北京大學文本科攻讀。

夏，約集同學羅家倫、毛準等二十人，創立新潮社。籌備發行《新潮》雜誌。

1.毛子水云：「我們現在試一翻讀〈新潮發刊旨趣書〉，便可以知道傅先生那時對於學術思想的抱負和見解了。下面幾節的意旨，到現在還值得注意：『群眾對於學術無愛好心，其結果不特學術銷沉而已，墮落民德為尤巨。不曾研諸學問之人，恆昧於因果之關係，審理不瞭而後有苟且之行。又，學術者，深入其中，自能率意而行，不為情牽。對於學術負責任，則外物不足縈惑；以學業所得為辛勞疾苦莫大之酬，則一切犧牲儘可得精神上之酬償。試觀吾國宋明之季，甚多獨行之士，……彼能於真理真知灼見，故不為社會所征服；又以有學業鼓舞其氣，故能稱心而行，一往不返。中國群德墮落，苟且之行偏於國中。尋其由來，一則原於因果觀念不明，不辨何者可為何者不可為；二則原於缺乏培植『不破性質』之動力，國人不覺何者為『稱心為好』。此二者又皆本於群眾對於學術無愛好心。……觀察實情，乃覺今日最危險者，無過於青年學生。邇者惡人模型，思想厲鬼偏於國中，有心人深以為憂。……本誌發願協助中等學校之同學，力求精神上脫離此類感化。於修學立身之方法與途徑，盡力研求，喻之於眾。……』這兩段裡邊所指出的弊病，到現在還更厲害起來。」

2.羅家倫云：「民國七年孟真和我，還有好幾位同學，抱著一股熱忱，要為文學革命而奮鬥。於是繼《新青年》而起，組織『新潮社』，編印《新潮》月刊。這是在這個時代中公開主張文學革命的第二個刊物。我們不但主張而且實行澈底的以現代人的語言，來表達現代人的思想，所以全部用語體文而不登載文言文。（《新潮》的發刊詞卻是例外，這是孟真別有作用的做法。）我們主張文學的任務，是人生的表現與批評，應當著重從這個方面去使文學美化和深切化，所以我們力持要發揚人的文學，而反對非人的與反人性的文學。我們主張學術思想的解放，打開以往傳統的束縛，用科學的方法來整理國故。我們推廣這種主張到傳統的社會制度方面，面對固有家族制度和社會習慣加以批評。我們甚至於主張當時駭人聽聞的婦女解放。《新潮》的政治彩色不濃，可是我們堅決的主張民主，反封建，反侵略；

我們主張我們民族的獨立和自決。總而言之，我們深信時至今日，我們應當重定價值標準，在人的本位上，以科學的方法和哲學的態度，來把我們固有的文化，分別的重新估價。在三十年前的中國，這一切的一切，是何等的離經叛道，驚世駭俗。我們主張的輪廓，大致與《新青年》主張的範圍，相差無幾。不過當時的一般人看來，髣髴《新潮》的來勢更猛一點，引起青年們的同情更多一點。《新潮》的第一卷第一期，複印到三版，銷到一萬三千冊，以後也常在一萬五千冊左右，則聲勢不可謂不浩大。

(二)是歲先生於《新青年》等刊物發表之文字，計有：1.文學革命新申義2.文言合一草議3.戲劇改良各面觀4.再論戲劇改良5.中國歷史分期之研究6.中國學術思想之基本誤謬等篇。(均收入《傅斯年全集》第四冊，台北，聯經出版事業公司，民國六十九年九月初版)

1.斯年先生在《新青年》第四卷第四號發表的〈中國學術思想界之基本誤謬〉一文，縷述中國傳統學術思想有下列幾點缺失，其要旨為：

一、中國學術，以學術為單位者至少，以人為單位者轉多，前者謂之科學，後者謂之家學；家學者，所以學人，非所以學學也。二、中國學人，不認個性之存在，而以為人奴隸為其神聖之天職。每當辯論之會，輒引前代名家之言，以自矜重，以駭庸眾，初不顧事理相違，言不相涉。三、中國學人，不認時間之存在，不察形勢之轉移。每立一說，必謂行於百世，通於古今。導人浮淺，貽害無窮也。四、中國學人，每不解計學上分工原理（Division of labour），殊類學術，皆一群之中，所不可少，交相為用，不容相非。自中國多數學人眼光中觀之，惟有己之所肄，卓爾高標，自餘藝學，舉無足采。……造成褊淺之量，不容殊己，賤視異學。莊子謂之「各思以其道易天下。」究之，天下終不可易，而學術從此支離。其才氣大者，不知生有涯而知無涯，以為舉天下之學術，皆吾分內所應知；所學之範圍愈廣，所建之程度愈薄，求與日月合其明，其結果乃不能與燭火爭光。清代學者，每有此妄作。凡此兩者，一褊狹而一龐大，要皆歸於無當；不知分工之理，誤之誠不淺也。五、中國學人，好談致用，其結果乃至一無所用。學術之用，非必施於有政，然後謂之用，凡所以博物廣聞，利用成器，啟迪智慧，鎔陶德性，學術之真用存焉。中國學人，每以此類之大用為無用，而別求其用於政治之中。六、凡治學術，必有用以為學之器；學之得失，惟器之良劣足賴。西洋近世學術，發展至今日地步者，誠以邏輯家言，謂精致遠，學術思想界為其率導，乃不流於左道也。名家之學，中土絕少，魏晉以後，全無言者；即當晚周之世，名家當塗，造詣所及，遠不能比德於大秦，更無論於近世歐洲。中國學術思想界之沈淪，此其一大原因。七、吾又見中國學術思想界中，實有一種無形而有形之空洞間架，到處應用。……此病所中，重形式而不管精神，有排場不顧實在；中國人所想所行，皆此類矣。先生于文末明白指出：「今日修明中國學術之急務，非收容西洋思想界之精神乎？……欲收容西洋學術思想以為我用，宜先去此基本誤謬，然後有以不相左耳。」這種大膽的言論，可以說是「發前人之所未發」，也可以說是先生在積久的研習中國舊學後的猛省。

2. 先生在《北京大學日刊》發表的〈中國歷史分期之研究〉一文的主要內容為：凡研治「依據時間以為變遷」之學科，無不分期別世，以御紛繁，地質史有「世紀」「期」「代」之判，人類進化史有「石世」「銅世」「鐵世」「電世」之殊，若此類者，皆執一事以為標準，為之判別年代，一則察其遞變之跡，然後得其概括；一則振其綱領之具，然後便於學者。通常所謂歷史者，不限一端，而以政治變遷，社會遞嬗為主體。

西洋歷史之分期，所謂「上世」「中世」「近世」者，與夫三世之中，所謂枝分（Subdivisions）在今日已為定論。雖史家著書，小有出入，大體固無殊也。返觀中國，論時會之轉移，但以朝代為言。不知朝代與世朝，雖不可謂全無關涉，終不可以一物視之。……後之為史學者，僅知朝代之辯，不解時期之殊，一姓之變遷誠不足據為分期之準也。日本桑原隲藏氏著《東洋史要》（後改名《支那史要》），始取西洋上古中古近古之說以分中國歷史為四期。近年出版歷史教科書，概以桑原氏為準，未見有變更其綱者。尋桑原氏所謂四期，一曰上古，斷至秦皇一統，稱之為漢族締造時代。二曰中古，自秦皇一統至唐亡，稱之為漢族極盛時代。三曰近古，自五季至明亡，稱之為漢族漸衰，蒙古族代興時代。四曰近世，括滿清一代為言，稱之為歐人東漸時代。……今桑原氏之分期法，始以漢族升降為別，後又以東西交通為判，所據以為分本者，不能上下一貫，其弊一也。

……漢代之中國與唐代之中國，萬不可謂同出一族。今桑原氏泯其代謝之跡，強合一致，名曰「漢族極盛時代」，是為巨謬（說詳次節）。其弊二也。凡此二弊，不容不矯。本篇所定之分期法，即自矯正現世普行桑原之分期法始。以愚推測所及者言之，欲重分中國歷史之期世，不可不注意下列四事。一、宜知中國所謂漢族於陳隋之間大起變化。二、宜知唐宋兩代有漢胡消長之跡南宋之亡又為中國歷史一大關鍵。三、宜據中國種族之變遷升降為分期之標準。四、宜別作「枝分」(Subdivision)勿使與初分相混。如上所言既以漢族之變化與升降為上世中世近世分期之標準，而每世之中，為年甚長，政俗大有改易，不可不別作「枝分」，使之綱目畢張。茲以政治變遷為上世枝分之分本，風俗改易為中世枝分之分本，種族代替為近世枝分之分本，合初分與枝分，圖為下表，而說明之。

甲　上世
乙　中世
丙　近世
丁　現世

(一)上世第一期，周平王元年以前。

(二)上世第二期，起周平王元年至秦始皇二十六年。

(三)上世第三期，起秦始皇二十六年至晉建興五年。
(四)上世第四期，起晉建興五年至陳禎明三年。
(五)中世第一期，起陳禎明三年，即隋開皇九年，至後周顯德六年。
(六)中世第二期，起宋建興元年，即顯德六年之次年，至祥興二年。
(七)近世第一期，起宋祥興二年，即元至元十六年，至至正二十四年。
(八)近世第二期，起元至正二十四年，即韓氏龍鳳十年，至明永曆十五年。
(九)近世第三期，起明永曆十五年，即清順治十八年，至宣統三年。

現世—民國建元以來。

中華民國八年（一九一九年）二十四歲

(一)一月一日，先生主編之《新潮》月刊出版。

(二)五月，五四運動發生，先生為參與此次運動之北京大學學生代表之一。1.毛子水云：「《新潮》一卷五號出來後，「五四運動」便發生了。傅先生在當時北京大學學生中，無疑的是新思想運動的領袖。但「五四運動」那樣的發展和結果，以及後來影響，則或許不是傅先生所預期所願望的。」

2.程滄波云：「論到「五四」時代的人物，陳獨秀、胡適之與傅孟真，見解智慧，陳、傅都超過了胡，可是胡對他們有相當的化導作用。這因在當時，胡的基本西洋學識比他們倆人深入。孟真對胡，生平執禮甚恭，但他們不是師弟。世間所說傅是胡的大弟子，這是錯誤的，如果論思想見解，若說傅是弟子，那是青出於藍了。」又云：「五四時代的人物，多半是自由主義中心的人物。自由主義中的尊重個人，發揮個人人格，注意人性，充滿正義觀念，這是中國文化傳統與西洋基督文明所共有的特點。孟真的家世，是純粹士大夫家庭。他在進大學以前，中國經史已極有根柢，而且對中國的學術源流，也有明確的認識。……一位中國文學系的學生，一變而成一個時代文化思想的領導者，這可以窺見孟真的精神軀殼之偉大，他的智慧吸引能力的尖銳。」

(三)夏，卒業於北京大學文科國文門。

(四)秋，以出類拔萃的成績，考取山東省官費留學。

(五)冬，赴英國留學。

先生在坐船前往英國途中所寫的文章草稿裡說：「在北京起身的那一天，十二月二十六日，天陰的很……我這次往歐洲去奢望甚多，一句話說，澄清思想中的糾纏，鍊成一個可以自己信賴過的我」。他說：「青年以外的中國人是靠不住的，但請問中國的青年又是怎麼樣叫他認為改造社會是中國當前要務，而改造社會必先改造自己。

(六)是歲先生在《新潮》所發表之文字，計有：

1.中國文學史分期之研究。2.怎樣做白話文。3.中國文藝界之病根。4.漢語改用拚音文字的初步談。5.譯書感言。6.白話文學與心理的改革。7.人生問題發端。8.對於中國今日談哲學之感念。9.毛子水「國故和科學的精神」識語。10.新潮發刊旨趣書。11.隨感錄。12.新潮之回顧與前瞻。13.故書新評。14.清代學問的門徑書幾種。15.宋朱熹的詩經集傳和詩序辯。16.清梁玉繩著史記志疑。17.馬敘倫著莊子札記。18.宋郭茂倩著樂府詩集。19.王國維著宋元戲曲史。20.失勒博士的形式邏輯。21.英國耶芳斯之科學原理。22.萬惡之原。23.去兵。24.心氣薄弱之中國人。25.自知與終身之事業。26.社會一群眾。27.社會的信條。28.破壞。29.朝鮮獨立運動中的新教訓。30.一般瘋話。31.答時事新報記者。32.致同社同學讀者。33.答誠吾。34.答余裴山。35.答史志元。36.因明答諍。37.對於新潮一部分的意見。38.深秋永定門城上晚景。39.老頭子和小孩子。40.前倨後恭。41.咱們一伙兒。42.心悸。43.心不悸了等篇。（均收入《傅斯年全集》第四、五、七冊中）

這一年，先生在《新潮》第一卷第一號發表的〈人生問題發端〉一文之主旨是：人生問題是個大題目！是個再大沒有的題目！照我現在的學問思想而論，決不敢貿貿然解決他。但是這個問題，卻不能放在將來解決；因為若不曾解決了他，一切思想，一切行事，都覺得沒有著落似的。所以不瞞鄙陋，勉強把我近來所見，寫了出來，作為我的人生觀。還要請看的人共同理會這個意思，大家討論，求出個確切精密的結果；我這篇文章，不過算一種提議罷了。所以題目就叫做人生問題發端。

……拿人生解釋人生，是現在思想潮流的趨勢。我們在這裡研究人生問題，當然不能離開這條道路啊！

……達生觀、出世觀、物質主義、遺傳的倫理觀念，這四種都是在中國流行的「左道」人生觀念。「因為他們都不是拿人生解釋人生問題，都是拿『非人生』破壞人生，都是拿個人的幻想，或一時壓迫出來的變態，誤當做人生究竟」。……只要把「就人生論人生」一條道理當做標準不難斷定他的是非了。我對於人生，不能沒有一番見解；這見解現在卻切切實實相信得過，……人生觀念應當是：為公眾的福利自由發展個人（The free development of the individuals for the Common Welfare）。

怎樣叫做自由發展個人？就是充量發揮己身潛蓄的能力，卻不遵照固定的線路。怎樣叫做公眾的福利？就是大家皆有的一份，而且是公共求得的福利。為什麼要為公眾的福利？就是因為個人的思想行動，沒有一件不受社會的影響，並且社會是永遠不消滅的。怎樣能實行了這個人生觀念？就是努力。姑且拋開理論，把偽《列子・湯問篇》裡一段寓言，取來形容這道理吧（原文略-編者）。這段小說把努力為公、兩層意思，形容得極明白了。「子子孫孫，無窮匱也，而山不加增，何苦而不為乎？」一句話，尤甚好。我們可以從這裡透徹的悟到，人類的文化和福利，是一層一層堆積來的，群眾是不滅的，不滅的群眾力量，可以戰勝一切自然界的。末一節話雖荒唐，意思乃是說明努力的報酬。但群眾能永遠努力做去，沒有不「事竟成」的。我們想像人生，總應當遵從愚公的精神。我的人生觀念就是「愚公移山論」。簡截說罷，人類的進化，恰合了愚公的辦法。人類所以能據有現在的文化和福利，都因為從古以來的人類，不知不覺的慢慢移山上的石頭土塊；人類不滅，因而漸漸平下去了。然則愚公的移山論，竟是合於人生的真義，斷斷乎無可疑了。

中華民國九年（一九二〇年）二十五歲

(一)夏，入倫敦大學研究實驗心理及生理，兼治數學。

羅家倫云：「……他從史培曼（Spearman）教授研究實驗心理學，這看去像是一件好奇怪的事。要明白他這個舉動，就得要明白當新文化運動時代那般人的學術的心理背景。那時候大家對自然科學，非常傾倒；除了想從自然科學裡面得到所謂可靠的知識而外，而且想從那裡面得到科學方法的訓練。認為這種訓練在某種學科以內固然可以應用，就是換了方向而來治另外一套學問，也還可以應用。這是孟真要治實驗心理學的原因。孟真為了要治實驗心理學，進而治物理、化學和高深的數學。他對於數學的興趣比較濃，因為他在國內的時候就喜歡看邏輯的書，研究皮爾生的「科學規律」（Karl Person的"Grammar of Science"）和或然律（Law of Probability"）後來像金斯（T. M. Keynes）所著的「或然率研究」（"Treatise on Probability"）一類的書，都是他很欣賞的。所以可以說，孟真深通科學方法論。當然以貪多務得細大不捐的傅孟真，他的興趣決不會限於一方面。他對英國的哲學、歷史、政治、文學的書籍，不但能看，而且能體會。我想他對於蕭伯納的戲劇，幾乎每本都看過，所以蕭伯納死後，他有做文章批評的資格，而且批評的很深刻。(可是孟真所了解的易卜生主義，最初還是蕭介紹的)

(二)是歲八月，先生從英國給胡適的信中談到他在倫敦大學的情形，說「近中溫習化學、物理學、數學，興味很濃，回想大學時六年，一誤于預科乙部，再誤于文科國文門，言之可嘆。」並記「下學年所習科目半在理科，半在醫科……我想若不于自然或社會科學有一、二種知道個大略，有些小根基，先去學哲學定無著落。」

(三)到英國的第一年，先生幫助英國文學家威爾斯(H. G. Wells)撰寫《世界通史》(*The Outline of History*)中有關中國中古史的部份。該書於一九二〇年出版後，洛陽紙貴，十二年內銷售了一百五十萬本。

(四)是歲先生在《新潮》發表之文字，計有：1.寄同社諸兄。2.陰曆九月十五日夜登東昌城。3.自然等篇。(均收入《傅斯年全集》第七冊)

中華民國十年（一九比年）二十六歲

在倫敦大學研究。

中華民國十一年（一九二二年）二十七歲

(一)在倫敦大學研究。

(二)六月，祖父傅淦卒，享年七十八歲。

(三)先生在留學英國的後期對心理學相當失望。他認為對動物行為的研究不能運用到人身上，即使對他原來最感興趣的集體心理學也失去信心，不過他仍繼續注意收集心理學書籍。

中華民國十二年（一九二三年）二十八歲

秋，由英至德，入柏林大學哲學院研究。

1.毛子水云：「他從英赴德進柏林大學；聽講的餘暇，最初專研讀馬黑(Emst Mach)的著作，於感覺的分析(Analyse der Empfindungen)和力學(Mechanik)二書尤為用心。」

2.羅家倫云：「以後到了德國，因為一方面受柏林大學裏當時兩種學術空氣的影響（一種是近代物理學如愛因斯坦（Albert Einstein）相對論、普朗克(Max Planck)的量子論，都是震動一時的學說；一種是德國歷來以此著名的語言文字比較考據學。）一方受在柏林的朋友們如陳寅恪、俞大維各位的影響，所以他在柏林大學既聽相對論，又聽比較語言學。他有了許多科學的方法和理論，又回頭發現了他自己曾經儲藏下的很豐富的中國歷史語文的知識，在此中可以另闢天地。所以他不但配談科學，而且是具備了一般科學理解的通才，並且更配做中央研究院歷史語言的所長了。這是孟真忽而研究中國文學，忽而研究實驗心理學，忽而研究物理數學，忽而又成為歷史語言學的權威的過程。還有一種這群人的學術的心理的背景，若是明白了，可以幫助了解當時那種旁徵側擊，以求先博後專的風氣。因為當時大家除了有很強的求知慾而外，還有想在學術裡求創獲的野心。不甘坐享現成，要想在浩瀚的學海之中，另有會心，『成一家之言』。這種主張裡，不無天真幼稚的成分，可是其勇氣雄心亦不無可嘉之處。」

中華民國十三年（一九二四年）　二十九歲

(一)在柏林大學研究。

(二)二月，祖母陳太夫人在家鄉去世，享年八十歲。

中華民國十四年（一九二五年）　三十歲

繼續在柏林大學研究，並經常與陳寅恪、俞大維等人研討學術問題，還先後會見了老同學毛子水、羅家倫、朱家驊、段錫朋等。

中華民國十五年（一九二六年）　三十一歲

(一)在柏林大學研究。

(二)先生在柏林大學的數學筆記，其中有不少關於統計及或然率。他對統計及或然率極感興趣。曾自言「統計的觀點，尤可節約我的文人習氣，少排蕩於兩極端。」又說或然率的觀念「在近代物理學尤表顯威力，幾將決定論取而代之。這個觀念，在一般思想上有極要的施用。」

(三)先生在柏林大學的後期，讀了不少比較語言學方面的書，對梵文、藏文、緬甸文等皆下過一番功夫。在他的藏書中有一本于一九二五至一九二六年修習藏文的筆記，任課老師為Herman Franke，當時係柏林大學額外教授。陳寅恪亦從他修習藏文。他的梵文文法課的老師Tuders是梵文泰斗，也是陳寅恪的老師。

(四)九月，胡適到法國考察，傅先生特從德國到法國和他會晤，兩個人同吃同住，白天去巴黎法國圖書館看敦煌的卷子，晚上討論社會學術問題。

傅先生提出：中國一切文學都是從民間來的。從民間起來的時候是「生」，然後像人的一生一樣，由壯年而老年而死亡，胡適自稱：「這個觀念影響我個人很大。」

(五)冬，由德國歸國，返里省親。

(六)十二月，接受廣州中山大學朱家驊邀請，攜弟斯巖(孟博)去中山大學任教。

中華民國十六年（一九二七年）三十二歲

(一)春，任廣州中山大學教授，兼文學院長及國文、歷史兩學系主任，並為學生開設了《尚書》、《古代文學史》、《陶淵明詩》和《心理學》等課程

(二)秋，創立中山大學語言歷史研究所，同時創辦週刊，招研究生。同年十一月一日，在週刊第一集第一期的發刊詞裡，揭示了研究的方針：「我們要實地搜羅材料，到民眾中尋方

言，到古文化的遺址去發掘，到各種的人間社會去采風問俗，建設許多的新學問。」

(三)是歲先生在《中山大學語言歷史學研究所週刊》所發表之文字，計有：

1.評秦漢統一之由來和戰國人對於世界之想像。2.論孔子學說所以適應於秦漢以來的社會的緣故。3.評〈春秋時的孔子和漢代的孔子〉。4.評丁文江的〈歷史人物與地理的關繫〉等篇（均收入《傅斯年全集》第三冊。

中華民國十七年（一九二八年）三十三歲

(一)春，任國立中央研究院歷史語言研究所籌備委員。

(二)夏，中央研究院成立。是年底，先生應聘任歷史語言研究所所長，所址設於廣州。

1.朱家驊云：「十七年夏中央研究院成立，他於是年底應聘任歷史語言研究所所長，所務以外，並襄助蔡孑民先生籌劃院務。院內一切制度的確立，和各種方案的訂定，他貢獻了不少的意見。後來中央研究院的發展擴充，他有很大的功勞。」

2.董作賓云：「為甚麼要辦歷史語言研究所？這答案見於傅孟真先生親手所寫的民國十七年度報告書：『中央研究院設置之意義，本為發達近代科學，非為提倡所謂固有學術。故如以歷史語言之學承固有之遺訓，不欲新其工具，益其觀念，以成與各自然科學同列之事業，即不應於中央研究院中設置歷史語言研究所，使之與天文、地質、物理、化學等同倫。今者決意設置，正以自然科學看待歷史語言之學。』這是孟真先生獨具隻眼的看法，很明白的要在中國建設起來歷史學和語言學兩種科學；這也是他留學歸國之後，對於國家一個偉大的貢獻，以至於鞠躬盡瘁，死而後已。怎樣去辦這個研究所，他在報告中也寫得明白：『此雖舊域，其命維新。材料與時增加，工具與時擴充，觀點與時推進，近代在歐洲之歷史語言學，其受自然科學之刺激與補助，昭然若揭。以我國此項材料之富，歐洲人為之羨慕無似者，果能改從新路，將來發展，正未有艾。故當確定旨趣，以為祈嚮，以為工作之徑，以吸引同好之人。此項旨趣，約而言之，即擴充材料，擴充工具，以工具之施用，成材料之整理，乃得問題之解決；並因問題之解決，引出新問題，更要求材料與工具之擴充；如是伸張，乃向科學成就之路。』他這種見解真使得當時的一般腐儒咋舌。他不贊成整理『國故』，研究『國學』或『中國學』等字樣，用老法子囫圇吞棗讀古書。他主張的是要能從中國採集的原料裏面，製造成歷史語言科學來，並且特別強調要用新的工具，新的材料，研究新的問題。」又云：「在民國十七年報告中，他曾擬定了要舉辦的是：甲、助成從事純粹客觀史學及語言之企業。乙、輔助能從事且已從事純粹客觀史學及語學之人。丙、擇應舉之合眾工作次第舉行之。丁、成就若干能使用近代西洋人所使用之工具之少年學者。戊、使本所為國外治此兩類科學者公有之刊布機關。己、發達歷史語言兩科之目錄及文籍檢字學。同年在廣州出版的集刊第一本第一分用籌備處名義發表的〈歷史語言研究所工作之旨趣〉一文，有長達七千字的論述。首先敘述歷史學和語言學，在歐洲都是很近才發達的，而在中國則發達最早。推崇顧炎武、閻若璩能用最近代的方法對付歷史學語言學，而抨擊章炳麟的文始倒退了三步，新方言倒退了兩千多年。他指出三個標準：(一)凡能直接研究材料，便進步；凡間接的研究前人所研究或前人所創造之系統，而不繁豐細密的參照所包含的事實，便退步。(二)凡一種學問能擴張他所研究的材料便進步，不能便退步。(三)凡一種學問能擴充他所研究時應用的工具的，則進步；不能的，退步。他曾逐一加以發揮，但仍不外乎『新問題，新材料，新方法』的一貫主張。其中的名句：『總而言之，我們不是讀書的人，我們只是上窮碧落下黃泉，動手動腳找東西！』『我們只是要把材料整理好，則事實自然顯明了。一分材料出一分貨，十分材料出十分貨，沒有材料便不出貨。』最後又揭櫫三個口號：『一、把些傳統的或自造的仁義禮智或其他主觀同歷史學和語言學混在一氣的人，絕對不是我們的同志！二、要把歷史學語言學建設得和生物學地質學等同樣，乃是我們的同志！三、我們要科學的東方學之正統在中國！』像這類口快心直，才氣橫溢，要說甚麼就說甚麼，除非孟真先生，寫不出來這樣生龍活虎般的文章。」

3.勞榦云：「民國十七年十月，中央研究院歷史語言研究所集刊第一本第一分，刊載著『歷史語言研究所工作之旨趣』，這是這一年五月孟真先生寫成的。這篇裡面的內容決定了以後的時期史學研究應當走的路線，至今日還沒有甚麼重大的修改。自然，我們還有很多未曾做到的地方，但這個提示的價值是不容忽略的。孟真先生這篇論文之中，首先揭明了我們做歷史的人所做的工作，並不是一個如何『經天緯地』的工作，而且這個工作之中，也絕對不容許任何的主觀偏見存在。歷史學換句話說就是史料處置學，他是經驗科學的一支，和生物學地質學屬於經驗科學完全一樣。我們在中國做歷史研究的人們有時是要整理國故的，但其中卻並不是有好惡的偏見，而是為的材料的方便，和在中國做生物學研究或地質學研究的人們，要偏重在中國地上和地下的生物學材料或地質學材料一樣。關於歷史學發展的標準，孟真先生有一個概括的敘述。第一：必需能發現新問題。對於歷史材料的處理，要能夠直接對材料的本身，重新批判去找新的問題，不當以昔人處理的舊公式為滿足，而陳陳相因的下去。然後歷史的研究才能有新的發展。第二、必需擴張使用歷史材料範圍。這些材料的範圍，就性質方面來說，應當擴張到史籍材料以外的材料；就地域方面來說，應當擴張到漢語文化以外的材料。就前者來說，例如地下材料的彝器，甲骨，簡牘，明器，偶然發現的敦煌卷子，平時不被人注意的檔案，以及從人類學調查得來的資料。就後者來說，便是在一般中國文獻中比較忽略的，即是屬於匈奴、鮮卑、突厥、回紇、契丹、蒙古、女真等族的文獻和其他資料。第三：必需擴張研究工具。凡是任何科學的發展，都需要研究的人具有和這個科學相關的知識，作為工具。現代歷史學研究，已經成了一個各種科學的方法匯集，地質、地理、考古、生物、氣象、天文等學，無一不是供給研究歷史問題者之工具。因此凡是做歷史研究的人，對於語言學，文字語言工具和一般自然科學知識都是被認為必需的。——以上只是將孟真先生的意見，作為大致的概括，如與原文的意思有出入時，請參考本文。誠然自清末以來，前輩的人對於歷史學研究的意見和示範的工作，不是毫無一點貢獻，只是都比較零碎，而影響比較上也不算最大。只有胡適之先生的北京大學《國學季刊》發刊詞，和傅孟真先生〈歷史語言研究所工作的旨趣〉，兩篇文字可以說是近年來中國歷史研究經過上的重要文獻，而奠定了中國現代歷史學的基礎。」

4.李濟云：「以歷史研究所為大本營在中國建築『科學的東方學正統』，這一號召是具有高度的鼓舞性的；舉起這面大旗領首向前進的第一人，是年富力強的傅斯年。那時他的年齡，恰過三十不久，意氣豐盛，精神飽滿，渾身都是活力；不但具有雄厚的國學根柢，對於歐洲近代發展的歷史學、語言學、心理學、哲學以及科學史都有澈底的認識。他是這一運動理想的領導人，他喚醒了中國學者最高的民族意識，在很短的時間內聚集了不少能運用現代學術工具的中年及少年學者。」

(三)是歲歷史語言研究所開始河南安陽殷墟之發掘，其後直至二十六年之十年間，凡發掘十五次，先後由董作賓、李濟主持其事，發現大量殷代銅器及甲骨文。此類銅器甲骨，經董李二氏及其他學者之研究，遂使商代史事，由隱晦而日趨顯明，中國之信史，因之向前推進數百年。

勞榦云：「孟真先生治學的範圍，相當廣博。他熟讀成誦的經籍相當的多，所以容易左右逢源。但他得益最深的還是四年在德國受到的教育，接受了德國的正統歷史學方法。他對於中國歷史上古部份，了解甚深，但他深知上古部分難以實證的太多，所以他並不鼓勵別人治上古史。他盡量的採用考古方法，希望以考古的成績作為治史的基礎。安陽發掘這一件事，他的推動可以說是一個決定的力量。」

（四）是歲先生在中山大學所編寫之講義，以及在《中山大學語言歷史學研究所週刊》與《中央研究院歷史語言研究所集刊》發表之論著，計有：1.中國古代文學史講義，2.詩經講義稿（以上收入《傅斯年全集》第一冊）。3.戰國子家敘論（收入同上書第二冊）。4.歷史語言研究所工作之旨趣，5.與顧頡剛論古史書（以上收入同上書第四冊）。6.周頌說等篇（收入同上書第三冊）。

先生從十七年起，寫了一系列對中國上古史研究影響極大的文章。《戰國子家敘論》就是其中之一，其綱目為：

一、論哲學乃語言之副產品；西洋哲學即印度日耳曼語言之副產品；漢語實非哲學的語言；戰國諸子亦非哲學家。二、論戰國諸子除墨子外皆出于職業。三、論止有儒墨為有組織之宗派，其餘雖多同聲相應同氣相求者，然大體是自成一家之言。四、論春秋戰國之際為什麼諸家並興。五、論儒為諸子之前驅，亦為諸子之後殿。六、論戰國諸子之地方性。七、論墨家之反儒學。八、老子五千言之作者及宗旨。九、齊晉兩派政論。十、梁朝與稷下。十一、獨行之士（存目）。十二、堅白異同之辯（存目）以上兩章非倉卒所能寫就，待後補之。十三、禨祥之重興與五行說之盛。十四、所謂「雜家」。十五、預述周漢子家啣接之義。

中華民國十八年（一九二九年）三十四歲

㈠春，以歷史語言研究所專任研究員兼任所長，遷研究所至北平，所址在北海靜心齋。秋，兼任北京大學教授。

㈡九月，為購買明清大庫檔案多方商洽。明清大庫檔案是研究明清歷史的最珍貴的第一手資料，而歷史博物館卻當作「爛字紙」處理，後被李盛鐸輾轉買到但打算再賣出。先生與胡適、陳寅恪商議後決定買下，於是急電蔡元培籌款購買，並委任精通滿蒙文的陳寅恪整理研究。經陳寅恪和李宗侗居間連繫，以兩萬元買下。該檔案的搶救和整理使明清史研究有了突破性發展，亦是當時史學界的一件大事。

㈢十一月，赴開封，解決中央研究院與河南民族博物館間之殷墟考古發掘糾紛。十二月，事畢返京。石璋如云：「這一次是去解決糾紛的。因為河南民族博物館與中央研究院發生一點小的誤會，以致發掘工作中斷。李濟之、董彥堂兩位先生於十八年十月二十二日由安返平，孟真所長即於二十四日進京報告院方，復於十一月二十一日動身赴汴，二十四日到達，下榻於河南大學（那時稱河南中山大學）。白天向各方接洽，夜裏在大禮堂作學術演講，上自天文，下至地質、科學、哲學、文學、史學等，無不涉及。談詞鋒利，好像長江黃河滔滔不絕，學問的淵博，深為員生所欽佩。尤其於考古學，古生物學，更為精詳的發揮，一講兩三個鐘頭毫無倦容，並且讓大家提出問題，當場給以解答。雖然大雪盈尺，而來聽講的人則大禮堂上幾乎不能容納。作者是當時的聽講者之一，就在那個時候對考古發生了興趣。適值省防吃緊，交通斷絕，在汴停留了一個多月，因此聽到了他多次的講演。直到十二月二十八日，雙方才告圓滿解決。他回到北平本所後，發表本所發掘安陽的經過。」

中華民國十九年（一九三〇年）　三十五歲

(一)主持史語所（歷史語言研究所的簡稱，以下同。）務，兼在北大教課。

(二)史語所調查廣東少數民族語言、河北方言。

(三)十一月，史語所第一次發掘山東龍山鎮城子崖遺址。

(四)是歲先生在《歷史語言研究所集刊》及其他刊物發表之論著，計有：

1.戰國文籍中之篇式書體。2.大東小東說。3.論所謂五等爵。4.姜原。5.新獲卜辭寫本後記跋。6.本所發掘安陽殷墟之經過。7.明清史料發刊例言（以上收入《傅斯年全集》第三、第四冊）。8.安陽發掘報告。（載《歷史語言研究所集刊》第二期）

先生的〈大東小東說　兼論魯燕齊初封在成周東南後乃東遷〉一文的主要內容是：

先生認為大東小東是地理名稱。《詩經・魯頌・閟宮》云「奄有龜、蒙，遂荒大東」。已明指大東所在，即泰山山脈迤南各地，今山東境，濟南泰山迤南，或兼及泰山東部。而小東當今山東濮縣河北濮陽大名一帶，自秦漢以來所謂的東郡。「武王伐紂，其結果誅討而已，猶不能盡平其國。紂子祿父仍為商君焉，東土之未大定可知也。武王克殷後二年即卒，周公攝政，武庚以商奄淮夷畔，管蔡流言，周室事業之不墜若線。周公東征，三年然後滅奄。多士多方諸辭，其于殷人之撫柔蓋致全力焉。營成周以制東國，其于守防蓋甚慎焉。猶不能不封微子以奉殷社，而緩和殷之遺民，其成功蓋如此之難且遲也。乃成王初立，魯燕齊諸國即可越殷商故城而建都于海表之營丘，近淮之曲阜，越在北狄之薊丘，此理之不可能也。今以比校可信之事實訂之，則知此三國者，初皆封于成周東南，魯之至曲阜，燕之至薊丘，齊之至營丘，皆後來事也。」

燕國《史記・燕世家》載：「周武王之滅紂，封召公于北燕。其在成王時，召公為三公。自陝以西，召公主之；自陝以東，周公主之。」召公既主陝以西之地，其封國自然不會在薊丘（即今之北京附近）。尤其武王克殷後，東方尚未平定，故不可能在北京附近建立燕國。按「燕」字金文皆作郾，在漢代穎川、汝南二郡（均在今河南省境內），有郾縣、召陵縣，有燕有召，「其為召公初封之燕無疑也。」

魯國《詩經・魯頌・閟宮》兩次言及分封魯國之事，一、王曰「叔父！嘉爾元子，俾侯于魯，大啟爾宇，為周室輔！」二、「乃命魯公，俾侯于東。錫之山川，土田附庸。」這是初命伯禽侯于魯，繼命魯侯侯于東，」文義明顯。「如無遷移之事，何勞重複其辭？」春秋時成周（又稱洛邑）東南有魯縣（今河南魯山縣），魯國初封可能就在此地。《史記》載「周公當危難時出奔楚，「如非其封地，何得于艱難時走之乎？此亦魯在魯山之一證也。」周公子受封者，除伯禽為魯公，一子嗣周公封于王畿外，其他諸子（除蔣國外）封國均在魯縣東北一條線上。

齊國《國語・周語》：「齊許申呂由大姜」，據此可知齊以外戚而得封。從《左傳》看來，申、呂、許均在成周之南，即今河南省西部地區。傳記稱齊大公為呂望，《尚書・顧命》稱公為呂伋。「此所謂呂者，當非氏非姓。男子不稱姓，而國君無氏。」則此呂為封邑無疑。據此可知太公初封于呂，後來遷至齊，故其後代仍然稱呂。呂東遷建齊國後，呂之故地仍為一封國。是否為太公望之後不可考，「其為諸姜則信也」。

據詩、書記載，「周之成功，非一世完成，蓋自太王至宣王數百年中之功業，」後人誤以宣王之後齊、魯、燕之地為周初封國，與事實甚不相符。

中華民國二十年（一九三一年）三十六歲

(一)春，自北平赴安陽小屯，視察殷墟發掘情形，和同仁共同生活了三天。

(二)主持史語所務，兼在北大教課。是歲，「九一八事變」起。

1.蔣夢麟云：「當我在民國十九年回北京大學時，孟真因為歷史研究所搬到北平，也在北平辦公了。九一八事變後，北平正在多事之秋，我的『參謀』就是適之和孟真兩位，事無大小，都就商於兩位。他們兩位代北大請到了好多位國內著名的教授，北大在北伐成功以後之復興，他們兩位的功勞，實在是太大了。在那個時期，我才知道孟真辦事十分細心，考慮十分周密。對於人的心理也十分瞭解，毫無莽撞的行動。還有一個特點使我永遠不能忘記的，他心裏想說什麼就說什麼。他說一就是一，說二便是二，其中毫無夾帶別的意思，但有時因此會得罪人。」

陶希聖云：「民國二十年，孟真在北平，擔任中央研究院歷史語言研究所所長，同時主持北京大學史學系。我到北京大學教書，九一八事件發生，北平圖書館開了一個會，孟真和我都在座。他慷慨陳詞，提出一個問題：『書生何以報國？』大家討論的結果之一，是編一部中國通史；此後北大史學系即以這一事業引為己任。『書生何以報國』這一句話始終留在同仁的心裏，激勵著大家來工作。」

中華民國二十一年（一九三二年）　三十七歲

(一)主持史語所務，兼在北大教課。

(二)「九一八事變」後，日寇陷我東北，先生至感憂憤。五月，先生與丁文江、胡適、蔣廷黻等創辦《獨立評論》週刊。先生屢於其上，發表文字，鼓吹抗日。

(三)日本軍國主義份子為了使佔領的中國東北地區合法化，便大加製造輿論，為文宣揚「滿蒙在歷史上非支那領土」，而竭力支持「滿洲國」。先生為了駁斥日人這種謬論，增進國人對東北歷史的了解，於是他日以繼夜，奮筆疾書，在十月就出版了他所著的《東北史綱》第一卷，以不容置辯的歷史事實證明了東北自古就是中國的領土。他並在自序中說：「國人不盡無恥之人，中國即非必亡之國。」顯示出他對「不抵抗主義」者的痛恨！此書由李濟節譯為英文，並將譯本送交國際聯盟李頓調查團(Lytton Commission)以為參考，甚受重視，並于報告書中表示東北是中國領土。「滿洲國」乃日本武力造成的結果。故《東北史綱》是先生「書生報國」的一次嘗試和具體實踐。惟因倉卒成書，其中不無小疵，其後先生頗思重加修訂，終未如願。

陳槃云：「東北事變，大局震盪，孟真師憂心如焚，百忙中而有《東北史綱》之作。這部用民族學、語言學的眼光和舊籍的史地知識，來證明東北原本是我們中國的郡縣；我們的文化種族，和這一塊地方有著不可分離的關係。這種史學方法和史識，是最現代的、科學的。但出版以後，頗受人批評。其實這書的間架輪廓，非高手不能辦。批評的人從細微末節著眼，當然不無話可說。但是能批評的人，卻不一定就能搭起這樣的間架，描畫出這樣的輪廓。『前修未密，後出轉精』，鑿荒開山的工作是創造的、艱難的，後人跟著來做補苴罅漏的工作是容易的。孟真師寫文章，有時只憑記憶，當然疏忽的地方也是不能免的。但吹毛求疵，以瑕掩瑜，這種態度是不公平的。」

(四)秋，自北平赴安陽及濬縣視察發掘情形，在安、濬兩地停留凡四日。

(五)是歲先生在《獨立評論》及《歷史語言研究所集刊》等刊物發表之論著，計有：1.郵政罷工感言。2.監察院與汪精衛。3.日寇與河北天津。4.「九一八」一年了！5.國聯調查團報告書一瞥。6.陳獨秀案。7.多言的政府。8.這次的國聯大會。9.法德問題一勺(以上收入《傅斯年全集》第五冊)。10.教育崩潰之原因。11.教育改革中幾個具體事件。12.教育崩潰的一個責任問題——答邱椿先生。13.改革高等教育中幾個問題。14.再談幾件教育問題(以上收入同上書第六冊)。15.明成祖生母記疑。(收入同上書第三冊)此十五篇文章內容大致分為兩類：一是對時局的議論，鼓吹抗日救國。二是探討學校教育。

馬亮寬云：「以「九・一八」事變為起點，日寇的一系列舉措顯示了滅亡中國的野心，中華民族已處于生死存亡的關頭，救亡圖存成為中國人最為迫切的課題，怎樣實現救亡圖存?應該依靠什麼力量實現救亡圖存?這些問題，傅斯年都進行過認真的思考、研究和探索。他最後得出結論：中華民族只有團結振作，發憤圖強才能轉危為安，由弱變強。他寫文章動員民眾，提高人民抗日必勝的信心，在許多文章中他反覆宣揚只要人民奮起抗日，中國人民一定能取得最後勝利。他在一九三二年《獨立評論》十八號上發表的(「九・一八」一年了！)一文中，分析了「九・一八」事變一年來的變化和形勢，指出了政府軟弱，上層苟安等令人失望的現象。不過他認為往更深一層看，中國還是有希望的，這種希望來自人民，來自任何力量都難以泯滅的民族精神。他說：「中華民族自有其潛藏的大力量，三千年的歷史告訴我們，中華民族是滅不了的，而且沒有今日天造草昧之形勢，民族是復興不來的。」他認為，從深層認識，這次民族危機正是民族復興的機會和條件，為了提高人民抗戰必勝的信心，他又對中國的歷史和現實進行了分析和總結，他說：「中國人之所以能永久存立者，因其是世界上最耐勞苦的民族，能坐存在他人不能生存的環境中，能在半生存的狀態中進展文化。」傅斯年從中國人民智慧、文化素質等方面論述了其優點和長處外，最後強調說：「我們若以民族的希望為宗教的信仰，以自身之勤勉工作各盡其職業為這信仰之行事，則大難當前，儘可處之泰然，民族再造，將貢一份助力。宋明的道學先生尚能以四書五經養其浩然之氣，我們不能以近代知識養我們的浩然之氣嗎？我們的知識不使我們有失望之餘地，我們的環境不許我們有懈惰的權利。」一句話，要求中國，必須使整個中華民族振作起來，自己拯救自己。

中華民國二十二年（一九三三年）　三十八歲

(一)春，遷歷史語言研究所至上海，兼在北大教課。

(二)夏，兼任社會科學研究所所長及中央博物院籌備主任。

朱家驊云：「廿二年春我還服務於教育部，以很少的經費請他負責籌備中央博物院，他竟能以這些少得可笑的錢，心血規劃，樹立初基。以後他雖因職務關係推請李濟之先生繼任，但他也始終深切關心的。」

(三)歷史語言研究所調查河南與關中方言。

(四)建議北平圖書館移居延漢簡於北京大學文史研究所，增加人員整理。

(五)是歲一月，中央研究院歷史語言研究所集刊外編第一種《慶祝蔡元培先生六十五歲論文集》刊載了先生的名作〈夷夏東西說〉。此外，先生在《獨立評論》發表之論著，有1.中國人做人的機會到了。2.國聯態度轉變之推測等篇。（均收入《傅斯年全集》第五冊。）

張光直評論先生的名作〈夷夏東西說〉云：「傅先生是一位歷史天才，是無疑的：他的〈夷夏東西說〉一篇文章奠定他的天才地位是有餘的。這篇文章以前，中國古史毫無系統可言。傅先生說自東漢以來的中國史，常分南北，但在三代與三代以前，中國的政治舞臺，在河、濟、淮流域，地理形勢只有東西之分，而文化亦分為東西兩個系統。自傅先生〈夷夏東西說〉出現之後，新的考古資料全都是東西相對的：仰韶——大汶口，河南龍山——山東龍山，二里頭（夏）——商，周——商、夷。傅先生的天才不是表現在華北古史被他的系統預料到了，而是表現在他的東西系統成為一個解釋整個中國大陸古史的一把總鑰匙。中國文明史不但在河、濟、淮三河流域有東西對立的現象，而且如傅先生也沒有想到的，在整個中國大陸東西對立都是很顯著的現象與研究題目。在新石器時代，長江流域有中游的大溪——屈家嶺——青龍泉文化系列在西與馬家濱——淞澤——馬橋文化系列在東。東南海岸，包括台灣海峽兩岸，有大岔坑文化，在東，與內陸山區文化顯然不同。到了青銅時代，內陸（即西）從長城一帶到整個華北的中、西部，是古典式的夏、商、周文明，但是殷商文明還是屬於東方的；它和東海岸的聯繫太多了。沿海的文明當然會與內陸的殷商文明發生互動關係，但是沿海的夷人文明與內陸的殷商文明（雖然源於東方）仍形成對峙局面。我相信即到東漢以後，中國史雖然常分南北，東西之分仍是主線。近年《河殤》作者，將中國文明分為黃、藍兩色，以黃色文明為傳統，重保守、在西；以藍色文明為創新，重變革，在東。這還是不出於傅先生的如來手掌心。〈夷夏東西說〉不是很長的一篇文章，但是有了這篇文章以後，歷史學者看中國史便有了一個與前不同的角度。這樣的文章可以說是有突破性的。傅先生的古史文字中，無疑以此文為首。但他的其他的文章也是篇篇擲地有聲的。」

中華民國二十三年（一九三四年）三十九歲

(一)主持史語所務，兼在北大教課。

(二)三月，先生在《大公報》發表〈所謂國醫〉一文，對「國醫」理論，作嚴厲之批評。各地「國醫」及其辯護者，紛紛著文反擊。九月，先生復於《獨立評論》發表〈再論所謂國醫〉以答之。近代以來，對「國醫」理論作正面而澈底之評論者，先生實為第一人。

(三)夏，與丁夫人離婚，時丁夫人在濟南。丁夫人工書善文，先生遊學任職在外，夫人則陪侍太夫人家居，同處之日頗少。嗣以新舊習慣不同，遂告離異。八月五日，與俞大綵女士在北平結婚，女士畢業於上海滬江大學，長於文學，尤擅英語。

(四)五月，歷史語言研究所調查浙南畬民。六月，調查安徽徽州方言。

(五)社會科學研究所改組，民族學組歸併於歷史語言研究所，改稱第四組，兼設人類學實驗室，統計學實驗室，從事西南人種調查。

(六)秋，侯家莊西北岡殷代王陵出土。

(七)冬，遷歷史語言研究所至南京，建立語言實驗室。先生仍留北平。

(八)是歲先生在《歷史語言研究所集刊》、《獨立評論》、《大公報》等刊物發表之論著，計有：1.周東封與殷遺民。2.城子崖序(以上收入《傅斯年全集》第三冊)。3.〈不懂得日本的情形!〉。4.溥逆竊號與外部態度。5.睡覺與外交。6.今天和一九一四。7.日俄衝突之可能(以上收入同上書第五冊)。8.大學研究院設置之討論。9.青年失業問題。10.所謂「國醫」。11.再論所謂「國醫」。12.答劉學濬〈我對於西醫及所謂國醫的見解〉等篇。(以上收入同上書第六冊)。

〈周東封與殷遺民〉一文原為先生所著《古代中國與民族》一書中之一章。先生云：「是書經始於五年以前，至民國二十年夏，寫成者將三分之二矣。日本寇遼東，心亂如焚，中輟者數月。以後公私事紛至，繼以大病，至今三年，未能殺青，慚何如之！此章大約寫於十九年冬，或二十年春，與其他數章於二十年十二月持以求正於胡適之先生，適之先生謬為稱許，囑以送刊於《北大國學季刊》。……」當胡適讀完先生〈周東封與殷遺民〉原稿後送還時夾了一張短簡云：「大作極好，佩服佩服。」胡適後來回憶他受到此文的影響時說「孟真有絕頂天才，他替我解決了《中國哲學史》上不能解決的問題，我接受了他的觀念，寫了一篇五萬字的文章，叫做〈說儒〉。從這個觀念來講古代思想，根本推翻了我過去對於中國古代思想史的見解」。

中華民國二十四年（一九三五年）　四十歲

(一)主持史語所務，兼在北大教課。

(二)二月，成立明清史料復刊會。

(三)五月，自北平赴安陽視察發掘情形。石璋如云：「那時是殷墟第十一次發掘，所用工人在三百人以上，為殷墟發掘以來規模最大的一次，也是中國的考古工作在國際間最煊赫的時期。約在五月中旬，氣候已經相當的熱了，他和法國的東方學者伯希和(Paul Pelliot)先生到達安陽。伯希和先生對著那樣偉大的陵墓，那樣排列整齊的小墓，那樣大量並精美的燦爛的器物，在孟真所長面前，不斷的驚訝和讚嘆。在安停留二日後返所。」

(四)歷史語言研究所調查江西各縣方言。秋，開始調查南方及西南少數民族。

(五)九月十五日，子仁軌生。

羅家倫云：「說到聰明的孩子仁軌的命名，確有一件可紀念的故事。有一天孟真對我說：『我的太太快要生孩子了，若是生的是一個男孩，我要叫他做仁軌。』我一時腦筋轉不過來，問他說：『為什麼？』他說：『你枉費學歷史，你忘記了中國第一個能在朝鮮對日本兵打殲滅戰的，就是唐朝的劉仁軌嗎？』從這種史蹟上，預先為兒子命名，他內心所蘊藏的是多麼強烈的國家民族意識！」

(六)「九一八事變」後，日寇侵華日亟，先生憂傷國事，頻年發表言論，鼓吹抗日，反對華北特殊化，甚為日人及親日份子所忌。先生雖處險境，仍不稍抑其愛國之誠。

1.羅家倫云：「說到抗日的精神來，孟真在北平環境裡所表現的真是可敬可佩。當冀察事變發生，日本在鬧華北特殊化的時候，許多親日派仰人鼻息太過度了。北平市長宋哲元幕僚蕭振瀛招待北平教育界的一席話，儼然是為日本招降，至少是要北平教育界閉口。在大家惶惑之際，只有適之先生和孟真挺身而起，當面教訓蕭振瀛一頓，表示堅決反對的態度，誓死不屈的精神。於是北平整個渾沌的空氣，為之一變，教育界也偶然成為左右北方時局的重心。孟真這種伸張正氣的精神，是使他不顧一切的。大家不要忘記，那時候的華北，不但是親日派橫行，而且日本特務也公開活動，這是一個生命有危險的局面。」

2.陶希聖云：「在日本浪人策動冀察自治的時期，孟真首先反抗，北大同仁群起響應。事情是這樣的：孟真在蕭振瀛的招待會上，悲憤的壯烈的反對華北特殊化。這一號召，震動了北平的教育界，發起了一二九的示威運動。北京大學同仁在激昂慷慨的氣氛中，開了大會，共同宣誓不南遷，不屈服；只要在北平一天，仍然作二十年的打算，堅持到最後一分鐘。我們從這一個時期起，就成了真摯的朋友。我很光榮，能夠和這一位叱咤風雲的書生在一起。北京大學從反對冀察自治到與二十九軍合作抗日，這一努力我們都是在一起的。」

（七）冬，自北平赴長沙，探視友人丁文江病。

（八）是歲英國倫敦中國藝術國際展覽會展出部份殷墟出土古物。

（九）是歲先生在《歷史語言研究所集刊》、《獨立評論》、《國聞週報》、《大公報》等刊物發表之論著，計有：1.夷夏東西說（此文收入《傅斯年全集》第三冊。2.明清史料復刊誌（收入同上書第四冊）。3.〈中日親善〉？？！！4.一夕雜感。5.地方制度改革之感想。6.中華民族是整個的。7.北方人民與國難。8.一喜一懼的國際局面（以上收入同上書第五冊）。9.論學校讀經。10.醫生看護的職業與道德的勇氣等篇（以上收入同上書第六冊）。

勞榦評論先生對古史研究之貢獻云：「孟真先生曾擬作《古代中國與民族》一書，遺稿已成大半，尚未整理。這是一個偉大的著作，差不多牽涉到全部中國的古代歷史，所以孟真先生對於古代中國歷史的材料搜集也特別多，並且他也隨時有寶貴的意見。這一類的材料在《集刊》中發表過的，例如〈周頌說〉（附論魯南兩地與詩書之來源），〈大東小東說〉、

〈姜原〉、〈周東封與殷遺民〉、〈夷夏東西說〉，都是屬於這一個範圍以內的著作。而《東北史綱》一書，除去對於古代民族的演變有一個正確的整理以外，並且對於東北一地對中國有深切的關係，尤其有一個精詳的闡發。在這許多論文及書籍之中，特別對於殷人在東，周人在西一點，有一個透澈的了解。這一個意見從孟真先生闡發之後，至今差不多已經成為古代中國民族史上的一個定論。根據這個理論來推斷殷周兩部族的來龍去脈，以及中國文化史的淵源與其分合，那就更顯然如在指掌。我想將來縱然地下的材料漸漸的多起來，一定更可以證明這個意見是堅確不移的。」

中華民國二十五年（一九三六年）四十一歲

(一)春，自北平移家南京。

(二)主持史語所務。

朱家驊云：「廿五年春，我應蔡先生之約，任中央研究院總幹事。中間奉命主浙，一再堅辭未果，而勢難兼顧，其時蔡先生又患重病在滬，同仁等集議結果，要我暫勿向蔡先生提起，只得勉強拖延下去，雖有時亦分身到院工作，但所有事務，都偏勞孟真代為處理。」

(三)殷墟第十三次發掘YH127坑出土完整龜腹甲二百餘版。

(四)歷史語言研究所調查湖北方言。

(五)夏，明清史料裝箱，南運至南京。

(六)冬，「西安事變」發生，先生著論，力主討伐叛軍。

(七)是歲先生在《歷史語言研究所集刊》、《獨立評論》及《中央日報》等刊物發表之論著，計有：1.跋明成祖生母問題彙證。2.說廣陵之曲江。3.誰是齊物論之作者。4.春秋公矢魚於棠跋（以上收入《傅斯年全集》第三冊）。5.國聯之淪落和復興。6.北局危言。7.論張賊叛變。8.討賊中之大路。9.國際組織與世界和平。10.歐洲兩集團對峙之再起（以上收入同上書第五冊）。11.我所認識的丁文江先生。12.丁文江一個人物的幾片光彩等篇。（以上收入同上書第七冊）

勞榦云：「歷史語言研究所曾經有系統的整理《明實錄》。《明實錄》的整理是孟真先生首先注意到的，搜集了七種本子來校，並且經過故李晉華先生的用心整理，大致已經有頭緒了，因為經費問題，尚未付印。在整理《明實錄》之時，孟真先生對於明史曾經下過很深的功力，作過『明成祖生母記疑』及『明成祖生母問題彙證』等論文。李光濤君對於明史的若干篇論文，也得到孟真先生不少的指示。孟真先生對於明清史事，如明太祖的生平，明代后妃的教育與儲嗣文化標準問題，孝欽皇后與清季變法問題，都曾經很詳細的對同仁說過，希望將來能夠將大家記憶中的湊到一起。」

中華民國二十六年（一九三七年）　四十二歲

(一)主持史語所務，兼代中央研究院總幹事。

(二)四月，洽購嘉業堂所藏《明實錄》鈔本。

(三)「七七事變」起，抗戰軍興，先生參加政府召集之廬山談話會及國防參議會。

程滄波云：「孟真參預政治，還是『七七』以後的事。廬山談話會結束後，跟著就是『八一三』，當時南京成立了一個國防參議會，大概各黨各派領袖及文化教育界名流，均有少數的領袖人物參加，孟真便是其中的一位。廬山下山後，他住在南京新住宅區北平路中英文化協會，後來胡適之也住在那裏。中英文化協會離我南京的寓所只有幾十步路，當時還有好幾位北大出來的教授，都同住在那裏，他們幾乎每天到我寓中吃飯。胡適之後來病痢，孟真每天陪他到寓中吃稀飯。後來適之不能起床，每天派人把稀飯送到他房中，孟真還是每天來的。從八月中到十月底我去歐洲，中間兩個多月，幾乎和孟真每天在一起。當時敵愾同仇，言論完全一致，所以大家除了團結對外，並無其他特殊的意見。

(四)七月，將院中文物運至南昌及長沙。八月，遷歷史語言研究所至長沙。十月，將南昌之文物再轉運到四川重慶大學。

朱家驊云：「次年『七七事變』，淞滬戰事旋起，浙江首當其衝，不能稍離，而京中告急，更無法兼顧院事。在這一年餘之中，院內諸事無論巨細，悉承孟真照料，甚至全院西遷，也都由他一手辦理。」

(五)是歲先生在《國聞週報》，發表〈西安事變之教訓〉一文。（收入《傅斯年全集》第

五冊）

中華民國二十七年（一九三八年）　四十三歲

(一)春，遷歷史語言研究所至昆明。

(二)七月，兼任國民參政會參政員，赴漢口出席第一次大會。程滄波云：「第二年夏天，我從歐洲回到漢口，當時全國四方的人物，雲集在武漢，且在參政會成立的前夕。從那時起，孟真對政治的興趣，偏重在內政方面，尤其在澄清內政的空氣。」

(三)秋，移家昆明。

(四)十月，遷歷史語言研究所至昆明郊外，以避敵機空襲。先生旋赴重慶出席國民參政會第二次大會。

(五)十一月，先生在《中央日報》發表〈波蘭外交方向之直角轉變〉一文。（收入《傅斯年全集》第五冊）

(六)十二月，山東省專員范築先抵抗日寇戰死聊城，先生悼以詩云：「一、受任孤危際，撫民水火中，歃血召英俊，誓死奏膚公；郡陷廿城在，北門管鑰通，方期收河朔，何意殞方戎。二、東郡百戰地，勝節著當年，古有禦胡守，平原與常山。阻寇遏其勢，王師于以旋，一門多忠烈，顏范應俱傳。三、島夷成弩末，中乾徒外強，逆賊爭腐鼠，變亂起蕭牆；國軍正東顧，億兆擔壺漿，北定中原日，太牢告國殤。四、立國有大本，亮節與忠貞，三齊多義士，此道今不傾。一死泰山重，再戰濁濟清，英英父子業，百世堪儀刑。」

先生不常作詩，尤其是舊詩。但在抗戰期間，為了景慕忠烈，他曾破例作了幾首舊詩。上四首詩即是其中一部分。

(七)先生熱愛民族，他寫的《中國民族革命史》是他未成完的著作，也沒有發表過。先生撰寫此書的時候，正值抗日戰爭最艱苦的階段。其內容是以歷史為根據，說明中華民族的整體性及其抵禦外侮百折不撓的民族精神，用以鼓勵民心士氣，增強國人的團結和民族自信心。文中強調「中國民族者，不以侵略人為是，而亦不甘侵略之民族也。」「中國民族者，雖亦偶為人滅其國，卻永不能為人滅其民族意識，縱經數百年，一旦得環境之遷易，必起而解脫羈絆也。」「中國民族者，永不忘其失地者也。」「中國民族，雖有時以政治紊亂故，頓呈虛弱之象，然一旦政治有方，領導得人，可由極弱變為極強。」以上所引，實為先生民族思想的精義所在，至今仍有振敝起懦的作用。

中華民國二十八年（一九三九年）　四十四歲

(一)主持史語所務。

(二)二月及九月，赴重慶出席國民參政會第三及第四次大會。

(三)四月，先生在昆明《大公報》發表〈地利與勝利〉與〈抗戰兩年之回顧〉等文。(收

入《傅斯年全集》第五冊）

（四）五月，歷史語言研究所參加莫斯科中國藝術展覽會，展出部份安陽出土文物。七月，開放歷史語言研究所圖書供給遷至於昆明的學術機關使用。十二月，調查貴州苗族。

中華民國二十九年（一九四〇年）　四十五歲

(一)主持史語所務。

(二)四月，赴重慶出席國民參政會第五次大會。

(三)秋，兼任中央研究院總幹事。

朱家驊云：「廿九年，我繼蔡先生之職，請孟真擔任總幹事，為了院，為了朋友，他欣然的答應下來。總幹事是院內實際行政的總樞，而孟真辦事又是特別富于責任心，因而，在這個時期裡，他就得了高血壓的病，病後始脫離總幹事職務。這件事使我至今猶覺耿耿。」

(四)八月，促成寄存於香港之居延漢簡安全抵達美國國會圖書館，免遭戰火。

(五)冬，遷歷史語言研究所至四川南溪縣李莊鎮。

(六)十二月，續任國民參政會第二屆參政員。

(七)歷史語言研究所調查雲南方言，少數民族語言。

(八)是歲先生出版之著作以及在《今日評論》等刊物發表之論著，計有：

1.性命古訓辨證（收入《傅斯年全集》第二冊）。2.中國音韻學研究序（收入同上書

第三冊）。3.汪賊與倭寇——一個心理的分解等篇。（收入同上書第五冊）

先生撰寫的《性命古訓辨證》一書之大綱為：序、引語、上卷釋字：第一章提綱、第二章周代金文中「生」「令」「命」三字之統計及其字義、第三章周誥中之「性」「命」字、第四章詩經中之「性」「命」字、第五章左傳國語中之「性」「命」字、第六章論語中之「性」「命」字、第七章論告子言「性」實言生兼論孟子一書之「性」字在原本當作生字、第八章論荀子性惡正名諸篇中之「性」字在原本當作生字、第九章論呂氏春秋中「性」字在原本當作生字、第十章「生」與「性」「令」與「命」之語言學的關係。

中卷釋義：第一章周初人之「帝」「天」、第二章周初之「天命無常」論、第三章諸子天人論導源、第四章自類別的人性觀至普遍的人性觀、第五章總敘以下數章、第六章春秋時代之矛盾性與孔子、第七章墨子之非命論、第八章孟子之性善論及其性命一貫之見解、第九章荀子之性惡論及其天道觀、第十章本卷結語。下卷釋緒：第一章漢代性之二元說、第二章理學之地位。

勞榦評先生之《性命古訓辨證》云：「孟真先生的《性命古訓辨證》，對於中國哲學思想史是一部很重要的典籍。在上卷他先追溯『性』『命』二字的來源，確定為性字從生而來，命字從令而來。性與生，命與令到戰國時期用字上還沒有顯明的辨別，雖然在思想系統上已經賦予了新的意義了。到了漢代才正式分別使用，因此漢代學者才將古書校改，又因為並不能全部改過，這個痕跡現在還可以看出來。在中卷他推論殷周以來的宗教及哲理，對於『上帝』觀念的產生，及周初『人道主義』的發見，俱有獨到的見解；而從性命二字的解釋來推斷孔墨荀孟以及名法的異同及其關係，尤其使人感到有不少新的啟發。最後在下卷講到漢儒和宋儒的性命理論，然後更使人了解宋元理學對前代一貫相承的系統，尤其對於朱學淵源更有好的分析。孟真先生對於朱學本來是相當注意的，對於《朱子語類》曾看過許多遍。到臺灣以後曾選《孟子》一書為臺大一年級國文讀本，對孟學的系統不僅比以前更為推崇，並且更有刻意的研討，可惜已經來不及寫定了。」（樂成謹案：民國三十六年，中央研究院辦理第一屆院士選舉，先生為候選人之一。其時先生所提出之著作，即《性命古訓辨證》一書及〈夷夏東西說〉一文。並自作簡介曰：「一、《性命古訓辨證》，此書雖若小題而牽連甚多。其上卷統計先秦西漢一切有關性命之字義，其結論見第十章。本章中提出一主要之問題，即漢字在上古（可能隨語法而異其音讀也。以語言學之立點，解決哲學史之問題，是為本卷之特點，在中國尚為初創。其中泛論儒墨諸家之言性與天道，引起不少哲學史上之新問題，富於刺激性。其地理及進化的觀點，自為不易之論。其下卷乃將宋學之位置重新估定。二、〈夷夏東西說〉，此文論遠古中國東西文化之不同，極富新義。國內批評者如徐炳昶、王獻唐諸氏，國外批評者如Owen Lattimore，皆以為定論。」可知先生視之為代表作也。）

中華民國三十年（一九四一年） 四十六歲

(一)主持史語所務。

(二)三月，患高血壓症，在重慶歌樂山中央醫院養病，七月出院。五月，先生致函友人戚壽南敘述病況，略云：「去年冬初，敝所奉命自昆明遷川南，其時至為忙碌；又以兼任敝院幹事長之故，更感生活之不安定。今年在二三月中，五十日內，一連開會五次，長者如參政會之十日，短者不過一日。但屬於敝院者，須弟事先準備，又以有各種不如意之事，時有暴怒。故弟自一月初，即覺兩眼不適，然彼時尚能登山走路也。二月十八日，曾請林文炳大夫檢查（未放大瞳仁），謂目光並無變化，眼球中血管，亦未見有何種病態象徵，勸弟在內科檢查。弟以當時各種會在即，未能檢查。以後眼睛更不舒服，直至三月廿日，弟覺身上甚有不適，住市民醫院一查，知血壓194（sys）——140（sias）。朱景蘭大夫囑服Lunimot，一日之後，知血壓178-128。廿八日，弟即入中央醫院，直至現在，在應元岳及錢德兩大夫診治中。三月廿一日，發現眼睛甚難過，入中央醫院後，林大夫檢查結果，兩眼之動脈管比靜脈管為細，但亦不一致如此粗細不均，左眼有一毛細靜脈管破裂。」

(三)歷史語言研究所與中央博物院合作調查岷江沿線遺址。

(四)夏，歷史語言研究所與中央博物院合組「川康民族考察團」展開川西康東民族調查。

(五)九月，辭去中央研究院總幹事職。
(六)十月，母李太夫人卒於重慶，享年七十五歲。
(七)歷史語言研究所調查四川各縣方言。
(八)十一月，出席國民參政會第二屆第二次大會。
(九)冬，移家南溪李莊。
(十)十二月，香港被日軍攻陷，歷史語言研究所存於香港九龍的文物悉燬於戰火。

中華民國三十一年（一九四二年）　四十七歲

(一)主持史語所務。
(二)四月，歷史語言研究所與中央博物院，中國地理研究所合組「西北史地考察團」，展開調查。
(三)先生自喪母，悼念不已。二月，致函胡適，敘太夫人染病及喪事辦理經過，略云：「家母在去年十月二十一日，在重慶中央醫院去世矣！七十五歲，不為不壽，但照她的身體，應當活到八十五乃至九十以上。他去世前兩個星期，還與小孩們玩，每日做飯做衣，非此不樂。自離南京後，她即與舍弟一起，在重慶城郊同住。去年初，大家皆窮，我仍勉力供給她老人家肉食無缺。雙十節前數日，生一次瘧疾，已好；雙十節仍為舍弟小兒作生日，樂甚。過雙十節，瘧疾又犯，以寓在衛生署左近，請了金署長找的衛生署之醫生，先上來很好，忽然沈重。送入中央醫院，（未早入者，因此院亦簡陋，髒甚。）而不起矣。致死之病狀難定，遍身發黃，醫斷為Obstructive jaundice。于是作一小autopsy，則十二指腸上之通管，為一大塊石頭所塞住。然則在南京時已鬧起之『急性胃炎』，實即此事之誤斷也。中間經多醫，在重慶並住了一次仁濟醫院，皆認為胃，以其平日健康，故若干病狀不露。設若在南京時，在中央醫院多住幾日，我想總可以看出病來，此則悔之無及矣！在南京住了不到一年半，家中無月不在緊張中，夫何可言！設若不是我去年至今這一場大病，也或者早到醫院去也。家母葬於歌樂山風景絕佳處，作成一水泥之壙，甚堅，欲移亦可。未開弔，未發訃，事後登報耳。」同函並敘近年生活狀況，略云：「前年秋冬，奉命遷移。彼時交通無辦法，竭盡平生之力而謀之，一面跑警報，一面辦這些事，故每日有時走至三十里，幸而把研究所搬了（由昆明北郊，至四川南溪縣李莊，兩處皆是一片大好房子）。十一月一日到重慶，騮先（樂成謹案：騮先，朱家驊字。）勉強我做總幹事，當時有一不了之局，遂勉強答應，預備著一年找人。於是一陣事忙，開了幾次會，遂不支持。入中央醫院（三月二十八日），群醫認為危急。適三月廿日左右，左眼血管破了一個，醫更急，當時友人無不悲觀。但在中央醫院一時中，總算養的好，出院時，血壓是低了，以後高高下下者幾個月。我在歌樂山養病，以離中央醫院近也。出院時為七月七日，直到九月中，才可以說能走點路。一夏天轟炸，只是聽著他在頭上過，任之而已。方能走路不久，即遭家母之喪，喪後看地，安葬，一陣大跑，不量血壓了。故自夏徂秋，也未曾好養也。其時參政員開會，我出了一半席，蓋證明我之未死也。遂於十二月三日動身上水來李莊，七日至，冬季上水行船，其難如此。到後一量血壓，打破一切紀錄！於是大吃藥，睡了兩週，又算差不多了。目前半工半休息，這個病是不會好，只希望拖得好，能拖得好，願足矣！病中想來，我之性格；雖有長有短，而實在是一個愛國之人，雖也不免好名，然比別人好名少多矣。心地十分淡泊，歡喜田園舒服，在太平之世，必可以學問見長。只是凡遇到公家之事，每每過量熱心，此種熱心，確出於至誠，而絕非有所為。遇急事膽子也大，非如我平常辦事之小心，有時急的強括不捨，簡直是可笑。平日好讀老莊，而行為如此。有此性情，故遇有感情衝動之事，心中過份緊張。這種感情衝動，私事甚少，而為公者極多。性情如此，故得此病，更不易治。此等性情，自天外人看，未知還有趣否？但在中國確算比較少的了。近日又讀莊子，竭力自己為自己想開，何必一人懷千古之憂，一身憂國家之難。讀來讀去，似乎有些進步，此竅還是半通不通的。古人有以天下事為己任之說，一個人如此想，多半是誇大狂，我向不以此言為然。但自己不自覺之間，常在多管閒事，真把別人事弄成自己的事。此比有此意識者更壞事，以其更真也。我本以不滿於政治社會，又看不出好路線來之故，而思遁入學問。偏又不能忘此生民，于是在此門裏門外跑去跑來，至於咆哮，出也出不遠，進也住不久，此其所以一事無成也。今遭此病，事實上不能容我再這樣，只好從此以著書為業，所可惜者，病中能著幾何，大是問題耳。但只要能拖著病而寫書，其樂無窮。論我之學問，自覺方在開始，但現在不學問了，就在此時著書，而且把考據之書放在後面，目下先寫『我的哲學』。這些『哲學』，包括下列書：一、《文化鬥爭》**Kultur Kampf**。二、《原人》。三、題目未定，其意思是Causality and Chance in History。四、想練習一下我有無寫傳記之才，以明太祖為題（近發現他許多事）。這便夠我辦的了，考據之書，再說。近看段著《戴東原年譜》，頗疑東原之寫字義疏證，亦感於身體不妙而寫。假如他再活十年，一定是些禮樂兵刑之書，而非『抬轎子』之書矣。此事先生有考證否？」同月，先生致友人竹垚生函，亦言及太夫人之喪及個人近況，略云：「不幸者家母于去年十月去世矣，如非在此亂世，或者不致於此，此弟念之不能或忘者也。弟自去年三月，忽然患急性血壓高，幾瀕於危，在醫院住了半年，出來又住數個月。近則移居此間，去鎮上猶遠，醫囑要休息二年也。完全山中人矣！」

(四)七月，續任國民參政會第三屆參政員。十月，赴重慶出席國民參政會第三屆第一次大會。

(五)十二月，歷史語言研究所調查川南苗族。

(六)十二月，先生寫〈大明嘉靖三十三年大統曆跋〉一文。（收入《傅斯年全集》第七冊）

中華民國三十二年（一九四三年）四十八歲

(一)主持史語所務。

(二)歷史語言研究所調查關中、洛陽陵墓與石刻，以及陝西考古遺址。

(三)九月，赴重慶出席國民參政會第三屆第二次大會。

(四)是歲先生在《歷史語言研究所集刊》及重慶《大公報》等刊物發表之論著，計有：1.《史料與史學》發刊詞（收入《傅斯年全集》第四冊）。2.盛世危言。3.戰後建都問題（以上收入同上書第五冊）。4.跋人境廬詩草。5.丁鼎丞先生七十壽序等篇。（以上收入同上書第七冊）

中華民國三十三年（一九四四年）四十九歲

(一)主史語所務。

(二)歷史語言研究所調查廣西土語及其他少數民族語言。

(三)五月，歷史語言研究所與中央博物院、北京大學、中國地理研究所合組「西北科學考察團」發掘敦煌墓葬。

(四)六月，歷史語言研究所自辦子弟小學。

(五)六月，為子仁軌書文文山（正氣歌）及〈衣帶贊〉等詩，並跋曰：「為仁軌兒書文文山先生〈正氣歌〉，〈衣帶贊〉，並以先生他詩補餘幅。其日習數行，期以成誦，今所不解，稍長必求其解。念茲在茲，做人之道，發軔於是，立基於是。若不能看破生死，則必為生死所困，所以異於禽獸者幾希矣。」

(六)九月，赴重慶出席國民參政會第三屆第三次大會。

(七)先生為張自忠將軍于二十九年戰死於襄陽，至是歲殉國四周年，乃作詩追悼，題曰〈悲歌〉，詩句如下：泰山重一死，堂堂去不回，身名收馬革，風日慘雲雷，忠義猶生氣，艱難想將才，中原誰匡濟，流涕楚郢哀。此外先生還想為張將軍作一年譜，可惜因事忙，始終未能了卻這樁心願。(八)是歲先生在重慶《大公報》發表之論著，計有：1.天朝——洋奴——萬邦協和。2.「五四」二十五年。3.我替倭奴占了一卦。4.現實政治。5.第二戰場的前瞻等篇。(均收入《傅斯年全集》第五冊)

中華民國三十四年（一九四五年）五十歲

(一)主持史語所務。

(二)四月，續任國民參政會第四屆參政員。

(三)七月一日，先生與黃炎培、褚輔成、章伯鈞、冷遹、左舜生六位國民參政員代表國民參政會從重慶飛赴延安訪問，與中國共產黨商談國共團結，共建國內和平問題。抵達延安機場時受到毛澤東、朱德、周恩來等中共領導人的歡迎。並在機場合影。五日返渝。

羅家倫云：「他反對共產黨遠在他在廣州中山大學做教授的時候，他在重慶被國民參政會推舉為訪問延安代表團的五代表之一，他回來以後，和我談過幾次。他和毛澤東因為舊曾相識的關係，單獨聊了一夜天。上天下地的談開了，談到中國的小說，他發現毛澤東對於坊間各種小說，連低級興趣的小說在內，都看得非常之熟。毛澤東從這些材料裡去研究民眾心理，去利用民眾心理的弱點，所以至多不過宋江一流。毛澤東和他漫步到禮堂裡，看見密密層層的錦旗，各處向毛獻的。孟真諷刺的贊到：『堂哉皇哉！』毛澤東有點感覺到。他痛恨同去的人沒有出息。他說，章伯鈞是由第三黨去歸宗，最無恥的是黃炎培等，把毛澤東送他們的土織毛毯，珍如拱壁，視同皇帝欽賜飾終大典的陀羅經被一樣。孟真對他們說：『你們把他看作護身符，想藉此得保首領以歿嗎？』可見孟真知人見事都很精密周到，絕無一般書生之見。」

（四）七月，出席國民參政會第四屆第一次大會。先生自民國二十七年任國民參政員以來，每次會議，發言建議，均以促請政府整刷政風為主，對政要孔祥熙尤多質詢。此外先生在會中竭力反對違背科學之提案，如維護中醫案等，與守舊份子，爭論亦烈。先生於八月一日致夫人函中，敘述開會之經過，略云：「會中的最微妙（亦可說最險惡）的是中央銀行國庫局大舞弊案；會中的最滑稽的是中醫案（末一天），全場十餘人，同時發言，雜以各種怪聲（我們勝利）。」

1.羅家倫云：「抗戰期間孟真在國民參政會裡所表現的固然為一般人所欽佩，可是許多人更覺得有聲有色。除了他堅定的擁護抗戰而外，他還為兩種主張而積極奮鬥：一是反對一切違背時代精神，科學理論而開倒車的議案；一是反對危害國民生計的貪污事實。在前一項目之下，如他反對提倡所謂國醫，就是顯著一例。他認為哈維發明了血液循環三百年之後，到今天還要把人的人體分為上焦中焦下焦三段，簡直是對於人類知識的侮辱。他為這個問題，從抗戰前在南京的時候，就寫文章討論起。因為他研究過實驗心理學，同時自然他也很懂得生理學和生物化學，所以他寫的這些文章，理論非常精闢，文字也非常精彩。說到此地，我又忍不住要提孟真一件趣事，很可以表示他一種特殊可愛的性格。有一次為中醫問題，孟真反對孔庚的議案，激烈的辯論了一場。當然孔庚辯孟真不過，於是他氣了，在座位上辱罵孟真，罵了許多很粗的話。孟真也氣了，說是：『你侮辱我，會散之後我和你決鬥。』等到會散之後，孟真在會場門口攔著孔庚要決鬥了。他一見孔庚年紀七十幾歲，身體非常瘦弱，立刻把手垂下來說：『你這樣老，這樣瘦，不和你決鬥了，讓你罵了罷。』這雖然是一個插曲，也可以看出孟真決不是硬心的人。我常笑他說：「你這大胖子怎能和人打架。」他說：「我以體積乘速度，產生一種偉大的動量，可以壓倒一切。」我為之大笑。可是他真用這個方法，打勝過人，這件事在此地張道藩知道最清楚。至於說到為了他的第二種主張，他真能表現不畏強禦的精神。他認為現在革命過程中的一切犧牲，是為民眾利益的，不是為貪官污吏中飽的，不是為買辦階級發財的。他說：『我擁護政府，不是擁護這般人的既得利益，所以我誓死要和這些敗類搏鬥，才能真正幫助政府。他主張『去惡務盡』，他主張

『攻敵攻堅』。而且他一動手攻堅，決不肯中途罷手。有一次在重慶為了某一種公債的案子，他在國民參政會發言，到結束的時候，鄭重聲明他這番話不但在會場以內負責，而且在會場以外也負責，他願意親自到法庭對簿。這話使全場興奮，可是使我為他捏了一把汗。會後我去看他，問他為什麼敢作這樣肯定的話。他說：『我若沒有根據，那能說這話。』於是他取出兩張照片給我看，可見他說話是負責的，絕對不是所謂大炮者可比，也絕不是聞風言事的一流。這種有風骨的人，是值得欽佩的。」

2.程滄波云：「在重慶時期，有一次在參政會開會前，我好幾次到聚興村他住的房內，看他拿著一小箱子，藏在枕頭下面，寸步不離。我問他裡面是什麼寶貝，他很緊張地說，這是他預備檢舉某大員的證件。後在參政會鬧了一陣，忽然來信說回李莊去讀他的書了。他對政治，喜歡談論，而容易厭倦，偶然奮不顧身的一擊，並不是對政治有興趣，而是激發於士大夫的責任感。他的胸中實在是一張白紙，潔白得沒有一點瑕疵。他終於不做李膺、范滂，而做了郭林宗，這是他的命運，也是今天的時代，究竟與東漢末年有別。」

(五)八月初，先生在重慶《大公報》發表〈黃禍〉一文，響應政府徵收中央銀行黃金存戶之部分黃金。當時若干「既得利益」階級份子，正謀反對，此文發表後，因贊同者眾，反對之謀遂息，是月先生致夫人函云：「我前幾天很忙，星期三幾個銀行家的參政員請客，我去了。原來請了三十多位住在重慶的參政員，他們所談，許多可恥的，我很氣悶；尤其是批評政府之徵收黃金，我很生氣。回來趕寫了那一篇〈黃禍〉，在大公報，想你已經看到了。我固不怕權勢，也不怕群眾，我以為那篇文章一定要遭許多人的罵，罵雖有之，而效力意想不到之大。有些『既得利益』vested interest階級的參政員，正在醞釀在駐會委員會決議，推翻政府的辦法。這篇文章不早不晚，恰恰登在最適合的日子。次日，駐會委員會開會，我又發言，博得大多數之贊同。我們勢力雄厚，原提案者孔庚、黃炎培撤回去了！這是星期五，如此鬧一上午。」

(六)八月十日，日本宣佈投降，先生喜極。

1.羅家倫敘述先生於十日晚狂歡之情形云：「在日本投降的消息傳到重慶的晚上，孟真瘋了。從他聚興村住所裏，拿了一瓶酒，到街上大喝；拿了一根手杖，挑了一頂帽子，到街上亂舞。結果帽子飛掉了，棍子脫手了，他和民眾和盟軍還大鬧了好一會；等到叫不動了，才回到原處睡覺。第二天下午我去看他，他還爬不起來；連說：『國家出頭了，我的帽子掉了，棍子也沒有了，買又買不起。晦氣！晦氣！』這是孟真的本色，孟真不失為真！」

2.是月先生致夫人函中，描述十一日慶祝勝利之情形，略云：「第二天（十一）接到參政會通知，大家到秘書處慶祝。我九時半到，則已三十多人，愈到愈多，皆哈哈大笑，我現在方知舊戲中二人見面哈哈大笑之有由也。抱者，跳者，kiss者，要想安靜一下，談談如何遊行，幾乎辦不到。大家kiss胡木蘭，胡木蘭亦偶報之。我未曾kiss邵先生的夫人，邵先生還見怪，其狂如此。坐了三輛大車，一bus，一卡車，另一（車）軍樂隊，沿途慢行，大聲呼口號，怪叫，遇見美國兵更大呼！直到國民政府，他們還在開會。我們要求主席（樂成謹案：主席謂今總統——編者按即蔣介石總統）出來見，他們不知洋脾氣，請我們進大禮堂。主席出來時，大家歡呼，聲如暴雷。出門時，我遇見熟人打招呼者，皆報之以拳，段書詒後來說，他簡直吃不消。出門遇吳鼎昌，他說：『你不要太興奮。』（彼與我皆患血壓高也。）我即將其一搖再搖。又回到參政會，沿路叫。本是預備到美軍司令部及英美蘇三大使館的，在國府，蔣先生說，尚未完成投降，尚有條件措商，所以就此回去。在參政會仍很熱鬧，下午三時方歸。頓覺極倦，若有大病，一直睡下去，第二天方好。」既而蘇俄侵略東北，先生觀察世局，又復轉喜為憂。先生於是月二十一日致夫人函曰：「東北糟不可言，仍因自己有此大的第五縱隊，非可專罵俄國人，俄國人也太可惡了。美蘇決不會打，亦決不會和好，以後又是九一八至七七那一套，陰陽怪氣，一直鬧幾年下去，中國真吃不消也。」

（七）秋，任北京大學代理校長。先是政府擬任命先生為北大校長，先生謙辭；並於八月十七日致書蔣主席，推薦胡適。又以胡氏在美未歸，故先生暫允代理。先生致蔣主席書云：「日昨朱部長騮先先生，以尊命見示，謂蔣夢麟先生之北京大學校長出缺，即以斯年承乏。騮先先生勉之再三，云出於鈞裁，強為其難。伏思斯年以狷介之性，值不諱之時，每以越分之言，上塵清聞；未蒙顯斥，轉荷禮遇之隆，衷心感激，為日久矣。今復蒙眷顧，感懷知遇，沒齒難忘。惟斯年賦質愚戇，自知不能負荷世務，三十年來，讀書述作之志，迄不可改。徒以國家艱難，未敢自逸，故時作謬論。今日月重光，正幸得遂初志，若忽然辦事，必累鈞座知人之明。兼以斯年患惡性血壓高，于茲五年，危險逐年迫切，醫生屢加告戒，謂如再不聽，必生事故。有此情形，故於勝利歡騰之後，亦思及覓地靜養之途，家族親友，咸以為言。若忽任校務，必有不測，此又求主席鑒諒者也。抑有進者，北京大學之教授全體及一切有關之人，幾皆盼胡適之先生為校長，為日有年矣。適之先生經師人師，士林所宗，在國內既負盛名，在英美則聲譽之隆，尤為前所未有。今如以為北京大學校長，不特校內仰感俯順輿情之美；即全國教育界，亦必以為清時佳話而歡欣；在我盟邦，更感興奮，將以為政府選賢任能者如此，乃中國政府走上新方向之證明；所謂一舉而數得者也。適之先生之見解，容與政府未能盡同，然其愛國之勇氣，中和之性情，正直之觀感，並世希遇。近年養病留美，其政府社會，詢咨如昔，有助於國家者多矣。又如民國二十四年冬，土肥原來北平，勾結蕭振瀛等漢奸，（樂成謹案：《傳記文學》一卷三期，載劉建群〈我與宋哲元將軍的幾次交往〉一文，文中謂蕭曾流涕以道：「人家說我勾結日本人，是漢奸，我若有此心，我算不是我父母所生的。」則蕭又似非漢奸。特記於此，以備一說。）製造其華北特殊化。彼時中央軍與黨部撤去久矣。適之先生奮臂一呼，平津教育界立刻組織起來以抵抗之，卒使奸謀未遂，為國長城，直到七七。蓋適先生之擁護統一反對封建，縱與政府議論參差，然在緊要關頭，必有助於國家也。今後平津將仍為學校林立文化中心之區，而情形比前更複雜。有適之先生在彼，其有裨於大局者多矣。越分陳辭，敬乞鑒宥，肅叩鈞安。」

朱家驊云：「抗戰勝利，各校復員，北京大學地位重要。我和他商量，想請胡適之先生擔任校長，他也極力的主張。不過胡先生不能立即回國，結果，又把代理校長推在他的身上。他當時雖表示不願，但北大是他的母校，而胡先生又是他的老師，我以大義相勸，也不得不勉強答應。從昆明遷回北平，再以後來的規復設施，又是一件極繁重的事情，使他身體再度的吃了大虧。」

（八）九月，在重慶參加教育善後復員會議。先生於十月五日致夫人函中敘述開會情形，略云：「上月廿日正式開會，全天在那裏，直到二十五日，發言考第二多，真正累死我。不得不幫騮先忙，結果我捱許多罵，弄得名譽極壞。蔣廷黻綜合之曰：『太上教育部長，太上中央研究院總幹事，太上北大校長。』我說我只做『太上善後救濟總署署長』，他方無言。事實是騮先好與我商量，而十之七八不聽，然而外人不知也，以為他的一切由我負責。一次教育會，弄得我成眾矢之的，重慶再不可久居矣。此中笑話多矣。我的名譽反正不佳，只求問心無愧而已。」

（九）九月，接收「北平東方文化研究所」。

（十）十一月，昆明國立西南聯合大學（係北京、清華、南開三大學聯合而成）發生學潮。次月，先生以校務委員身份，前往處理，後來終使學生復課。先生於三十五年一月五日致夫人函中略謂昆明學潮之起源，校內情形複雜，固為一因，但地方當局之措施，亦殊荒謬。

（十一）是歲先生在《歷史語言研究所集刊》及重慶《大公報》等刊物發表論著，計有：1.殷曆譜序。2.六同別錄編輯者告白（載《史語所集刊》外編第三種六同別錄）（以上均收入《傅斯年全集》第三冊）。3.羅斯福與新自由主義。4.評英國大選等篇。（以上收入同上書第五冊）

中華民國三十五年（一九四六年）五十一歲

（一）一月，赴重慶出席政治協商會議。先生於一月七日致夫人函云：「政治協商會情形如此：政治上，三國外長會對中國有責言，於共有利；但上月幾次戰爭，共皆慘敗，（歸綏、包頭、臨城、棗莊、山海關，共皆慘敗。）所以共黨來開會。此會未必有成就，然亦不可免者。」

（二）歷史語言研究所調查川南懸棺葬及川滇交界之僰人。

（三）二月十一日，雅爾達密約正式公布，舉國譁然。是時蘇俄佔領東北，大肆劫掠。先生與王雲五等共二十人，聯合在各報發表宣言，譴責英美，並痛斥蘇俄欺騙世界之偽行及其帝國主義之野心。同月二十五日，先生又在《大公報》發表〈中國要和東北共存亡〉一文，痛言東北之重要，並促請政府及國人，誓與俄寇周旋。由於國人之憤怒與輿論之一致指責，俄軍終於次月撤出東北。

（四）三月，政府擬請先生出任國府委員。二十七日，先生致書蔣主席，謙辭不就。原函云：「主席鈞鑒：頃間侍座，承以國府委員之任，諄諄相勉，厚蒙眷顧，感何有極！斯年負性疏簡，每以不諱之詞上陳清聽，既恕其罪戾，復荷推誠之加，知遇之感，中心念之。惟斯年實一愚戇之書生，世務非其所能，如在政府，于政府一無裨益；若在社會，或可偶為一介之用。蓋平日言語但求其自信，行跡復流於自適。在政府或可為政府招致困難，在社會偶可有報於國家也。即如最近東北事，政府對蘇聯不得不委曲求全，在社會則不妨明申大義，斯年亦曾屢屢公開之。此非一旦在政府時所應取，然亦良心性情所不能制止，故絕非政府材也。參政員之事，亦緣國家抗戰，義等於徵兵，故未敢不來。今戰事結束，當隨以結束。此後惟有整理舊業，亦偶憑心之所安，發抒所見於報紙，書生報國，如此而已。斯年久患血壓高，數瀕於危，原擬戰事結束，即赴美就醫，或須用大手術。一俟胡適之先生返國，擬即就道，往返至少三季，或須一年。今後如病不大壞，當在草野之間，為國家努力，以答知遇之隆。萬懇鈞座諒其平生之志，從其所執，沒生之幸。」同月五日，先生致夫人函中，亦提及其事，略云：「蔣先生與（陳）布雷談，布雷說：『北方人不易找到可做國府委員者，黨內外皆如此。』蔣先生說：『找傅孟真最相宜。』布雷說：『他怕不幹吧。』蔣先生說：『大家勸他。』因此我向布雷寫了一次信，請他千萬不要開這玩笑。我半月前寫的那篇〈中國與東北共存亡〉，有個附帶目的，即既發這樣言論，即不可再入政府了，落得少麻煩（人家來勸）。經過如此，我並未向人說，報上所傳，皆揣摩，或亦有所聞而言之也。」

(五)三月，出席國民參政會第四屆第二次大會。

(六)五月四日，由重慶飛北平，辦理北京大學遷校事。先生自代理北大校長，曾屢次發表聲明，決不錄用偽北大教職員。偽員雖力謀反對，終未得逞。先生於二月七日致夫人函中略云：「北京大學可以說是兩頭著火，昆明情形已如上述，究竟如何自聯大脫離，大費事，正想中。而北平方面，又弄得很糟，大批偽教職員進來。這是暑假後北大開辦的大障礙，但我決心掃蕩之，決不為北大留此劣跡。實在說這樣局面之下，胡先生辦遠不如我，我在這幾月給他打平天下，他好辦下去。」偽北大校長鮑鑑清附敵有據，河北高等法院判其無罪，先生於七月搜集鮑四項罪行證據，向河北高院提出抗告。秋，北京大學由昆明遷返北平。

(七)傅樂成記述先生在「屏除偽教職員和檢舉漢奸」一事云：「孟真先生的兩次聲明，在北平引起甚大的騷動。偽教職員以罷課為要挾，不承認「徵調」，並向北平行營主任李宗仁請願，鬧得烏煙瘴氣。偽北大教授容庚並在報端發表致孟真先生的公開信，為偽員辯護。容的話雖然荒唐可笑，但在偽教職員看來，則是至理名言，同時也頗能博得一般不明大義的人的同情。

在這種情形，孟真先生想貫徹他的主張，自然不是一件容易的事，但他憑了他的勇氣和毅力，加以政府的堅決支持，終能使北大在北平順利復課。原來偽北大的學生，經過甄試，有一部分進入北大，繼續求學。至於偽教職員，則始終未能達到他們的目的。三十五春，蔣主席（今總統）到平，孟真先生陪他遊文丞相（天祥）祠，並在祠中正殿的「萬古綱常」匾額下，共攝一影。這等於告訴北方的偽員漢奸們，蔣主席重視民族氣節，對背叛國家的人是不會輕恕的。而這件事也給予孟真先生一種精神上的甚大支持。

北平是北方漢奸的淵藪，抗戰勝利後，政府雖曾在北平逮捕大批漢奸，但其狡黠者，往往假造證據，自稱曾參與地下工作，於國有功。甚至少數不肖的政府官吏，也為他們說情。因此政府對漢奸的處置，有些地方不能令人滿意。例如偽北京大學校長鮑鑑清附敵有據，而河北高等法院判決其無罪，以致輿論譁然。孟真先生乃於三十五年七月，找出鮑的四項罪行證據，向河北高等法院提出抗告。並於同月十七日致函當時的司法行政部長謝冠生先生，說明他對審判鮑鑑清及巨奸王蔭泰等的意見。

其後鮑鑑清由河北高等法院檢察官聲請再審，結果如何，現無資料可查。王蔭泰似乎被判重刑，但未處死。錢稻蓀被處何刑，亦已不復記憶。此外孟真先生對偽新民會副會長張燕卿的判決無罪，也曾公開表示不滿。據說張曾為政府做地下工作，因而將功折罪。但孟真先生認為張在華北的罪行，僅次於三王（王揖敏、王克唐、王蔭泰），地下工作即使有此一說，亦只能據以減刑，而不能全部免罪。張如不繩之以法，其他漢奸均可不予治罪。

從上面的事，可以看出孟真先生對偽員漢奸態度的嚴正和立場的堅決。北平的報紙曾說他對偽教職員抱有一種不共戴天的忿怒」，雖是句玩笑話，卻頗能傳神。自然也因此得罪許多人，但他一切不顧。他曾說：「我知道恨我的人一定很多，但我卻不作鄉愿！」

「『不作鄉愿！』實在是今日每個讀書人所應牢記的一句話！」

（八）是時國內外局勢紊亂，各地學潮時起。先生於八月四日在北平《經世日報》發表〈漫談辦學〉一文，其中論及學潮，略云：「這些年來，學校紀律蕩然，不知多少青年為其所誤，風潮鬧到極小的事，學生成了學校的統治者。這樣的學校，只可以關門，因為學校本來是教育青年的，不是毀壞青年的。大凡學生鬧事，可分兩類：一、非政治性的。非政治性的風潮，每最為無聊，北大向無此風。二、政治性的風潮。政治性的，必須要問是內動的或是外動的。去年年底我到昆明去處理學潮，在最緊張中，老友笑對我說：『請看剃頭者，人亦剃其頭。』這因為我是五四運動之一人，現在請人不鬧風潮、故以為可笑也。當時我對朋友說，五四與今天的學潮大不同。五四全是自動的，五四的那天，上午我做主席，下午楨著大旗，直赴趙家樓，所以我深知其中的內幕，那內幕便是無內幕。現在可就不然了，某處（樂成謹案：「某處」指延安。）廣播一下，說要求美軍撤退，過了幾天，學生便要求美軍撤退，請問這是『為誰辛苦為誰忙？』這樣的學生運動，我是很不願意牠和五四相提並論的。我們不當禁止青年作政治運動，但學校應該是個學校，應該有書可讀，若弄得成了政治鬥爭的工具，豈不失了學校存在的意義？青年人多是不成年的人，利用他們，豈不是等於用童工？教員有他的職業的本份，就是好好教書，若果志不在此，別有所圖，豈不是騙人？騙人者不可為人師。受騙者，應該先開導他，開導不成，必需繩之以紀律。今人皆知五四趙家樓之一幕，而忘了護校之一幕，豈不可惜。」（樂成謹案：此文不載「傅孟真先生全集」，知者亦少，特錄其精要，以廣流傳。）（編者按：此見傅樂成著〈傅孟真先生與五四運動〉）。

(九)夏，胡適返國。九月，先生卸去代理北大校長職。是月二十日，北大教職員舉行茶會，表示惜別。席間胡適對先生一年來為北大盡瘁工作，備致稱揚。教授亦相繼致詞，謂先生在西南聯合大學時代力謀恢復北大文科研究所，復員後又為北大廣延教授，增加數倍之校舍，至足感謝。先生則謙稱：過去為北大辦理成功之事，百分之七十為機會，百分之三十為努力；所謂百分之三十之努力，亦為教授不辭萬里歸來之結果。二十九日，先生自北平飛南京。

(十)八月，兼任「北平圖書史料管理處」主任。

(十一)冬，歷史語言研究所由四川李莊遷返南京。

(十二)出席首屆國民大會。

程滄波云：「卅五年制憲國民大會開會時，他是一位代表，幾千人的會場，是中國自合議制以來的一個大考驗。孟真對立法院委員人數，提出一個修正案，他覺到七百餘人的立法院，將來極難執行審思的職責。他這一個修正案，在亂轟轟的會場中，糊裏糊塗否決了。從那次以後，我很少見他在會議中有何活動。」

中華民國三十六年（一九四七年）五十二歲

(一)主持史語所務。

(二)二月，先生於《世紀評論》發表〈這個樣子的宋子文非走開不可〉一文，痛陳「政治的失敗不止一事，而用這樣的行政院長，前有孔祥熙，後有宋子文，真是不可救藥的事。」而宋的黃金政策、工業政策、對外信用，辦事態度更是荒謬。「今天能決定中國將來之命運者，……而在自己。要做的事多極了，而第一件便是請走宋子文，並且要澈底肅清孔宋二家侵蝕國家的勢力。否則政府必然垮臺……。」各地報章紛紛轉載，舉國注目，宋氏旋即辭行政院長職。

1.屈萬里云：「抗戰期間，他任參政員時，屢次攻擊那時的行政院長孔祥熙。到最後不可開交時，蔣委員長（編者按：即後來的蔣介石總統）乃宴孟真先生想替孔祥熙說情。『你信任我嗎』?蔣委員問孟真先生。『我絕對信任』。傅先生答。『你既然信任我，那麼就應該信任我所任用的人。』『委員長我是信任的。至於說因為信任你也就該信任你所任用的人，那麼，砍掉我的腦袋，我也不能這樣說。』席上傅先生顯得有些激動，在座的人都失了色，蔣委員長也為之動容。不久，行政院長便換了人。這一段事實，說明了孟真先生剛直的氣概，說明了總統能容納直諒之士。

2.程滄波評其事云：「我想孟真與孔宋一場鬥爭，是國民政府政治潮派上一個重大的段落。國民黨執政二十餘年，在黨內黨外，自來存在著一種鬥爭，便是士大夫與買辦階級的爭持。這兩類人物，思想背景，行為表現，乃至生活習慣，氣味標準，格格不相入。盈虛消長，與國民黨的黨勢和整個國運，都有關係。孟真是士大夫階級中一個代表人物，也是此一鬥爭中的一員前線鬥士。若說孟真在此一段政治活動中是受人利用，那就是中國幾千年文化傳統力量的利用，也是中國數千年士大夫階層空氣的驅策。孟真是『五四』時代的代表人物，他受過西洋文明的深厚陶化，同時因為讀過中國書太多了，中國文化的傳統，對他無形中是特別濃厚。『五四』到抗戰勝利，經過三十年的歲月。孟真這一場奮鬥，決不是戲笑怒罵的博人喝采，也不是什麼文章的精采，有如晚清江春霖輩的奏章。它代表了一種時代意義，它也透露了一個時代的重要消息。中國士大夫中的『通才』，有許多特點，是和西洋自由主義者共同的。易經：『惟君子為能通天下之志。』又說：『天行健，君子以自強不息』。中國的士大夫，不是代表那一個階級，它與歐洲的『中產階級』絕不相同。士大夫階層的意識，隨著時代而不同，但是它必然代表了多數人的意見，必然注重『公平』的原則，更沒有忽視了『進步』或『改造』的需要。『自強不息』就是天天求進步，謀改造。士大夫沒有『既得利益』，士大夫是要打破『既得利益』的。國民黨先天與後天，都包含著深厚的中國文化傳統，也繼續網羅了中堅的士大夫階層，中山先生就是一位標準的『學通天人』之中國士大夫。第一次代表大會宣言中，明明白白揭櫫打倒『買辦階級』。孟真從歐洲學成歸國，適當國民黨改組之初，而且他執教的地方，是初期的中山大學。他是一個極端的愛國者，他所受的中國文化與西洋文化，驅策他於學術研究以外，畢生做了一件轟轟烈烈的奮鬥。歷史，真理，不因任何時代或權力而磨滅，孟真在這一段中國歷史的地位，是確立不能搖動的。他融和了中國文化傳統及西洋文明，在廿世紀中葉，在中國政治文化及社會的原野上，從事這樣一次重大的運動。孟真今天雖死，而孟真精神是不死的，自由中國的將來，一定是融和著中西文化的傳統，對時代環境作著適應的表現。」

(三)四月，為子仁軌題紀念冊云：「做人的道理，不止一條，然最要緊的一條是：不可把自己看重。凡事要考量別人的利害，千萬不可自己貪便宜；做事要為人，不是為自己。自己為眾人而生存，不是眾人為自己而生存。小時養成節儉的習慣，大了為眾人服務。」

(四)六月，赴美養痾，夫人及子仁軌同往。

中華民國三十七年（一九四八年）五十三歲

(一)在美養痾。先生自去歲赴美，入波士頓(Boston)自利罕(Peter Bent Bring ham)醫院治療，前後住院三四個月。出院後，體重減輕三十磅，血壓大致正常，惟醫生堅囑勿再任行政工作，以免復發。旋移居康乃提克州（Connecticut）之新港（New Harven），平居以讀書買書為樂，亦偶至耶魯（Yale）大學演講。先生並於是歲上半年當選為中央研究院院士及立法委員。

屈萬里云：「這一屆的立法委員選舉，他當選為立法委員。那時他正在美國養病，一再表示不就此職，直到回國後仍然堅持著不就。當局因為他是人望所歸，一定要羅致他，於是託陳雲南先生敦勸他，他才做了立法委員。」

(二)八月，由美歸國。主持歷史語言研究所務。

1.陳槃云：「師以久病血壓過高，於三十六年六月下旬，偕俞夫人及公子仁軌赴美療養，翌年秋八月返國。當返國有期而尚未成行之際，有某君者，自京中貽書夫人，謂大廈將傾，傅先生欲於此時翩歸，非計之得。師省書嘆曰：『此君乃不知吾心。余絕不託庇異國，亦不作共黨順民。將來萬一不幸，首都為共黨所乘，余已無可奈何，則亦不辭更適他省，又不得已則退居窮鄉。最後窮鄉亦不保，則蹈海而死已矣。』由此一事言之，則師之矢志報國，視死如歸，固早既情見乎辭矣。」

2.董作賓云：「民國三十七年度，史語所研究人員共五十八人，連職員共八十四人，比社會、地質兩所多三十人以上，比動物、植物、化學、工程四所多一倍以上，比數學、物理、氣象、醫學四所多二倍以上，比天文所多三倍以上，比心理所多九倍以上。史語所工作的人多，因而『出貨』也多，二十三年之間，已刊行的專書，共有七十六種，已發表在集刊、報告中的論文，共有五百多篇，裝起來兩書箱，擺起來一書架。因此，那些兄弟所們，在敬、畏、妒、複雜情緒之下，不能不共尊他是老大哥，稱之曰『大所』。」

(三)秋，出席首屆立法院會。

(四)冬，戡亂戰事失利，首都危急，先生傷時憂國，加以故舊零落，精神大受刺激，遂有自殺殉國之念。

1.陶希聖云：「在徐蚌戰事失利之後，我到雞鳴寺去看孟真，歷史語言研究所的圖書都在裝箱，他的辦公房內也是箱篋縱橫。他告訴我說：『現在沒有話說，準備一死』。他隨手的小篋裏面藏著大量的安眠藥片。」

2.陳槃云：「當首都倉皇之日，同時有陳布雷，段錫朋二氏之沒，師因精神上大受刺激，悲觀至極，頓萌自殺之念。而師卒未於此時殉國者，賴傅夫人愛護防範之力也。」

(五)冬，遷歷史語言研究所至臺灣楊梅鎮。

陳槃云：「國家多難，研究所展轉播越者數矣。始則由平遷滬，遷京；繼則由京而長沙，而桂林，而昆明，而南溪。復員後，始重返南京。案本所同事凡數十，圖籍古物，箱以千計，雖崎嶇間關，艱難萬狀，而公物得以保全無恙，學術研究得以進行不輟，師之功大矣。然而師之心力，瘁于是矣。洎三十八年冬，（槃成謹案：「三十八年」應作「三十七年」。）首都告警，群情皇急，不知所以為計。一日，師召集同仁會議，慘然曰，研究所生命，恐遂如此告終矣。余之精力既消亡，且宿疾未瘳，余雖欲再將研究所遷至適當地區，使國家學術中心得以維持不墜，然而余竟不克負荷此繁劇矣。今當籌商遣散，雖然如此，諸先生之工作，斯年仍願盡其最大努力，妥為紹介安置。同仁此時，以學術自由之環境，既已感受威脅，於多年生命所寄託之研究所，亦不勝其依戀可惜，一時滿座情緒，至嚴肅悲哀，有熱淚為之盈眶者。師於是不覺大感動，毅然曰，諸先生之貞志乃爾，則斯年之殘生何足惜，當力命以副諸先生之望耳。本所遷移之議，於是遂決。研究所首先決定他徙，既則研究院各所亦有此意嚮，但或主遷桂，或主遷川，莫衷壹是。來臺之議，自孟真師發之。或言臺灣民情隔閡，二二八事件可為前鑑。師決然曰：選擇臺灣即準備蹈海，何慮之有！」

（六）是歲先生在《歷史語言研究所集刊》發表之論著，有1.北宋刊南宋補刊十行本史記集解跋2.後漢書殘本跋等篇。（均收入《傅斯年全集》第三冊）

那廉君記先生為史語所收購「北宋刊南宋補刊本史記」之經過云：「記得抗戰勝利後，傅先生準備為史語所收購傅沅淑所藏的「北宋刊南宋補刊本史記」，傅先生並不因為這部書出自『藏園』，而就認為沒有問題。所以他自己鑒定之後，又請幾位先生看，最後派我到上海請教徐森玉先生，由徐先生說出這部書的來歷，然後才作決定。這部書買到之後，傅先生又很鄭重的把它放在胡適之先生家裏，又託胡先生設法託人由飛機帶到南京。到了南京之後，特地買了一只保險櫃，把這部書和同時在上海買的蝴蝶裝《文苑英華》以及敦煌卷子等一併放在裏面，自己還寫了一篇跋語。雖然傅先生主張這樣的收藏，但絕不是藏之篋中秘不示人的。傅先生對於買書的謹嚴和對於書的珍視，於此可以想見。」

中華民國三十八年（一九四九年）五十四歲

(一)主持歷史語言研究所務。

陳槃云：「中央各機構遷臺之初，經費無所著，僅賴本省銀行暫時之借墊。既則臺行窮於支應，此款亦聲明停付。研究所同仁聞訊，大起恐慌。師自臺大貽槃手書，囑轉告楊梅所中同仁，可安心工作。謂有如同仁至於絕糧，則渠亦不食。由於師之設法，及院當局之努力負責，本所經費難關，卒安然渡過。」

(二)一月二十日，就任國立臺灣大學校長。

(三)是年初，戡亂戰事急轉，蔣總統引退，由李宗仁任代總統，急謀和議。先生於二月四日致書李氏，力陳和議之非。

(四)先生為臺大教授黃得時書一短幅，曰：「歸骨於田橫之島」。具見先生志節之高，蓋久有蹈海之意矣。（槃成謹案：先生嘗語孟博先生曰：「共黨必敗，然余必不返矣！」）又常問姚從吾教授何時一起跳海。

(五)十一月，歷史語言研究所發掘臺灣大馬璘遺址。

(六)是歲,先生在《自由中國雜誌》、《臺灣大學校刊》及臺灣《新生報》發表之論著,計有:1.自由與平等。2.蘇聯究竟是一個什麼國家?(以上收入《傅斯年全集》第五冊)。3.臺灣大學選課制度之商榷。4.臺灣大學與學術研究。5.臺灣大學一年級新生錄取標準之解釋。6.國立臺灣大學第四次校慶演說詞等篇。(以上收入同上書第六冊)

〈國立臺灣大學第四次校慶演說詞〉的主要內容是:「今天是國立臺灣大學第四次校慶,我因為到校還不滿十個月,最初也不知這個校慶的日子是如何定的,後來才打聽到這是民國三十四年接收前日本臺北帝國大學的那一天。我當時就想;拿這個日子作校慶,對嗎?經過一番考慮,我的結論是:這個日子應該作我們的校慶。

誠然,我們現在這個大學的建設,絕大部分是在日本時代成就的,而且在日本時代這個大學也有些學術的成就,偏偏不幸的很,這四年來我們這個大學的進步不能算快,所以我們今天拿接收的日子作校慶,心中不無慚愧!但仔細想起來,日本時代這個大學的辦法,有他的特殊目的,就是和他的殖民政策配合的,又是他南進政策的工具。我們接收以後,是純粹的辦大學,是純粹的為辦大學而辦大學,沒有他的那個政策,也不許把大學作為任何學術外的目的工具。如果問辦大學是為什麼?我要說:辦大學為的是學術,為的是青年,為的是中國和世界的文化,這中間不包括工具主義,所以大學才有他的自尊性。這中間是專求真理,不包括利用大學作為人擠人的工具。由日本的臺北帝大變為中國的國立的臺灣大學，雖然物質上進步很少，但精神的改變，意義重大。臺灣省既然回到祖國的懷抱，則臺灣大學應該以尋求真理為目的，以人類尊嚴為人格，以擴充知識，利用天然，增厚民生，為工作的目標。所以這個大學在物質上雖然是二十多年了，在精神上卻只有四年，自然應該拿今天作我們的校慶。

國家在這一年中，非常辛苦，而且可以說是非常悲慘，我們也就在這個悲慘中渡過一年。但將來是大有希望的，真理必定戰敗魔術，愛國必定戰敗賣國者，中國民族五千年文化，必定不會泯滅，我們的大學一定要在這個中間盡他應盡的責任。……

諸位應該作到的第一件事，是敦品。敦品又可以說為「敦厚品行」。一個社會裡品行好的人多自然這個社會健全，好的人少，自然這個社會危險。青年是領導下一時代的，他們的品行在下一個時代的影響必然很大。大凡人與人相處，許多事情，與其責備人家，毋寧責備自己，責備自己的第一件事是自己是不是守信。在政治上，立信是第一要義，在個人也是如此，說話不算話，必然得不到好結果。……所以立信是做人做學問一切的根本，也是組織社會組織國家一切的根本。我今年雖是五十多歲的人，但是豈能無過，大過且有，何況小過，所以很希望跟諸位共同努力，假如我有說話靠不住的地方，開空頭支票的地方，務盼諸位向我說明，如果中間出于誤會，我當解釋明白，如果我有失信的她方，我必立即改正。

第二件希望諸位的是勵學，諸位要想一想，在這個苦難的時候能有這樣一個環境，已經算很有福氣了！這個遭遇，這個環境，是萬萬不可辜負的。在我這樣年齡，一年就是一年，在諸位這樣年齡，一年有十年之用，將來一輩子靠著在大學的這幾年，這是萬萬不可把他放鬆過的。

這些年來，大學裡最壞的風氣，是把拿到大學畢業證書當作第一件重要的事，其實在大學裡得到學問乃是最重要的事，得到證書乃是很次要的事。……諸位由學術的培養達到人格的培養，尤其是不可以忽略的。須知人格不是一個空的名詞，乃是一個積累的東西，積累人格，需要學問和思想的成分很多。

第三件我希望諸位的是愛國。這一點本來不必說，大家的本能如此。但是到了重要關頭，更應該看得清楚，我們這民族在世界上有一個特殊現象，現在世界上的民族中，沒有一個文化像我們這樣久遠而中間不斷的，我們不可以辜負我們這個文明先覺者的地位。我們這一百年來，受盡各種帝國主義的折磨，小的不必說，大的如英國帝國主義，日本帝國主義，帝俄和蘇聯的帝國主義，折磨到現在，越來越兇，更是危險，前兩個已無力量，後一個卻正在厲害動作中。我們現在要看清我們的面孔，想到我們的祖先，懷念我們的文化，在今天是絕不能屈服的。

第四件希望是愛人。愛國有時不夠，還須愛人。愛國有時失于空洞，雖然並不一定如此，至于愛人，卻是步步著實，天天可行的。孟子說：「無惻隱之心非人也」，愛人的觀念本是從這個心理基礎上起的。每天都有實行我們愛人的例子，每一件事都有實行我們愛的原則的機會。克服自私心，克服自己的利害心，便可走上愛人的大路，只要立志走上這個人道的大路，無論一個人的資質怎麼樣，每人都有作到釋迦牟尼或耶穌基督或林肯或國父孫中山先生的機會，至少分到他們的精神。

以上所說的四件事，敦品、勵學、愛國、愛人，或者有人覺得不過是老生常談，但老生常談有何不好？只看你能做到幾分。

附帶向諸位說一件事：一個大學必須大家要辦好，才能辦好，便可以辦的好，絕不是校長要辦好的。我所謂大家者包括全校教職員學生工友在內。

中華民國三十九年（一九五〇年）五十五歲

(二)主持臺灣大學校務及歷史語言研究所務。先生在臺大，夙夜憂勤，力謀改進，校務蒸蒸日上，深受師生之愛戴。

1.教授屈萬里記先生改進校務之情形，略云：「中日學制不同，日本大學的設備是不完全適合於中國大學的，中國大學一年級的全部課程和二年級的大部份課程，在日本，都已於高等學校裡修習了。所以由『臺北帝大』變成的臺灣大學，關於一、二年級應有的設備，如大教室、普通儀器、一般性的圖書等，或者壓根兒沒有，或雖有一些而距離實際需要甚遠。因而建築大教室，補充圖書儀器，乃是刻不容緩的事。孟真先生到校後就針對著這一方面，努力去做。去年夏天，已完成了十二間大教室；到現在為止，普通的圖書儀器，都已有大量的補充。在設備方面，勉強可以應付教學之用了。『臺北帝大』所遺下的第二個難題，是學生宿舍的缺乏。學生由『臺北帝大』的數百人，已增加到現在的三千多人。大部份的學生都沒有宿舍可住，影響學業至大，這情況是非常嚴重的。於是孟真先生又費盡心力，籌建學生宿舍。從他到任時起，就忙著這件事；到現在止，所有的學生宿舍，已能容納兩千人以上。學生住宿問題，至是又算解決了。他最敬重讀書人，他聘請教員非常慎重，也可以說對於教員名義的給予，是非常吝嗇的。對於好的教授，他百計千方地邀請他；可是也有不少大力的什麼委員什麼長之類的人，欲在臺大求一教職而不可得。兩年來臺大增加了不少的名教授，而同時孟真先生也得罪了不少的人。他這作風，不僅對學生的學業，有重大的影響；同時也把多年來為了窮而被人輕視的教員身份，無形中給提高了。教員是社會上的清流，士風關係國運，這對國家的影響是非常重大的。他對於招收學生之認真，真可以說是無以復加了。介紹學生而不由考試入學的事，固然絕對沒有；但就考試說吧，出題時之審慎，和印題時關防之嚴密，迥非外人所能想像。印題的場所，門窗都糊得撤土不透，室外密布著崗警。有人用『如臨大敵』四個字來形容它，卻恰到好處。兩年以來，筆者曾在這臨時監獄裡坐過三個整夜。關於公費生名額之爭取，擴充學生各種獎助金，他都不遺餘力。對於生病的窮苦學生，他想盡方法幫助他們。對於成績優越的學生，他真能愛才如命。對於職員的任用，他的作風也和別人不同。除了具有信託關係的人員之外，多半是經由考試的方式錄用的。沒有真正作事能力的人，無論什麼大力的人所介紹，他相應不理。可是，有許多毛遂自薦的人，經過詳細地談話之後，卻被他錄用了。有些人是因為在報紙或雜誌上發表文章，這文章被他欣賞，因而邀請來的。前任主任秘書現任總務長黃仲圖先生，原來與孟真先生並無一面之緣，孟真先生被發表做臺大校長時，黃先生曾函孟真先生，述說他對於整理臺大的意見，這意見被孟真先生所賞識，於是經過了幾度面談之後，黃先生就被聘為主任秘書。『用人惟才』，孟真先生真能說得到做得到。臺大六個學院，都還在整頓時期；加上圖書館、熱帶醫學研究所、附設醫院、實驗林管理處等龐大的附設機構，經常的事務，已經繁劇不堪了。兩年以來，意外的事故，又層出不窮。諸如房產的糾紛，匪諜案件，附設醫院各種事件，紛至沓來。尤其楊如萍的竊案，使他傷透腦筋。他平生最恨貪污，卻不料想臺大裡也有這種貪污事件之發生，他精神上已負了很多的創傷。而且，關於楊案的公文稿，很多是他親自撰擬的，文稿之長有的達萬字以上。『百憂感其心，萬事勞其形』，患血壓過高病多年的孟真先生，怎樣能受得住呢？」

2.學生趙元暉記述先生對學生之愛護，略云：「傅校長在我們同學的心目中已不僅是一位校長，他已經是臺大家庭中的家長，已經是同學們的親人。他平日除去辦理校務外，還兼管著同學們的生活，就像父親還兼做著母親的事情一樣。傅校長的心中，也只有我們同

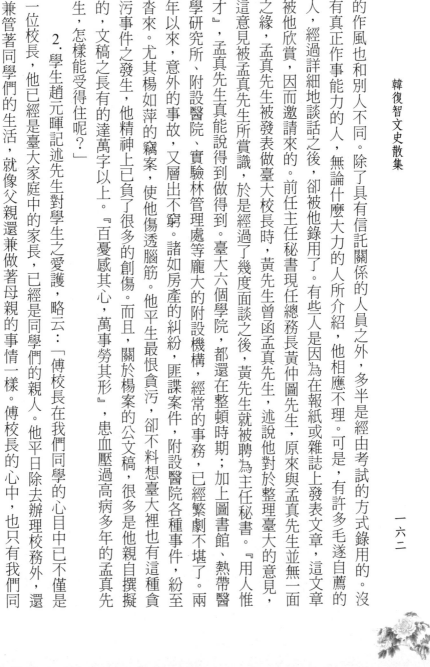

學。他自從來臺大以後，為了整頓臺大，把他自己的事情都擱置了，譬如他本來想寫些東西，但所有的時間都讓給了臺大，只好暫時擱置。校長初來臺大時，學校因接收不久，一切混亂，校舍破爛不堪。他第一步就是修理校舍，擴建教室，臺大現在已能容納三千多學生在上課。起初，校舍裡面情形一塌糊塗，不論教室、研究室以至於洗澡間都住有學生。他覺得要想同學能安心讀書，必得要有安定的生活環境，所以下決心要修建學生宿舍，現在宿舍已全部完成，全校同學要想寄宿的大致都能寄宿了。為了這事，外面有人攻擊得很厲害，但就我們同學來講，我們深深感謝校長的措施，有了宿舍，我們生活有了規律，可以節省許多時間。理工學院的學生對於時間一分一秒都是寶貴的，如何有那麼多的時間花費在走讀上，所以這種情形非校外人能夠了解的。為了宿舍問題，校長忍受別人的攻訐，而我們同學都是受惠，更不妨說是在享福。校長關心我們同學的生活不妨舉一個例，那便是對待我們學校患肺病的同學。在前學期學校舉行了一次全體學生愛克司光檢查，結果發現有幾十位同學都患有並不太輕的肺病。他著急非凡，馬上命令在校園內空氣好的地方讓出幾間房子，做同學的療養室，派有工友服侍。病重者准許休學，公費照發，病輕者准許退選一部份學分。另外學校每月贈給每位同學奶粉兩罐，魚肝油兩瓶，菜金三十元，其他校內福利，肺病的同學皆有優先權，現在有些同學已漸漸好了。臺灣籍的同學原不准領匪區救濟金，但校長為顧及其中有不少家境貧寒的，於是又設了臺灣省籍獎學金，這筆錢都是由校方經費中節省下來的。大學校長能夠苦心孤詣的為同學這樣關心，真不多見。校長平日最關心學生的功課，考試制度之嚴，為他校所罕見。我在讀大一的時候，考試時都要編號，尤其英文又分月考、大考、及統考。我那時真覺得他未免過於認真，心裡不免稍不高興，但是等我升了二年級以後，所用的課本都是難懂的原文，我才知道他以前那種苦心的原因了，心裡說不出的慚愧與敬服。平日校長對功課好的有種種獎勵，每年對成績優良者給獎勵或獎狀。假使你在學校裡出了亂子，校長第一件事就是叫註冊組送成績單給他，如果成績好的，不妨稍加『考慮』，如果功課又是糟糕，那你準得倒霉了。校長更注重同學的課外活動，凡是同學組織的社團對康樂有貢獻的都給予津貼，每學期都舉行運動、論文、演說比賽。每次論文比賽的卷子都要經過他親自審閱，待與教授商量過後，才作最後決定。其餘他最發生興趣的是英語演說競賽，他每次都去旁聽。我最敬服校長的還是他的民主作風，他自從出長臺大以來，一直是拿民主的辦法來搞的（對付共產黨是例外）。平常他含著一個煙斗在學校裡跑來跑去，有次他跑到生物實驗室去，看見同學正在看草履蟲，他說：『我在倫敦的時候也看過的』。有位同學開玩笑說你吹牛，他哈哈大笑而去。有時他跑到校內合作社去買麵包吃，常常給同學敲竹槓請客。平常他希望同學多多寫信給他，他總給予滿意答覆，我自己就曾經寫過幾封信，措詞並不太客氣，但很快就得回信，措詞還非常客氣呢！假使同學私人經濟實在困難去找校長，他也肯幫忙的。他最恨的，就是貪污，假使有人報告某人貪污，他決不客氣。我們的校刊上，每期都刊載著他的巨大廣告，籲請教授、職員、工友、學生、檢舉貪污。如果傅校長出來從政，必定也是一個最賢明的好官。」

3.學生林恭祖云：「傅校長是懂得青年心理的人，他體諒我們的困難，但如果同學的要求超過某限度以外，他會用方法勸導，俟我們心悅意服。記得校長來校接任不久，因為時局的急轉，外籍的同學都快要斷了炊，幾位同學代表去見校長，要求接濟，校長馬上答應。以後同學嫌數目太少，強著要求增加，校長就誠懇勸我們要知道滿足。最後他說：『你們別以為我是校長……汽車是公家給的，香煙是土製……穿的又是十幾年前的舊衣。』同學看看他那破舊的西裝，都默默的退出了。他又是最不會擺架子的人，他關心同學的生活，更喜歡和同學接近。校長辦公室的後邊，就是福利社和食堂，他每每趁著中午下辦公的小空間到食堂參觀同學用餐，有時在福利社買點蛋糕餅乾，我們就站成一個小圓圈緊緊的圍著他。他一面嚼著餅乾，一面說笑，那種洒落的風度，親切的談話，給我們同學很深的印象。校長又是最寬厚的人，在學校任是什麼人他都一視同仁，兩次校慶大會上都說起『學校的進步，就是靠諸位工人朋友……』的話。據說有一次一位同學有事去見他，到他家裏，卻見他正坐在榻榻米上意興濃濃和車夫下著象棋。」

(二)三月：先生以詩贈臺北市大陸書店主人張紫樹云：「憶昔兩京棲遲日，麻沙卷子盡摩娑，今來海上充祭酒，瀛珠一見輒網羅；紫樹善賈兼善識，論品評值常切磋，祝君泛海求奇本，築室以藏山之阿。」

(三)是歲，先生在《自由中國》、《中央日報》及《大陸雜誌》等刊物發表之論著，計有：1.我們為什麼要抗俄反共？2.共產黨的吸引力（以上收入《傅斯年全集》第五冊）。3.一個問題——中國的學校制度。4.中國學校制度的批評。5.關於臺大醫院（以上收入同上書第六冊）。6.國立臺灣大學法學院社會科學論叢發刊詞（收入同上書第四冊）。7.我對蕭伯納的看法等篇。（收入同上書第七冊）。

1.程滄波批評〈我對蕭伯納的看法〉一文云：「蕭伯納死後，世界文壇上追念的文字算是盛極一時。《美國時代雜誌》那兩大頁的論文，算內容最為豐富，而英美書報上所有關於蕭伯納的文章，其議論的精闢，和對蕭伯納思想與人格之剖析清澈，我看孟真所做的〈我看蕭伯納〉是首屈一指。〈我看蕭伯納〉大概是孟真最後一篇文章，這一篇短短的文章結束了孟真三十年的文字生涯；這一篇文章，是孟真『等身著作』的壓檯戲。孟真在那篇文章中說：他不是學戲劇，他也不是學文藝批評。但是，像蕭伯納這樣一個題目，不是一個專家寫得好的。這樣一個複雜、迷亂、幻景的題材與人物，不是具有豐富的中西學識，超特的智慧，是沒法下刀劈下去的。孟真那一篇文章，把一個蕭伯納，一刀劈下去了。蕭伯納經他這一劈，由神奇而化為舊朽，把蕭翁一生的魔術全揭穿了。孟真的不朽，那一篇文章就夠了。」

2.毛子水云：「（傅先生）在〈怎樣做白話文〉裏面說：『我們所以不滿意於舊文學，

只為他是不合於人性，不近人情的偽文學，缺少「人化」的文學。我們用理想上的新文字代替他，全憑這「容受人化」一條簡單的道理。……所以我們對於將來的白話文，希望他是「人的文學」。近來傅先生在《自由中國》第三卷第十期上所發表的〈我對蕭伯納的看法〉一文，亦可以說是這個「人化」文學的主張的表現。違返人性的文學不是『人化』的文學；空洞無物的文學亦不是『人化』的文學；『七寶樓台』，僅可作為茶餘酒後的賞玩的，更不是『人化』的文學。我在傅先生逝世前一天曾對他說：『這篇批評蕭伯納的文章，可以說是三十年讀書的心得。』這並不是過譽。總之，這篇文章，不特是可以代表傅先生『人化』文學的見解，並且是在世界文學批評史中有極高地位的作品。」

(四)1.夫人俞大綵女士敘述伉儷生活情形云：「傅夫人告訴記者，他跟傅校長的興趣是完全兩樣的。她在學校的時候，喜歡騎馬、溜冰、打網球、跳舞，還有各種社交活動，但是傅校長卻不然，他從來不會娛樂，他的腦筋裡祇是『書本、書本；工作，工作』。在歷年各地所有的戲劇和電影中，傅校長僅看過幾場卓別麟主演的片子，因為他覺得祇有卓別麟才是真正的藝術家。抗戰期間在重慶住了幾年，傅校長學會了下象棋，自此以後，晚上在家偶然閒暇無事，他便跟司機或工友下象棋。在臺灣，每天晚上十點鐘，他一定要打開收音機來聽『美國之聲』的廣播，此外他的興趣就完全擺在書本上了。為什麼傅夫人會跟傅校長結婚呢？她說最大的理由是她崇拜傅校長偉大的人格。她很謙虛地說：『如果比學問，我真不敢在他的面前抬起頭，所以我願意犧牲自己一切的嗜好和享受，追隨他，陪伴他，幫助他。結婚之後他沒有阻止我任何社交活動，但我完全自動放棄了。十幾年來我們的經濟狀況一直非常困苦，但我們仍然過得很美滿，很快樂。』」

2. 先生姪樂成敘述先生在台之生活，略云：「抗戰以前，在北平及南京，我和伯父同住在一起有兩三年之久。那時服務於教育界的人，還能稱得起為『小資產階級』，生活相當舒適。不過抗戰以後，便轉了個大彎。在重慶時，窮到每餐祇吃一盤『籐籐菜』，有時還喝稀飯。那時正是對日作戰局勢艱危的時候，他還須為國事憂愁忙碌。那種窮、愁、忙的生活環境，使他的黑髮突然變成全白，而『血壓高』的病，也在那時發生。這病緊緊追隨著他，至今已十年了。他曾慨嘆的對友人說：『我是從少年突然進入老年的。』自去年一月他來臺灣後，生活的刻苦，一如往昔。除了宿舍與交通工具由學校供給外，他和伯母的每月收入，都用在吃飯上。碰到急用，就得借錢。有時得點稿費，便大逛書店，買一堆書回來。總之，他經常是囊空如洗的。某個月底的一天早晨，我正在房中看報，聽見伯父在臥室中對伯母說：『有錢嗎？拿拾塊來。』伯母說：『我祇剩幾塊錢了，還得買菜。』伯父說：『那就算了。』過了一會，又聽到伯母問他：『到底要不要？我好去想辦法。』我在校中偶對同事提起此事，同事皆為之嘆息。誰能想到他們會為拾塊錢去『想辦法』呢？前些時他為《大陸雜誌》寫了一篇文章，得稿費七百元，預備請我們吃頓烤牛肉，剩下的錢做條棉褲。然而又誰能想到他會賣文章來做棉褲呢？他對這種清苦的生活，總是安之如素，我從未見他向人哭窮過。記得在南京將要動身來臺之時，他曾對我說：『今後不要再想以往的生活，我們到臺灣後，要準備過苦工甚至奴隸的生活！』伯父是懷著作苦工作奴隸的決心來臺灣的，所以他對自己的生活，並未感到不滿。相反的，卻時常為別人的生活而著急。他竭力設法幫助清寒的員生，不斷的替人家找工作。常聽他說，某某人家口太多，如何得了。又常常在吃飯時說：『學生們的菜，是一碗清水煮蘿蔔，怎樣夠營養？』有一次他到學生食堂去參觀，看到有位學生在吃牛油，便連忙勸那位學生分給大家吃。他屢次要把家中每月剩餘的米和煤送給學生食堂，總因為數過少，沒有好意思送去。一次有人告訴他某人有西裝數十套，他說『一個人有五套衣服，就足夠了，我真不明白要這麼多的衣服作什麼用？』又有人告訴他某人極有錢，他說：『既然這麼有錢，為什麼不捐出來？』諸如此類的話，有時會令聞者失笑。我的伯父激烈反共，同時也極端痛恨世界上貧富不均的現象，這一點是大家知道的。他經常每日在校辦公六小時以上，一進辦公室，便無一分鐘的休息，有時還須參加校外的集會。他對校務，幾乎是無事不做。校長辦公室的秘書那先生，住在我家中，時常被半夜裏叫起來處理校務。這種辦法，平時即連家中人都不大贊成。他那種希望臺大趕快辦好的意念，竟使他坐臥不安。他在家中，一有閒暇多半是讀書或寫文章。有時用怪腔調哼詩詞，聲震全室，我的伯母常常學他以為樂。有時在吃飯時獨自微笑，用手在桌上寫字，家中人看慣了，卻不以為奇。兩年以來，他大概看過電影和京戲各一、二次，他經常的娛樂，便是下象棋。技術雖不精，卻是個棋迷，臺大的楊司機便是他的唯一棋友。二人下得起勁時，『跳馬』『出車』與棋盤砰砰之聲，不絕於耳。有時他還在住宅附近的街上，與『擺棋式』的對壘，自然是損兵折將而還。此外，他頗喜歡逛舊書店，臺北的舊書店老闆，多半與他熟識，他每逛必買，甚至於賒，總不空手而回。我伯母養的幾隻貓，也是他解悶的對象，時常抱著它們向它們講話。有一天，他指著懷中的黃花肥貓對我們說：『在我們家中，它是第一胖，我祇能算第二。』引得大家發笑。除了這三件事算是他閒暇中的娛樂外，所有的時間，是緊張而嚴肅的。他從未在晚十二點以前休息，一兩點就寢是常事，第二天早晨不到八點鐘便起來。午覺並不常睡，偶隔三兩天，在飯後聽到他在房中鼾聲大作，便知道他是疲倦已極，正在尋覓片刻的休息了。晚飯以後，正是他與我們談論天下大事的時候。每值局勢不利，他木然而坐，問半天纔答一句話。近來局面開朗，便笑口常開，有時會自動說出些好消息來。他不肯在國家危難之時，離開臺灣跑到安全的地方去。去年，他到機場送一位親戚赴美，臨別時那位親戚隨便的對他說：『希望不久能在美國相見。』他立刻正色答道：『我要留在臺灣，我是絕對不到美國去的。』弄得那位親戚很難為情。今年韓戰爆發不久，他對那秘書說：『前些時局勢非常可慮，不過我還鎮定，我準備必要時一瓶安眠藥作個結束，所幸至今已經有了轉機。』他極端卑視那般無恥的『靠攏』者，若有人報告他某某熟人『靠攏』了，他總是低頭不語。臉上顯出極度痛苦。這類消息，有時比戰事失利對他的打擊還要厲害。關於他的病，三十年在重慶時，曾一度危殆，此後病魔一直纏擾著他。他平常祇以不吃鹽和肉來作抵制，他每餐祇吃點不放鹽的青菜及米飯，有時還吃些鳳梨或橘子。可是這辦法不能徹底實行，一來因為校內及校外的集會太多，二來這種淡而無味的食品也實在難以下嚥。因此在家中吃飯時，筷子常會伸到我們的菜碗裏來，有時還背了伯母去到街頭吃餛飩或包子。他平常向不量血壓，因怕得知病情後而妨礙工作，他為工作把病撇在腦後。今年春天，血壓突然增高；醫生親友無不勸他作長期的休養，但他不聽。夏天他又患膽石症，稍見痊癒便又辦起公來。最近因錢教務長赴法，使他更為忙碌。」

（五）十二月二十日，下午十一時二十分，以腦溢血病逝於臺灣省議會議場。二十一日臺北市《中央日報》記載先生之逝世情形，略云：「傅先生昨天下午二時二十五分列席參議會第五次會議，準備答覆參議員的教育詢問中有關臺大問題。五時四十分，他接著陳雪屏廳長上臺，答覆參議員的詢問。當答覆完教育部搶運來臺存放臺大器材處理，和放寬臺大招生尺度問題後，他還高呼：『我對有才能，有智力而貧窮的學生，絕對要扶植他們。』之後，他說完『我晚上八時不能來開會了』以後，回頭看牆上時鐘已經指向六時十分，於是，他慢步返回座位。當李副議長宣佈散會後，起身欲行離開會場之際，省參議會秘書長連震東趨前和他握手，突然覺他的手冷得可怕，問他是否不舒服，他邊答邊摸腦袋說：「我不行了，不行了！」作頭暈狀。接著劉傳來參議員正想和他握手時，他即暈倒。其時連秘書長、陳廳長、劉參議員及在場參議員見狀急忙將坐椅拼攏，把傅校長扶臥上去。並由劉參議員替他按脈，診悉他血壓甚高，一面促人取冷水貼額，並以其皮包作枕墊起頭顱，一面電告傅校長夫人俞大綵女士，臺大附屬醫院魏火曜院長。六時卅分，魏院長及臺大醫學院代院長葉曙、內科副教授王文杰、臺大護士長陳翠玉及五名護士聞訊趕到，見傅校長已陷入昏睡狀態，經診斷為腦溢血後，當即施以應急處置，抽血三百CC，時其血壓高至二九〇度。七時廿分，國防醫學院院長盧致德及內科教授丁農，臺大醫學院耳鼻眼喉科教授林天賜，細菌學教授嚴智鐘等，亦聞訊趕到，在互相磋商之下，繼續施以種種救急治療，再次抽血一百五十CC。此時王世杰、陳誠夫婦、何應欽、程天放、羅家倫、吳國楨、朱家驊、雷震、杭立武、倪文亞、鄭通和、李萬居、王祖祥、顏春輝、浦薛鳳、陳雪屏、董作賓、李濟、薩孟武、魏火曜、鍾盛標、彭九生、陳振鐸、傅啟學、黃仲圖、方東美、毛子水、蘇薌雨、余又蓀、黃文、英千里、芮逸夫、勞榦相繼聞訊趕來探視。九時三十分鐘，傅校長血壓亦漸降低至二百八十度左右，體溫降至三十八度，情狀比較好轉。王世杰、陳誠夫婦，由羅家倫等勸慰先行回寓。不料到十一時，血壓又變高至二百三十度，體溫又回復四十度，延至十一時廿二分終告不治。傅夫人俞大綵，羅家倫及在場諸人均悲傷痛哭。至十一時卅七分，陳誠夫婦趕來，已不能與他作最後一語。當時即由陳院長及羅家倫先生等諸人主持商討傅氏身後事宜，發訃文，組織治喪委員會，電告在美傅內兄俞大維及子傅仁軌。十二時一刻，代為更衣，遂即移靈到極樂殯儀館。」

（六）因十二月二十一日，先生遺體暫厝極樂殯儀館。臺灣大學停課一天，並下半旗致哀。全校師生聞耗，莫不同聲哀悼。

（七）十二月二十二日，先生移體大殮，送往火葬場火化。

（八）十二月三十日，蔣總統明令褒揚先生。

（九）十二月三十一日，治喪委員會及臺灣大學假臺大法學院大禮堂舉行追悼會，蔣總統親臨主祭，並頒「國失師表」輓幛，對此學術界巨星之去世，無限悼惜。各界前往致祭者達五千餘人。

（十）先生之喪，各界致送輓聯二百七十餘幅，輓詩六十餘首，輓詞二十餘首，祭文六篇，中西文悼唁函電九十餘封。

（十一）各報章及先生親友學生著文追悼先生者，亦復不少，計得一百二十餘篇。其中對先生學行事業，頗多論列。

中華民國四十年（一九五一年）

（一）二月六日，傅故校長籌委會決議1.骨灰安葬於校區。2.建立銅像。3.編印遺著及紀念刊物。

(二)二月二十二日，物理系學生崔伯銓提議鑄紀念鐘一口。

(三)三月二十六日，紀念鐘圖形繪好，即開工鑄造。

(四)四月八日，三十九學年度第二次校務會議，洪炎秋、洪耀勳、蘇薌雨三教授提議，以「敦品勵學，愛國愛人」（傅校長在第四週年校慶演說詞）八字為校訓。

(五)五月一日，傅校長墓亭破土。哀輓錄付印。鐘正鑄造中。此即後來所謂的「傅鐘」。

(六)六月十五日，國立臺灣大學出版《傅故校長哀輓錄》全一冊。

(七)十二月二十日，國立臺灣大學安葬先生骨灰於臺灣大學植物園，後來稱為「傅園」。

中華民國四十一年（一九五二年）

十二月，國立臺灣大學出版《傅孟真先生集》，共六冊。

十二月十日，胡適為《傅孟真先生集》作序，他在序文裡說：傅孟真先生的遺著共分三編。上編是他做學生時代的文字，其中絕大部分是他在《新潮》雜誌上發表的文字；其中最後一部分是他在歐洲留學時期寫給顧頡剛先生討論古史的通信。中編是他的學術論著，共分七組：從甲到戊，是他在中山大學，北京大學的講義殘稿，己組是他的專著《性命古訓辨證》，庚組是他的學術論文集。下編是他最後十幾年（民國二十一年到三十九年）發表的時事評論。孟真曾說：『每一書保存的原料越多越好，修理的越整齊越糟（中編丁，葉四

○）。』這一部遺集的編輯，特別注重原料的保存，從他做學生時期的文字，到他在臺灣大學校長任內討論教育問題的文字，凡此時能搜集到的，都保存在這裡。這裡最缺乏的是孟真一生同親屬朋友往來的通信。這一部遺著，加上將來必須搜集保存的通信，——他給親屬朋友的，親屬朋友給他的，——就是這個天才最高，最可敬愛的人的全部傳記材料了。

孟真是人間一個最希有的天才。他的記憶力最強，理解力也最強。他能做最細密的繡花針工夫，他又有最大膽的大刀闊斧本領。他是最能做學問的學人，同時他又是最能辦事，最有組織才幹的天生領袖人物。他的情感是最有熱力，往往帶有爆炸性的；同時他又是最溫柔，最富於理智，最有條理的一個可愛可親的人。這都是人世最難得合併在一個人身上的才性，而我們的孟真確能一身兼有這些最難兼有的品性與才能。

孟真離開我們已兩年了，但我們在這部遺集裡還可以深深的感覺到他的才氣縱橫，感覺到他的心思細密；感覺到他罵人的火氣，也感覺到他愛朋友，了解朋友，鼓勵朋友的真摯親切。民國十五年，孟真同我在巴黎相聚了幾天，有一天，他大罵丁在君，他說：「我若見了丁文江，一定要殺他！」後來我在北京介紹他認識在君，我笑著對他說：「這就是你當年要殺的丁文江！」不久他們成了互相愛敬的好朋友。我現在重讀孟真的〈我所認識的丁文江先生〉同〈丁文江一個人物的幾片光彩〉，我回想到那年在君在長沙病危，孟真從北平趕去看護他的情狀，我想念這兩位最可愛，最有光彩的亡友，真忍不住熱淚落在這紙上了。

孟真這部遺集裡，最有永久價值的學術論著是在中編的庚組。這二十多篇裡，有許多繼往開來的大文章。孟真在〈歷史語言研究所工作之旨趣〉（中編庚，葉一六九——一八二）裡，給他一生精力專注的研究機構定下了三條宗旨：

(1)凡能直接研究材料，便進步。凡間接的研究前人所研究或前人所創造的系統，而不能豐富細密的參照所包含的事實，便退步。

(2)凡一種學問能擴張他研究的材料，便進步。不能的，便退步。

(3)凡一種學問能擴充他作研究時應用的工具的，便進步。不能的，便退步。

但他在《史學方法導論》（中編丁，葉一——五三）裡，曾指出：

直接材料每每殘缺，每每偏于小事。「若」不靠較為普遍，略具系統的間接材料先作說明，何從了解這一件直接材料？（葉五）

若是我們不先對于間接材料有一番細工夫，這些直接材料之意義和位置，是不知道的。不知道，則無從使用。（葉五）

我們要能得到前人所得不到的史料，然後可以超越前人。我們要能使用新得材料于遺傳材料之上，然後可以超越同見這材料的同時人。（葉六）

孟真的庚組裡許多大文章都是真能做到他自己標舉出來的理想境界的。試看他的〈新獲卜辭寫本後記跋〉（中編庚，葉一九二——二三五），他看了董彥堂先生新得的兩塊卜辭，兩片一共只有五個字，他就能推想到兩個古史大問題——楚之先世，殷周之關係——都可以從這兩片五個殘字上得到重要的證實。這種大文章，真是「能使用新的材料於遺傳材料之上」；真是能「先對於間接材料有一番細工夫」，然後能確切了解新得的直接材料的「意義和位置」。所以我們承認這一類的文字是繼往開來的大文章。

我們重讀孟真這些最有光彩的學術論著，更不能不為國家，為學術，懷念痛惜這一位能繼往開來的偉大學人！

（本文原刊於《臺大歷史學報》第二十期，〈傅故校長孟真先生百齡紀念論文集〉，中國民國八十五（一九九六）年十一月出版）

2. 東漢由統一走向分裂的本源

一、前言

「話說天下大勢，分久必合，合久必分。」盡人皆知，這是《三國演義》的開場白。然就中國歷史自秦漢以來發展的軌跡而言，這句極具概括性的話，可說是十分正確的，是句「令人難以駁倒的話」，也是「二千年來中國歷史一針見血的口訣」。自古以來，人世間一切事務的發生，有偶然的，有必然的，也有人認為它是有規律的，如十年河東，十年河西。一治一亂的循環，此即所謂「歷史規律」。這些問題，均不擬在此加以討論。惟所謂「分久必合，合久必分，」就等於說「亂久必治，治久必亂」。然在中國歷史上，既無驟合，亦無驟分。亦就是既無驟治，亦無驟亂。分、合、治、亂、興、衰都是由許多複雜的因素逐漸形成的。在歷史發展的過程中，往往在興盛的時候，就潛伏著衰亂的危機，在統一的時候，就埋下了分裂的種子。故一合一分，一治一亂之間，往往是因果相聯的。因此，東漢由合而分，亦即由統一走向分裂，也必定有它的根本原因。太史公云：「述往事，思來者」，「志古之道；所以自鏡也」。述往事即志古，思來者即自鏡。本文試圖透過總結歷史經驗，析述事勢變化，借前車之鑒，以期為中國未來的走向提供一點點意見。

東漢政權自光武帝建武元年(25A.D.)建立，到獻帝延康元年(220A.D.)「受禪」於曹丕結束。前後共一九五年。建武十三年(37A.D.)光武帝先後削平各地割據勢力，完成統一，到靈帝中平元年(184A.D.)黃巾起事，東漢開始分裂，歷時一百四十餘年。在此統一期間，固然是「書同文，車同軌，人同倫。舟輿所通，人跡所至，靡不貢職。」「吏稱其官，民安其業，遠近肅服，戶口滋殖。」的承平景象。然於分裂之後，則是兵連禍結，災荒頻仍，全國黎民百姓或死於干戈，或斃於饑饉，或亡於疾病，或變為流民，或淪為奴隸。其悲慘情狀，王粲在〈七哀詩〉裡有怵目驚心的描述：

> 出門無所見，白骨蔽平原。路有飢婦人，抱子棄草間；顧聞號泣聲，揮涕獨不還。未知身死處。何能兩相完。

又三國時吳人胡綜對漢末以來的悽慘景象亦發出如下的感歎：

> 天綱弛絕，四海分崩，群生憔悴，士人播越，兵寇所加，邑無居民，風塵煙火；往往而處，自三代以來，大亂之極，未有若今時者也。

這種由治而亂，亦即由統一走向分裂的本源究竟是什麼？關於這個問題，今人雖有論析，然大多是部分的，而非全面的，故仍有值得探討的價值。

二、由統一走向分裂的本源

1.從光武帝的識量與開國規模探索由合而分的本源

新朝覆滅後，全國反對王莽的勢力，經過十有餘年的衝突、屠殺和分裂，最後由東漢的建立者光武帝（劉秀）平定各地割據勢力，全中國始歸統一。然而，這大統一的政局不久便逐漸走向分裂。追本溯源，首先應從光武帝本身來探討。因為他貴為天子，全國最高的主宰者；他的意念和行為沒有人可以限制他，政府所有的官吏都要對他負責，因此政治上的良窳，完全繫於他一身，他的識量與開國規模也必然影響到東漢的治亂與分合。

光武帝於微時雖無大志，最大的願望只是「仕宦當做執金吾，娶妻當得陰麗華。」然而當他登上皇帝寶座之後，貪戀權位和猜忌之心卻表現的格外強烈。當時有些政治措施，如表彰氣節，崇尚儒術，提倡節儉，大赦囚徒、減省刑法。釋放奴婢、矚恤孤寡，寬免租稅，招撫流亡等，確實產生一些良好的作用，頗受後世史家的好評外。同時亦具有很深的家天下觀念。光武帝誠然是一個好皇帝，但究竟不是一位聖君，因此他自然沒有天下為公的識量。「心目中最大的政治問題似乎只是怎樣鞏固自己和子孫的權位而已。」「明慎政體」的光武帝，吸取西漢歷史的教訓，不師法漢高祖用殘酷手段誅戮功臣，改採陰柔與妥善安置的辦法，以消除功臣對皇權的威脅，他以高秩厚祿謝退同他一起打天下的開國功臣，「封功臣皆為列侯，大國四縣，餘各有差。」對他們備加優禮，並解除其兵權，「不任以吏職」，防止他們在政治上發生作用。其次，外戚王莽乘勢篡漢，是光武帝親見親聞的事實，為避免舊事重演，嚴加防止外戚干政，直到明帝時還「遵奉建武制度，無敢違者。後宮之家，不得封侯與政。」

光武少時游學長安，受尚書於中大夫廬江許子威，略通大義。他是一個讀過書的人，亦當從法家思想中領略一些為君之道。法家認為：「權者君之所獨制也。人主失守則危；」「權制獨斷於君則威」。「能獨斷者，故可以為天下主。」「權勢不可以借人，上失其一，臣以為百。」「人主之所以身危國亡者，大臣太貴，左右太威也。……今大臣得威，左右擅勢，是人主失力，人主失力而能有國者，千無一人。」總之，法家主張君主要獨攬大權，實行專制，否則就不可能有鞏固的皇權。所以，他即位後，總結了歷史經驗，鑒於「王莽以舅后之家，三司鼎足冢宰之權勢，依託周公、霍光輔幼歸政之義，遂以篡叛，僭號自立。」因此，他深知要鞏固自己和子孫的權位，君主必須自己掌握政權，即如范曄所說「總攬權綱」，統一調度。長久之計，最妥善的辦法，就是變革制度。

為達到穩固的統治，他首先改變中央的三公制度。漢承秦制，在西漢初期，皇室和政府的職權是劃分開的，皇權與相權也是分開的，皇帝是國家的元首，實際政權不在皇室而在政府。中央政府最高的官吏，仍是丞相、太尉、御史大夫，稱之為「三公」，丞相掌管國家大政，是文官首長；太尉掌軍事，是武官首長；御史大夫掌監察，輔佐丞相，統理天下，是副丞相。然因尚有典正法度的特別職務，故權力很大，皇帝詔書先下御史大夫，然後由他轉給丞相，下百官。太尉雖然與丞相尊位相等，實際除軍事外，不預聞其他政事。因此丞相是政府中最高行政長官。有人把這種制度稱作「三權分工」，並指出這與美國的「三權分立」不同。在沒有三權分立之時，這「三權分工」究竟要遠優於霍光以後的權臣包攬一切了。但是到了雄才大略的漢武帝，喜歡攬權，並猜防宰相，於是把處理政務的實權，從宰相轉移到替他掌管文書的尚書手中。他臨死前，認為太子年幼，由母后在宮內管事不好，因命「侍中奉車都尉霍光為大司馬大將軍，受遺詔輔少主。」昭帝立，「大將軍光秉政，領尚書事，」「政事壹決於光」。由於他替皇帝「領尚書事」，而掌握大權，這就成為在丞相、太尉和御史大夫之上，皇帝之下的第一號人物，雖然在法理上，丞相的排名在他之前，自宣帝以後，仍然是由大司馬大將軍外戚輔政，王莽就是由大司馬大將軍而掌握大權後篡漢的。東漢光武，懲於前代之失，深怕大權旁落，便索性把政權控制在自己手中，於是壓低三公的地位，奪去他們的實權，將政務重心轉移到尚書臺，並對他們加以摧折。就三公與尚書臺的官職等級而言，尚書臺的長官尚書令祿只有千石，而三公之祿各萬石。所以尚書的地位很低。光武帝認為這樣就可使「有位的無權，有權的無位，可以杜絕臣下作威作福了。」也就可減輕盜權竊柄的疑慮了。誠然，光武、明、章諸帝有能力貫徹實行這種制度，然自和帝以後之諸帝，大多年幼即位，而且又都短命，由母后臨朝攝政，外戚、宦官便先後當權，三公九卿只是奉命辦事。當年光武帝變革中央官制的用心，到東漢末年完全失敗。他絕未料到他那破壞丞（宰）相制度與摧折三公的舉措，反成為促成東漢由統一走向分裂的禍源。此正如清人華湛恩在其〈後漢三公年表〉序中所說：

> 光武中興，賢主也。其不任三公，政歸臺閣，欲使權不下移，政由上出也。迨至再傳而後，禍起於貴戚，極於宦官，而漢以不振。吾嘗反覆其故，而嘆光武之貽禍烈也。

其次、光武帝為集大權於一己之手，而提高刺史職權，埋下了日後地方割據的種子。光武帝及其後繼者，為鞏固政權，而加強監察制度，以期對全國官吏作有效的監督，對地方政府實行有力的控制起見，採取了三項措施：（1）壓低司空的地位，不便負責監察，而提高地位較低的御史中丞的權力。（2）授予司隸校尉很大權力，以限制外戚、宦官等權臣的不法行為。（3）提高刺史的職權。前兩項措施，確對加強皇權產生相當作用。惟提高及逐漸擴大刺史的職權，導致後來割據勢力的形成。刺史的設置，始於漢武帝元封五年（106B.C.），目的是加強對郡國守相與強宗豪右的監察，以鞏固其統治權。到成帝時，改刺史為州牧，並把他的秩祿從原來六百石增加到二千石，位雖在守相之上，但他的職權並沒有改變。哀帝時，認為州牧之權過大，於是罷州牧，復置刺史，秩仍為六百石。到了平帝，復置州牧。州牧沒有固定治所，每年周行所屬郡國，年終親赴京師陳奏，如果有所參劾，上奏後，皇帝將案情交給三公，由三公派員按驗，然後決定黜罰。光武帝建武十八年(42A.D.)，改州牧為刺史，設有固定治所，年終遣吏入奏，不必親赴京師，而且他的參劾，也不必再經三公按驗，而直接聽候皇帝定奪。這樣便削減了司空的職權而提高了刺史的權力。而且到安帝時，因為戰爭的需要，刺史可領兵出征。順帝時，更在詔書中明令刺史指揮諸郡，並且把刺史名銜排在「二千石」前，這樣已等於是地方的最高行政長官了。靈帝時，因為「政化衰缺」，四方亂起，中平五年(188A.D.)，靈帝採納了太常劉焉以為「刺史威輕，既不能禁，且用非其人，輒增暴亂，」建議改置州牧，選朝廷清名重臣出任州牧，「出劉焉為監軍使者，領益州牧，太僕黃琬為豫州牧，宗正劉虞為幽州牧，皆以本秩居職。州任之重，自此而始，」後來逐漸形成據地自雄的武裝集團，東漢遂告分裂瓦解。追本溯源，都是當初光武帝提高刺史職權與後來擴大其權力的結果。

再次、光武帝變革地方軍制，導致了後來東漢的分裂與亂亡。孫子說：「兵者，國家之大事也。死生之地，存亡之道，不可不察也。」孔子曰：「足食足兵」。西漢的兵制是全國徵兵制，凡屬及齡的壯丁都要服兩種兵役，即屯戍和正卒。各郡的正卒統屬於太守，由都尉指揮監督。每年秋天都要集合操演一次，這是大檢閱，課其殿最，稱為都試，為期一個月。期滿返鄉，國家有事，隨時召集服役。西漢末年，不軌之徒常乘都試期間，劫勒部隊，起而為亂，這是光武帝曾親自體驗過的。他和劉縯當初起兵，亦本想利用這種機會，以便號召，只因計謀洩露而提早發難。故光武帝有鑒於此，為了強幹弱枝、預防反側，而鞏固政權的目的，於建武六年（3A.D.）下詔「罷郡國都尉官」。〈後漢書・百官志五〉亦載云：

> 中興建武六年，有諸郡都尉，并職太守，無都試之役（注引應劭曰：「每有劇賊，郡臨時置都尉，事訖罷之。」）。省關都尉，唯邊郡往往置都尉及屬國都尉。

罷除了都試，地方軍隊就不訓練，所以次年三月又罷輕車、騎士、材官、樓船等兵種。〈後漢書・光武帝紀〉謂：今國有眾軍，並多精勇，宜且罷輕車、騎士、材官、樓船士及軍假吏，令還復民伍。

但是地方上壯丁的軍籍，並沒有取消，國家有事，仍然臨時徵發，「事迄罷之」。所以這道詔令使得後來東漢的人民雖然仍有服兵役的義務，卻沒有受軍事訓練的機會了。國家有事時，就徵發平時沒有接受軍事訓練的郡國兵，這些烏合之眾，怎能抵禦平素習於戰爭的羌狄？無異於驅豚羊鬥豺虎，白白犧牲，所以每戰常敗。尤其一旦邊疆有警，郡國兵既不中用，同時，又因為內郡臨時徵兵，遠不如募兵方便，故不得不「倚靠僱傭的外籍兵，即所謂胡兵；而胡兵兇暴，蹂躪邊民，又需索犒賞，費用潔繁」，逼得漢人多逃亡流徙，推其禍源，都是光武帝為了防止人民造反而廢除地方軍事教育和武裝所造成的。東漢末年名儒應劭即明白的指出光武帝變革地方軍制所造成的影響。

蓋天生五材，民並用之，廢一不可，誰能去兵？兵之設尚矣……自郡國罷材官騎士之後，官無警備，實啟寇心。一方有難，三面救之，發興雷震，煙蒸電激，一切取辦，黔首囂然。不及講其射御，用其戒誓，一旦驅之以即強敵，猶鳩鵲捕鷹鸇，豚羊弋豹虎。是以每戰常負，王旗不振。張角懷挾妖偽，遐邇搖蕩，八州并發，煙炎絳天，牧守梟裂，流血成川。爾乃遠徵三邊殊俗之兵，非我族類，忿鷙縱橫，多僵良善，以為己功，財貨糞土。哀夫民氓，遷流之咎，見出在茲。不教而戰，是謂棄之。跡其禍敗，豈虛也哉。

在此特別要說明的，東漢大舉招集募兵，是在靈帝時，當時因為黃巾之亂，屯兵不足徵調，所以大舉招募，例如皇甫嵩、朱儁等的平亂軍中，就有大量募兵。但募兵制最大的缺點，就是容易把國家的軍隊轉化成私人武力，而產生軍閥。東漢的最大邊患是西羌，其次是鮮卑。到了末年，由於政府長期派大軍戍守邊郡，不但使得國家財政陷入困境，更產生董卓、公孫瓚等不少軍閥。其中尤以屯兵涼州的董卓，目睹政治腐敗，國家衰亂，萌起擁兵自雄的野心。靈帝中平六年（189A.D.），董卓擅自駐兵在河東，以觀時局的變化，後來乘輔政的大將軍何進召他入京威脅太后誅除宦官的機會，率兵進入京城後，竟冒大不諱，廢君立帝，即招致以袁紹為首的諸州郡起兵討卓。自此以後，中央政令不行，綱紀全失，各地討卓之兵，更借機各據地盤，接著是諸軍閥的混戰，東漢便告分裂，演變成三國鼎立的局面。所以造成東漢分裂的，董卓固然是罪魁禍首，但其本源，光武帝難辭其咎。

2.從中央政府的腐敗墮落尋析分裂的病源

治史者誰都知道，西漢亡於外戚，東漢亡於宦官。然而東漢之亡於宦官，只是東漢分裂亂亡的病癥罔效的結果，而不是其病源。其病源當是為什麼東漢會由合而分？所以要探索它的病源，必須從統一的中央政府逐漸腐敗墮落說起。此之所謂中央政府，包括皇室、政府、外戚與宦官。今分述於下。

從光武、明、章到和帝，歷時八十年，為東漢的盛世。自和帝以後，繼位的君主大都幼弱昏闇，壽命又短，所以由母后掌握政權，因而形成外戚宦官輪番專權的局面。外戚大多是些德義不修、驕縱奢侈之輩，而宦官更多是品類低下窮凶極惡的分子。在這昏暗的政治下，全國問題重重，選舉制度腐化起來。例如李固順帝陽嘉二年（133A.D.）對策中說：「古之進者，有德有命；今之進者，唯財與力。」自順帝永和六年（141A.D.）到桓帝延熹二年（159A.D.），為大將軍梁冀專政時期。冀殘暴縱恣，其瘋狂貪污為漢代外戚第一人。他毒死「少而聰慧」的質帝，枉誅太尉李固、杜喬等人。在這「直如弦，死道邊；曲如鉤，反封侯。」的黑暗時代，選舉制度當然也遭受到梁冀及其黨徒的嚴重破壞。漢代君主的昏暴淫亂，到桓、靈二帝時已達極點，東漢的國運也到了盡頭。范曄慨然的說：

自桓、靈之間，君道秕僻，朝綱日陵，國隙屢啟，自中智以下，靡不審其崩離。

東漢中葉以後，西部邊陲發生羌患，羌兵雖然強不如匈奴，眾也不比鮮卑，但是為患中國甚於匈奴、鮮卑，此是因為他們移居塞內的緣故。胡漢雜居，由於風俗習慣不同，言語不通，本來不易相處。加以東漢後期，政治腐敗，邊疆吏治的敗壞，地方官吏和豪族對羌人歧視虐待，毫無忌憚，便激起他們的叛漢運動。當時漢軍雖然以壓倒之優勢進擊，但常被打敗，《潛夫論》的作者王符認為這完全是公卿將吏的過失。所以邊郡將帥的恐羌心理，與公卿棄邊退守的主張相合，便使得羌勢轉盛，而二千石、令、長都紛紛爭相內徙，以避羌患。使得西部經濟遭受嚴重的損害，邊民遭受空前的災難。因此他堅決反對朝廷公卿大臣棄邊退卻的意圖，認為以戰始能止戰，希望朝廷早日制定戰守的政策，及時選派大將，統兵救邊。救邊乃無患，邊郡無患，然後再平均苦樂和傜役，充實邊境，實為安定國家的要術。事實上，因為連年戰爭，繼之旱災蝗災與饑荒，使得人民痛苦不堪與社會不安遍及全國。這種情勢發展到靈帝中平元年（184A.D.），黃巾之亂終於繼羌患爆發，而東漢遂告分崩離析。

在自然經濟時代，土地是財富的基礎，財產又是權力的基礎。求名逐利是人類的天性。因此從戰國到秦漢，絕大數人的活動，最終都是以取得廣大的土地為目的。如司馬遷說：「以末致財，用本守之」。因此人們一旦獲得相當的金錢。就購買土地，如不能用經濟手段兼併，即用政治手段奪取。例如外戚梁冀，他雖然已富傾天下，但仍貪得無厭，還想盡辦法吞併地方富豪的財產。他派到地方上的官吏，都是些「貪叨凶淫」之徒。他們各遣私客登錄所屬諸縣富人，然後誣陷下獄，使出錢自贖，錢拿少的就被死或遠徙邊疆。這在太學生劉陶上桓帝疏中有很詳實的奏陳。後來，以宦官為首的濁流豪族，都像餓虎飢狼似的，張牙舞爪，噬食人民，竭力兼併起土地來了。劇烈的兼併，得財富土地集中於少數人之手，如仲長統所說：

豪人之室，連棟數百，膏田滿野，奴婢千群，徒附萬計。船車賈販，周於四方；廢居積貯，滿於都城。琦賂寶貨，巨室不能容；馬牛羊豕，山谷不能受。

總之，東漢政權，在政治昏闇，選舉不實，財富集中，土地兼併和內憂外患的情況下而告分裂和亂亡。追本溯源，應當是由於皇室、貴族、外戚、宦官的腐敗墮落所導致的結果。

三、結語

綜觀我國自古以來的歷史，政治的分、合、治、亂、盛、衰，朝代的興、廢、存、亡，主要關鍵在人。尤其在於皇帝及其「前後左右」的人物。諸葛孔明在〈出師表〉裡說：「親賢臣，遠小人，此先漢所以興隆也；親小人，遠賢臣，此後漢所以傾頹也。先帝在時，每與臣論此事，未嘗不歎息痛恨桓、靈也。」他一語道破了兩漢興亡的主要關鍵。然而要探索東漢之所以傾頹的病源，亦即由合而分的本源，當溯自光武帝的識量及其開國規模。有人認為，「立國的基礎，關係於開國的規模；而開國的規模，與開國者的識量，又有密切地關係。光武帝雖然是一個好皇帝，可惜他並沒有立下些好制度。為什麼他沒有立下好制度?這自然與他的識量有密切地關係。他之所以打壓三公，破壞宰相制度，提高刺史職權以及變革地方軍制，最終目的只是在鞏固自己與其子孫權位，心目中毫無如東漢末年有人高呼「天下者，天下人之天下。」的觀念。一些忠直的大臣如大司徒韓歆、戴涉等都死在他的猜忌之下，反對識緯的議郎桓譚也險些被他斬首。這一切都顯示他既缺乏高遠的識見，也無容忍異己的雅量，他的苦心設計，影響所及，導致東漢的由統一走向分裂，是不能「去私」的結果。所以老子說：「為者敗之，執者失也。」「禍兮福之所倚，福兮禍之所伏。」

富貴容易使人墮落，權位易令人腐敗。東漢自和帝以後，由於皇室的墮落，外戚宦官的專權與互相傾軋，而使得政治昏暗，選舉不實，社會經濟失調，直接釀成了東漢的分裂和亂亡。

（本文原刊政大中文系主編中國歷史與學術研討會論文集，台北文史哲書局出版）

3. 東漢的黨錮之禍

東漢桓、靈二帝時期，宦官獨攬朝政，壟斷仕途，胡作非為。正直官吏遭到排擠，太學生也仕進無門。有鑒於朝政日非，朝臣士大夫與太學生除藉由清議方式，批評時政，對宦官形成輿論壓力外，也陸續展開打擊宦官的行動。此舉立即遭到宦官反撲報復，釀成一場壯烈的「黨錮之禍」悲劇。

發生在東漢桓、靈二帝時期的黨錮之禍，本質上是因為朝臣士大夫反對宦官的專權，而遭受到宦官、皇權共同打擊所釀成的一場壯烈悲劇。

在古代，連朋結黨，往往最為統治者所忌。例如王莽時，平陵縣有位治《尚書》經為博士的吳章，是當世的名儒，有弟子千餘人。王莽以為他們是惡人黨，「皆當禁錮，不得仕宦」。於是門人更以他人為師，諱言不是吳章的弟子。到了桓、靈之世，專權的宦官們師法王莽的故技，用禁錮終身，就是以不許做官作武器，來對付他們的反對者，以鞏固己身既得的政治利益。

和帝以後的君主大多沖齡即位，由母后臨朝攝政，使外戚、宦官得藉機輪番專權，胡作非為。

東漢自和帝以後，朝臣士大夫和宦官之所以發生大衝突，釀成大災禍，追本溯源，起因於外戚、宦官的輪番專權和胡作非為。或問外戚、宦官為什麼能夠得勢當權呢？其主要原因是東漢自和帝以後的君主大多年幼即位，而且壽命又短，所以母后自然掌握了政權。在那個男女授受不親的時代，母后攝政，因為自己是婦人，同朝臣商討國家大政諸多不便，再說對朝臣們也多不放心；她的父親兄弟是她最親近的人，也是她最信得過的人，因此自然會賜之高官厚祿，命他們掌管朝政。其次，幼小或年輕的皇帝見了舉止嚴謹和道貌岸然的元老重臣，內心裡或許有些怕怕，一切都不自然，遠不如同親娘舅、表兄弟以及專門討他喜歡的左右侍臣來得親熱自然。除此以外，外戚掌握了朝廷大權，為了便利自己長久地把持政權，想盡辦法立年幼的皇帝，所以年輕皇帝更換的越多，外戚便越得勢專權。誠如《後漢書・皇后紀》說：

> 東京皇統屢絕，權歸女主，外立者四帝，臨朝者六后，莫不定策帷帟，委事父兄，貪孩童以久其政，抑明賢以專其威。

至於宦官的得勢專權，也是由於母后臨朝和皇帝基於本身利益的考量所造成的。例如和帝年幼即位，外戚竇憲兄弟把持朝政，朝廷中內外官員沒有那個能夠接近和帝，同皇帝一起生活的只有宦官。因此宦官鄭眾得以在內廷裡單獨為皇帝策劃，終於翦除了陰謀不軌的大奸臣竇憲，於是鄭眾被封為列侯，又被破格擢升為管理宮務的大長秋。從此宦官的勢力便開始盛起來了。又如漢安帝時的鄧太后，以女主的身分臨朝執政了十五年，朝臣們議訂國家大事，無法到宮中參與決斷，鄧太后行使皇權，下達詔令，都不出宮中的小門，所以不得不任用宦官，把國家政令託付給他們。因此，宦官得以手握封爵重權，口裡含著王法詔令，不再只是擔任管理掖廷、永巷之類的職務，執行看管后妃閨房門戶的任務了。

其次，從血緣關係而言，皇帝和外戚的關係雖然是近親，但從政治利害而論，兩者之間卻存在著很大的矛盾；因為外戚權勢強大的結果，就直接危害到皇位的穩固。宦官雖不是皇帝的至親，加以「體非全氣」的生理缺陷，他們的勢力再大，也不會奪國篡位，最多只是貪汙弄權，雖然終會導致亡國，但也不會馬上滅亡。所以皇帝為本身的政治利益考量，寧可支持宦官打倒外戚。因此，外戚集團和宦官集團的互相傾軋，到東漢晚期，宦官集團獲得了全面的勝利。

儒臣對宦官專權時加批評，雙方衝突激烈。皇帝則因己身好惡，袒護宦官，並與其共同打擊朝臣士大夫。

又或問為什麼到後來宦官和皇權共同打擊朝臣士大夫？其原因是基本上皇帝與朝臣士大夫之間，雖然互相依存，但也存有矛盾。兩漢是經學的全盛時代，當時大儒講經的目的，在於「通經致用」，就是說，要經學在當時的政治、經濟與社會上發生正面的作用。經學的信條是：公天下、讓賢、禪讓。在經學家眼光中，皇帝如果背離了經學的信條，違背了整體與全民的利益，就可以更換他。西漢宣帝時的蓋寬饒、元成之世的谷永等的上書都說的很明白。東漢和帝時的司徒丁鴻、安帝時太尉楊震、順帝時尚書左雄、李固、黃瓊、杜喬，以及桓帝時楊秉等在朝的儒臣也都對皇權提出批評；更對外戚、宦官的專權，為非作歹和壟斷仕途展開激烈的抗爭。歷史告訴我們，多數皇帝往往喜歡聽話的臣子，而憎惡違反他的意旨的鯁直忠良；往往喜歡順從他和幫助他的人，而厭惡諫正他和阻撓他的人。如前面所說，宦官是皇帝最值得信賴的集團，所以當朝臣士大夫和宦官發生衝突之時，皇帝基於己身的好惡，加以和宦官的禍福與共，自然會站在宦官這一邊共同打擊朝臣士大夫。

其次，在宦官集團中，除極少數外，絕大多數都是爭權奪利、禍國殃民的奸邪之徒，自然為鯁直朝臣士大夫瞧不起，稱他們為「閹豎」，「羞與為伍」。因此雙方自然充滿了對立和仇視。尤其是宦官的殘害百姓，無惡不作，賄賂公行，使得選舉腐敗，所謂「舉秀才，不知書；察孝廉，父別居。寒素清白濁如泥；高第良將懦如雞。」以及阻擋了士人的仕進之路，更激起了朝臣士大夫強烈的反對。在雙方發生嚴重的衝突下，宦官們便挾皇帝的威權打擊朝臣士大夫。歷史上最慘的黨禍就在這種背景下發生了。

桓帝時，宦官為報復士大夫的打擊行動，誣告李膺等結成部黨，誹謗朝廷，引發第一次黨錮之禍。

東漢的開始有黨，是始於甘陵郡南北部的對立，部就是黨的意思，在此不能細述。東漢晚期，在官僚士大夫中盛行著一種褒貶人物、影響輿論的風氣，稱做「清議」。這種風氣傳入太學，太學諸生三萬多人，以郭林宗、賈偉節為首，並和太尉陳蕃、司隸校尉李膺、王暢互相褒揚推崇，當時太學生傳言：「天下楷模李元禮，不畏強禦陳仲舉，天下俊秀王叔茂。」又渤海公族進階、扶風魏齊卿，都能不畏危難而直言深論，不避迴豪強。因此，自公卿以下，無不畏懼他們的貶議，紛紛登門拜望。當時，以李膺的名望最高，士人得到他的賞識，被譽為登龍門，從此就身價十倍。太學生和這些官僚由臧否人物進而批評時政。

東漢外戚的專權驕橫，以梁冀為害最大。冀之為人，恣其所欲，兇殘無比。他毒死「少而聰慧」的質帝，殺害太尉李固、杜喬等人，形成「直如弦，死道邊；曲如鉤，反對侯」，是非不明，賢愚混淆的黑暗時代。連桓帝在他面前也有些不安，成為傀儡君主。後來，桓帝實在無法忍受他專橫跋扈，就密和單超、具瑗、唐衡、左悺、徐璜五位宦官合謀，殺掉梁冀，並盡誅其宗親黨與。單超等五人同日封侯，賜錢各千萬，從此便形成了宦官獨攬朝政的局面。因而朝臣士大夫批評和抗爭的對象，開始轉向無惡不作的宦官。就在太學生兩次政治請願的同時，朝臣士大夫對宦官集團也展開打擊的行動，宦官立即反撲，同所謂「黨人」作生死搏鬥。

桓帝延熹九年（西元一六六年），司隸校尉李膺捕殺和宦官有交往、教子殺人的方士張成，宦官便教唆張成弟子牢脩誣告李膺等養太學游士，交結諸郡生徒，互相奔走效力，結成部黨，誹謗朝廷，惑亂風俗。桓帝震怒，詔令郡國，逮捕黨人。結果，李膺等被捕入獄，太尉陳蕃也以用人不當的罪名被免職，並牽連陳寔、杜密、范滂等二百多人。第二年，就是永康元年（西元一六七年），由於尚書霍諝、城門校尉竇武二人的上表為他們求情，桓帝的怒意漸消，便赦免了他們，令他們返回故里，終身不得做官，而黨人的名字，還記錄在三府。這是第一次黨錮之禍。

壓力愈大，反抗力也愈強。宦官集團這種挾皇權打壓朝臣士大夫的行徑，雖然使得正直之士都遭受到廢黜，邪惡之流勾結在一起，氣焰更加囂張，但是也激起了士人的公憤，對他們所仰慕的「黨人」都稱以美名：稱竇武、劉淑、陳蕃為「三君」，「君」的意思是一代之所宗；稱李膺、杜密等八人為「八俊」，「俊」者是人中之英；稱郭泰、范滂等八人為「八顧」，「顧」的意思是能以德行引導人；張儉、岑晊等八人為「八及」，「及」是說他們能引導人追隨所宗仰的人；度尚、張邈等八人為「八廚」，「廚」是指能以財救人。從此同專斷朝政的宦官集團的搏鬥更日趨激烈。

靈帝時黨錮之禍再起，朝中善類為之一空，完全成為宦官天下。

永康元年桓帝死，十二歲的靈帝即位，竇太后臨朝，外戚竇武為大將軍，掌管朝政，以陳蕃為太尉，過去被禁錮的「黨人」皆被起用，並徵召李膺、杜密等人入朝。竇、陳二人決心誅除宦官曹節、王甫等，後因事機洩漏，陳蕃被害死，竇武兵敗自殺，李膺和陳、竇二人所薦舉的人以及門生、故吏等都被免官禁錮。建寧二年（西元一六九年），宦官侯覽又使人誣告張儉與同鄉二十四人結黨謀反，危害國家。靈帝下詔收捕張儉等，曹節也乘機奏捕前次已赦的黨人虞放、李膺、杜密、范滂等百餘人下獄，後來都被誣殺，妻子皆遠徙邊疆。其他因受牽連而被處死、流放、禁錮的又有六、七百人。惟有張儉自己剪髮改裝，逃入山中。

在這次黨禍中，李膺、范滂等著名士人在惡勢力面前那種慷慨就義、不怕死的精神，真令人敬佩不已！中國古代士大夫的崇高氣節也於此表露無遺。熹平元年（西元一七二年），宦官們又藉故大捕黨人。凡和宦官有嫌隙的士人、太學生都被捕，株連多達千餘人。熹平五年（西元一七六年），靈帝又下詔州郡，凡黨人門生、故吏、父子、兄弟，和五服以內的親屬之在位者，一律免官禁錮。這就是第二次黨錮之禍。直到中平元年（西元一八四年）黃巾之亂爆發後，靈帝始下詔赦免黨人，黨錮至此始告解除。

總之，這次黨錮所造成的災禍，比前次更烈，由於朝臣士大夫對抗宦官的失敗，使得有志節的士人幾乎被摧殘殆盡，朝中善類一空，從此以後完全變成宦官的天下，東漢的命運不但將盡，中國文化的發展也受到很大的迴折。

（本文原載台北《歷史月刊》第七十期）

4. 王充的科學思想

一、前言

英國現代實驗科學的代言人、哲學家弗蘭西斯・培根（Francis Bacon）（一五六一－一六二六）和法國啟蒙運動思想家都認為，在一般的歷史研究中應當包括對於科學和技術的歷史研究。在外國，將科學史當作一門學科，正式成熟於二十世紀二十年代至三十年代。在科學史學科化的過程中，出生於比利時的喬治・薩頓（George Sarton）（一八八四－一九五六）的功績是舉世公認的。現在哈佛大學是世界性的科學史研究中心，這和薩頓的開創性活動有直接的關係。

喬治・薩頓說過：「科學史是唯一可以反映出人類進步的歷史」，「科學史（或知識的歷史）應該是所有人類活動的歷史的核心」。這話雖然未免失之偏頗，卻能充分強調了科學史的重要意義。他同時又指出，如果一個科學家不了解他所從事的科學分支的歷史，就沒有資格說對該學科有深刻和完備的知識。同時，也不能達到科學的水準。尤其是科學史具有很大的啟發性，那些既熟悉現代科學趨勢，又了解古代科學流派的人所寫作的科學史更是如此。舊的科學發現的順序，向科學家提示類似的連繫，使他能夠做出新的發現。其次，科學史也富有教育意義，例如向學生詳細追述一項發現的全部歷史，向學生說明在發明者的道路上經常出現的各種困難，以及他怎樣戰勝它們、避開它們，最後，又怎樣趨近於那從來沒有達到的目標，再也沒有比這種做法更適於啟發學生的批判精神，檢驗學生的才能了。由此可知，科學史是多麼重要了。

在臺灣有的大學開設《中國科技史》課程，是近幾年的事。臺灣大學文、理、工、醫等學院的幾位同仁，早已鑒於科技史的重要性，並有不少的書文相繼問世，然而聯合講授《中國科技史》，正式成為學校的一門新課程，是事先經過兩年的準備，直到去年（民國七十八學年度）才付諸實現的。由於課業上的需要，便迫使我對科技史資料閱讀的加強。首先讀的是《論衡》一書。

王充是我國東漢初期一位傑出的科學家、哲學思想家和文章理論家。然而學術界歷來評價和分析王充思想的，幾乎都偏向於他的著述、《論衡》的篇數、以及哲學思想、政治思想、教育觀點、文學觀點等問題，很少研討他的科學思想的。因此，我想藉此機會對他的著作透過粗略的研讀，探索出他的科學思想之內容，再評價他在中國科學技術史上所起的作用。

以上所說，就是我寫本文的緣起和動機。

二、王充的生平和著述

（一）王充的生平事迹

王充，字仲任，會稽上虞（今浙江省上虞縣）人，生於東漢光武劉秀建武三年（西元二七年），卒於和帝劉肇永元八年至十六年（西元九六年—一〇四年）之間。享年七十餘歲。

他的原籍是魏郡元城（今河北省大名）。其遠祖因為從軍有功，封在會稽陽亭，使遷居到會稽。但不到一年就被削去官職。他的祖先便在陽亭務農，一直傳到他的祖父和父親。這時正值西漢末年的亂世，王充的祖父在陽亭「橫道殺傷，怨仇眾多，會世擾亂，恐為怨仇所擒」。於是帶著全家老少又遷居到會稽郡的錢塘（今杭州市），「以買販為事」。王充的父親王誦和伯父王蒙，因「勇勢凌人」，「與豪家丁伯等結怨」，於是遷居上虞，王充就在上虞出生，幼年時，因家「貧无一畝庇身」，而過著貧困的生活。

王充大約在十五六歲的時候，「到京師（洛陽），受業太學，師事扶風（今陝西省扶風縣）班彪。好博覽而不守章句。家貧無書，常游洛陽市肆，閱所賣書，一見輒能誦憶，遂博通眾流百家之言。」大約在三十二歲以後（即漢明帝元明二年後）回到故鄉教書，其間曾擔任上虞縣和郡功曹（掌管人事及參與政務）以及州從事（刺史的屬官），因與長官的意見不合，又遭到別人誣陷而辭去官職。從漢章帝元和三年（西元八六年，時王充六十歲）起，先後攜家到丹陽郡（治所宛陵，在今安徽宣城）、九江郡（治所壽春，在今安徽壽縣。一說治所陰陵，在今安徽鳳陽南）、廬江郡（治所舒，在今安徽廬江西）做屬官。後來又到揚州（治所歷陽，在今安徽和縣）做治中（州刺史的助理）。漢章帝章和二年（西元八八年），「罷州家居」。友人謝夷吾上書推薦王充，漢章帝「特詔公車徵，病不行，」晚年「濤倫彌索，鮮所恃賴，貧無供養，志不娛快，」處境相當潦倒。後病卒于家。關於王充生平事迹的詳情，希參看蔣祖怡《王充卷》第四部〈王充年譜〉，及黃暉《論衡校釋》第四冊附編二《王充年譜》。

（二）王充的著述

關於王充著述方面的研究，也和王充生平事迹的研究一樣，同是四十年來學術界所關心並論爭的問題之一。近人張宗祥在他的《論衡校訂三卷附記》中說：

> 充之著作，凡分四部：一、《譏俗》之書；二、《政務》之書；三、《論衡》之書；四、《養性》之書。皆見〈自紀〉。《譏俗》之書十二篇，《養性》之書十六篇，《政務》之書不悉篇數，所可考者，〈備乏〉、〈禁酒〉二篇耳。然諸書皆不傳，所傳者獨《論衡》之書八十五篇耳。則知古人著述湮沒不傳者多矣。

由上可知，張氏認為：一、王充這四部著作，均已亡佚。現存僅《論衡》八十五篇。二、《論衡、對作篇》中所舉的〈備乏〉、〈禁酒〉二篇，是《政務》之書中的篇名。這兩種意見，是歷來學術界多數人的公論。但張右源認為：王充的全部著作，已混雜在今本《論衡》之中。民國五十一（西元一九六二）年，朱謙之在他的〈王充著作考〉裏，更伸張了張右源的說法。

《王充卷》的作者蔣祖怡氏，在他的〈論王充的《政務》之書〉和〈論王充的《養性》之書〉兩文中，不贊同朱氏的論點，認為王充的《養性》、《政務》、《譏俗》三書，到現在都已亡佚，雖然它們的基本觀點，在今本《論衡》中可以探知，但今本《論衡》中實未包括上述三種著作。

陳叔良氏則指出，《論衡》共八十五篇，《隋志》有目，今惟缺〈招致〉一篇，〈養氣篇〉決不可能是《論衡》中的篇名。

《論衡》一書是王充傾畢生精力的代表作。關於此書的篇數問題，歷來也有不少的論爭，約分為兩種意見。一種認為《論衡》原來不止八十五篇，到現在亡佚的很多。另外一種認為《論衡》中有好多篇是後人偽造的。蔣祖怡在〈論衡篇數考〉一文中指出：《論衡》原書八十五篇，至今缺〈招致〉一篇，歷來書目諸錄，均無異辭。因為他這篇文章主要論點是針對劉盼遂的〈論衡篇數殘佚考〉而作，所以根據劉文，詳加分析。是想正確的明瞭這個問題的很值得參考的文字。

總之，王充的《論衡》一書，在今天，仍是我們研究王充的哲學思想、科學思想和文學理論批評很重要而且可靠的文獻和質料。蔣氏認為：其中有佚文，這是事實，但是，原來總八十五篇。除掉在宋元間佚去〈招致篇〉一篇外，再也沒有其它的佚篇，其中也有不少脫奪、衍文和錯亂的地方，這也是事實，但是，現存的八十四篇之中，沒有任何的偽篇。我們認為：蔣祖怡氏對於《論衡》的篇數和佚文問題所下的結論應是十分正確的。

《論衡》的撰成，歷時三十餘年，即從漢明帝永平元年至和帝永元八年（西元五八——西元九六年），從三十三歲開始寫，到七十歲時始纂成。《論衡》中以〈對作篇〉為全書總敘。〈自紀篇〉最晚寫成，因篇中提到《養性之書》十六篇，〈自紀〉當為于《養性書》之後，是王充畢生最後的著作。在〈對作篇〉中，王充說明了寫作《論衡》的動機和目的，他反復強調寫《論衡》不是為了「調文飾辭」，是由于時勢的要求，不得不為。因為當時社會上，「眾書并失實，虛妄之言勝真美也」。當老師的人「賦奸偽之說」，做大官的「讀虛妄之書」，弄得「是反為非，虛轉為實」，「世人不悟，是非不定，紫朱雜廁，瓦玉集糅」，自己面對著這種情況，「疾心傷之」，「心濆涌，筆手擾」，「不得已，故為《論衡》。」他並明確的指出，自己寫作之目的是「銓輕重之言，立真偽之平」，「解釋世俗之疑，辯照是非之理，使後進見是非之分」，希望自己的主張能得到君主的採納，俾使對政治和教化有所補益。此外，他在〈佚文篇〉裏，也概括而明白的道出了他著書的動機：「詩三百，一言以蔽之，曰：『思無邪』。論衡篇以十數，亦一言也。曰：『疾虛妄』。」《論衡校釋》的撰者黃暉把《論衡》全書，就王充的思想體系，列為六組：第一組是說性命的。第二組是說天人的關係。第三組論人鬼關係及當時禁忌。第四組論書傳中關於感應之說遠自然之義和虛妄之言。第五組是程量賢佞才知的。第六組當作自序和自傳的。黃氏說：「這八十五篇書，今缺〈招致〉一篇。反復詰辯，不離其宗，真是一部有體系的著作。可惜這部大著，宋以後的人就忽略它了。

三、王充的科學思想形成的背景

思想往往是環境的產物。誠如徐復觀氏所說，一個人思想的形成，常決定於四大因素。一為其本人的氣質。二為其學問的傳承與其功夫的深淺。三為其時代的背景。四為其生平的遭遇。這種看法很有道理，因此，我們認為，從當時的社會環境和東漢科學發展的情形來剖析王充的科學思想，應當是一種正確方法。其次，研究王充的科學思想，要從他整個思想作全面的考察。但是在這裏受篇幅的局限，只能粗略的陳述如下。

王充生存的時代，歷經光武帝、明帝、章帝、和帝四朝，是東漢的鼎盛時期。同時，也是儒家思想和讖緯神學最盛行的時代。所謂「讖」，是一種預言，假托是「天神」的啟示。因為說這種預言是符合「天意」的，所以又稱為「符」。出於「天命」，所以文稱為「符命」。有的「讖書」染成綠色，所以又稱作「符篁水」。上面有圖有字，所以又稱作「圖讖」。緯是對於經而言，織錦的縱絲為經，橫絲為緯，「緯」是用神學的觀點來解釋「經書」的書，例如，《春秋》被尊作「經」，另外就有一部《春秋緯》。總之，這些都是漢代人假造的神學迷信的書，目的是利用宗教迷信預言之類以達到取得政權和維持其統治的慾望。王莽造作符命圖讖，就是想當皇帝。漢光武以赤伏符受命，文用了西狩獲麟讖來折服公孫述，統一天下；所以他對於讖緯有極強的信仰，很相信如李通等說讖的人，甚至用圖讖來決定嫌疑。於中元元年（西元五六年），文宣布圖讖於天下，定為功令必讀之書。精明的明帝仍繼續父業。到了章帝，更將圖讖提高到和經書同等重要的地位。自建初四年（西元七九年），在白虎觀舉行會議以後，命班固把這次會議的記錄寫成了《白虎通德論》（後世簡稱《白虎通》），由皇帝欽定頒行，這不但進一步加強了儒家神學思想的統治地位，而且從此以後，東漢文人都得通讖緯，在他們的墓碑上，或是《後漢書》的列傳中，往往有「博貫《五經》，兼明圖讖」這一類的話，就可瞭解到在東漢一代此風氣之盛了。在光武帝時雖有桓譚、鄭興、尹敏極力反對圖讖的迷信，並沒能發生效果。生在這種環境中的王充，便毅然高舉起了「疾虛妄」、「求實誠」的大旗，勇敢的同讖緯神學的天人感應的理論展開了強烈的抗爭。王充的哲學思想就是在這種情況下形成和發展起來。

如果說，王充的思想是建立在當時科學發展的基礎上的。那就是他對當時科學成就關心的結果。我們都知道，兩漢的社會，是由重農抑商轉變為重農輕商的社會，致力農業的發展，均是兩漢的統治者所不遺餘力的事。由於農業生產的發展和需求，自然科學，特別是和農業生產有密切關係的天文曆算得到了進一步的發展，使漢代成為我國古代天文學的黃金時代。秦代在天文曆法方面沒有什麼建樹，只採用了當時比較接近實際的《顓頊曆》。漢初沿用未改，但經長期使用之後，曆面和實際的節氣，以及朔望的狀態漸漸不一致，實際狀態都比曆面所記載的早些。漢武帝乃於太初元年（西元前一〇四年）頒行《太初曆》。西漢末年，劉歆把《太初曆》改稱《三統曆》。到東漢初期，已發覺《三統曆》和真實天象不相符合，倡議改曆。章帝元和二年（西元八五年）二月改用新曆，就是《四分曆》。當時，主持改曆工作的是賈逵。王充著述之時正當《四分曆》和《三統曆》爭論最激烈的時期，他又很佩服賈逵，所以自然很關心當時天文學上的問題，例如在《論衡・說日篇》中，他論述日食的成因，又提出了交食周期，就是受了當時天文學方法的影響而產生的。

我國農業史上精耕細作的優良傳統，大約形成於秦漢時期。當時由於土地私有制的發展，政府提倡重農思想和推行重農政策，不但提高了農民的生產意願，同時更促進了農業生產的發展。尤其冶鐵業進一步的發展，使農具完全鐵製化，為農業實行精耕細作奠定了穩固的基礎。在漢代，除了廣泛的使用鐵犁、大力的推廣牛耕以及發明了耬車外，加以農田水利的興修和擴建，輸作復種的發展與旱作技術的提高，改土和施肥技術的提高，以及栽培技術和管理技術上的進步，凡此等等，都促使農業生產有了重大的發展。然而在王充一生七十餘年中，水、旱、雹、蚯、疫之年，近四十年。明帝永平末年到章帝建初之間尤甚，水旱頻仍，流民滿道。加以兵連禍結，民不聊生。王充生在這個時代，對於農事和百姓的衣食相當關心，就自然激起了他對地力和改土問題的看法，並且提出了防治害蟲的方法。

此外，如上所述，王充在晚年撰有《養性書》十六篇，這是他從醫學的角度來談如何保健和養身袪病的。這和漢代醫學理論和臨床實踐方面的發展很有關係。其次，從物理學的角度而言，儘管《論衡》都是從側面，即作為哲理的論據提出，但卻涉及到了物理學中的力學、聲學、熱學、光學和電磁學等。其詳情容在下面討論之。

四、王充的科學思想

如前所述，王充的著作相當豐富，《論衡》為一部理論著述，今人將它列入改變中國歷史的十大書之一。然其中如〈談天〉、〈說日〉、〈商蟲〉等篇，包含了不少有關科學方面的見解，可從中勾勒出他的科學思想概貌。今分述於下：

(一) 天文學

產生並促進我國古代天文學發展的因素，主要是由於農業的實際需要；其次，諸如祭神、祀祖、安排宗教節日以及占星術等需要，也是有關係的。隨著文化的發展，又產生了鑽研天文真理和探索自然規律的願望，從而使天文學更加發達了。

據陳遵嬀氏的研究，我國古代天文學在春秋戰國時期，就初步確立了自己的獨立體系。隨著天文觀測資料的積累，人們逐步認識了天體運行的一定規律，進而做出理論上的概括，產生了對宇宙起源、結構和演化的推測，出現了關於宇宙的各種理論。這些宇宙論的各種思潮與流派，一方面反映了不同政治主張的差異，另一方面，也給後世宇宙論的發展以一定的基礎。日本學者新城新藏指出中國天文學在戰國時代最為進步；後來受戰亂影響而停頓，到了漢代，才又復興。

漢代人對天地結構的探索，也就是論天，主要是蓋天說和渾天說的爭論。蓋天說最初主張天是圓形的，地是方形的。就是通常所說的「天圓地方」。後來又被修改成「天象蓋笠，地法覆槃。天地各中高外下」，這意思是天像圓形的斗笠，地像扣著的盤子，都是中間高四周低的拱形。陳遵嬀氏說：蓋天說起自《周髀算經》，到了揚雄以後，因受渾天說的影響，有所發展：它論天地的形狀高低，稱「天圓如張蓋，地方如棋局。」渾天說發展於前漢的洛下閎，而完成於後漢的張衡；他主張「天體圓如彈丸，地如雞中黃，孤居於內，天大而地小，天之包地，猶殼之裹黃」。從現代球面天文學的觀點來看，渾天說比蓋天說進步；由於兩個學說的爭辯，促進了天文曆法的發展。到東漢時，對於天文曆算的研究，已分成幾個學派，除蓋天說、渾天說外，有宣夜說，以及王充的「方天派」。宣夜說主要的討論天空的性質，所謂宣夜，就是「宣勞午夜」。這說明宣夜說是著重對天空的觀測，不強調假說、推測。

宣夜說有一個十分重要的看法，就是認為，宇宙是不能用數字來測量的，宇宙本身是一個無窮無極的空間，天之蒼蒼，並不是它的真正顏色。在茫茫的太空中，運行著各種天體，這些星宿的運行，是氣的運動。

王充對天地的看法，深受荀子的影響，和蓋天說、渾天說都不相同。他明確的指出：「天地，含氣之自然也」，「天，體，非氣也。」王充認為，天地都是平正無邊的，地不動，天旁轉，日月麗天而行。關於太陽的出沒，晝夜的明晦，他反對儒家說是由於太陽出陽中入陰中。他說：

> 夫夜，陰也，氣亦晦冥。或夜舉火者，光不滅焉。夜之陰。北方之陰也。朝出日，人所舉之火也。火夜舉，光不滅，日暮入，獨不見，非氣驗也。夫觀冬日之出入，朝出東南，暮入西南。東南、西南非陽，何故謂之出入陰中？且夫星小猶見，日大反滅，世儒之論，竟虛妄也。

王充對天體運行晝夜更替的現象，係從如上面所說的天平地方的觀念來解釋，他指出，天的平正和地沒有什麼不同。「然而日出上、日入下者，隨天轉運，視天若覆盆之狀」，所以看太陽的出入就像一上一下的樣子，恰似從地中出入一般。然而人們看見太陽出來，是由於它離得近的緣故；「其入，遠，不復見，故謂之入」。太陽運行出現在東方，距離人們近了，所以叫日出。用什麼方法來檢驗呢？把明月之珠繫在車蓋頂上的弓形輻條上，轉動車蓋，珠子的本身就轉動了嗎？人們向前方眺望，不會超過十里，天地就合在一起了，這是因為遠的緣故，其實並不是真正合在一起的。「今視日入，非入也，亦遠也」。當太陽落入西方之時，正處在太陽下邊的人，也將會認為是中午。從日落的地方，向東望我們現在所處的天下，天地或許也合在一起了。「如是，方（今）天下在南方也，故日出於東方，入於（西方）。北方之地：日出北方，入於南方。各於近者為出，遠者為入」。實際上太陽並沒有進入地裏，而是離開人們遠了。到湖泊的水邊，瞭望四邊邊緣就好像和天連結在一起，其實不是相連結的，因為遠了，看起來好像連在一起的樣子。「日以遠為入，澤以遠為屬，其實一也。」湖那邊有陸地，人們望不見。陸地雖然存在，但察覺不出來，太陽也是存在著的，但看起來好像落入，都是因為距離人們遠的緣故。泰山的高度，進入雲霄與天相等，然從百里以外的地方看泰山，連土堆那麼大小的形狀都看不見。在百里以外的地方，看不見泰山，何況太陽距人的距離要用萬里為單位來計算呢！「太山之驗，則既明矣。試使一人把大炬火夜行於道，平易無險，去人十里，火光滅矣。非滅也，遠也。今日西轉不復見者，非入也。」王充以泰山、火炬為例，所闡述的日出非出，日入非入，都是因為距離遠的緣故，才使人們感覺到天與地相連。有人說，王充這個遠則合的觀點，卻不自覺地道中了宇宙是無限大，地球是圓形的。這話很有道理，但王充對天文的研究，仍舊堅持「天平正與地無異」的方天說。王充很尊敬桓譚，但是桓譚主張渾天說，王充並沒有受到他宇宙思想的影響，從這方面看，王充是不如桓譚的。因為如前面所說，漢代論天，主要是蓋天說和渾天說的爭論。從現代球面天文學的觀點來看，渾天說遠比蓋天說進步。更遑論方天說了。

其次，王充對太陽的出入距人遠近和寒溫的問題，用火炬近人為明，遠人為滅；近人為溫，遠人為寒為例，並以竿樹立在屋下加以驗證，認為太陽出入距人遠，故寒；日中去人近，故溫。他在《論衡・說日篇》中曾詳細地說明這種現象和道理。

> 儒者或以旦暮日出入為近，日中為遠；或以日中為近，日出入為遠。其以日出入為近、日中為遠者，見日出入時大，日中時小也。察物近則大，遠則小，故日出入為近，日中為遠也。其以日出入為遠、日中時為近者，見日中時溫，日出入時寒也。夫火光近人則溫，遠人則寒，故以日中為近，日出入為遠也。二論各有所見，故是非曲直未有所定。如實論之，日中近而日出入遠。何以驗之？以植竿於屋下。夫屋高三丈，竿於屋棟之下，正而樹之，上扣棟，下抵地，是以屋棟去地三丈。如旁邪倚之，則竿末旁跌，不得扣棟，是為去地過三丈也。日中時，日正在天上，猶竿之正樹去地三丈也。日出入，邪在人旁，猶竿之旁跌去地過三丈也。夫如走，日中為近，出入鵠遠，可知明矣。試復以屋中堂而坐一人，一人行於屋上，其行中屋之時，正在坐人之上，是為屋上之人與屋下坐人相去三丈矣。如屋上人在東危若西危上，其與屋下坐人相去過三丈矣。日中時，猶人正在屋上矣；其始出與入，猶人在

東危與西危也。日中去人近，故溫；日出入遠，故寒。然則日中時日小，其出入時大者，日中光明，故小；其出入時光暗，故大。猶晝日察火，光小；夜察之，火光大也。既以火為效，又以星為驗，晝日星不見者，光耀滅之也，夜無光耀，星乃見。夫日月，星之類也。平旦、日入光銷，故視大也。

王充的「日中去人近，故溫；日出入遠，故寒」觀點，雖然相當正確，但若以這種觀點來支持他的方天說，並解釋太陽的運行，就難以令人信服，因為他缺乏在天文方面的實際觀測，只用感性知識和邏輯推理來認識宇宙，所以他對宇宙的認識比較落後於當時天文科學的發展。總之，王充對宇宙的認識，雖自有一套說辭，但誠如陳遵嬀氏評論他說：「王充立論詭譎，頗能自圓其說。但是倘若利用他的說法來解釋星辰，則立刻可以看出破綻。二十八宿在天空的移動，好像地上車轂的轉動一樣，這個部分沒下去，另一部分升上來；難道星辰東西出沒前後，也西轉而繞北極嗎？他並沒有論到這一點，否則或將自破其說。」王充的方天說或對宇宙的認識有上述的缺點，但他堅持天是客觀存在的物質，反對漢儒在天地問題上的神祕主義的說法，勇敢的批判鼓譟于天文學中的天人感應之說，用地上的蒸氣來解釋雨雪露霜的形成，這在當時也的確是進步的。我們知道，漢代流行的天人感應說，是由「為儒者宗」的董仲舒所建立的。董氏把天解釋為有意志、有作為的神，自然界日月的運行，四季的更替，國家的治亂，和人的吉凶禍福，都是由于天神的意志所安排，而且是永遠不變的。又因為君權是神授的，所以自然界的一切災異、祥瑞，都是天神對他的兒子（即天子）的示意。漢代的天人感應說，亦就是災異說，是在政治上對皇帝而言，本是董仲舒為實現他以人民為主體的理想政治，假借天以約束君權及其行為的，其用心之良苦，是很值得尊敬的。自漢元帝起，災異增強了對皇帝的壓力。到了光武以圖讖代災異，所以災異說的影響，在東漢的分量，雖然不及西漢元帝及其以後的嚴重；但其對皇帝行為的約束性，依然相當存在的。但另一方面，在《漢書・五行志》上引〈贊語〉中，已露出董氏所建立的天的哲學，在方法上、在徵驗上、在結果上，至西漢之末，已不復為學術界所完全信服。更糟糕的是，所謂「君權神授」或「圖讖」竟成了統治者或野心家用來達到他們維持政權或獵取政權的手段，「天人感應」已完全變成了真正的神學迷信，這就是王充大膽起而推翻它的原因。他的自然科學思想，有許多是批判神學或讖緯迷信而激發出來的。例如在《論衡・雷虛篇》中批判了漢儒把打雷說成是上天發怒、有意識懲罰「陰過」的虛妄之言。他舉出五件事實證明雷是火，不是上天發怒。他說：

> 夫雷，火也，……何以驗之？雷者，火也。以人中雷而死，即詢其身，中頭則鬚髮燒燋，中身則皮膚灼焚，臨其尸上聞火氣，一驗也。道術之家以為雷（意即道術之家因為仿造雷）。燒石色赤，投于井中，石燋井寒，激聲大鳴，若雷之狀，二驗也。人傷于寒，寒氣入腹，腹中素溫，溫寒分爭，激氣雷鳴，三驗也。當雷之時，

電光時見，大若火之耀，四驗也。當雷之擊，時或燔人室屋及地草木，五驗也。夫論雷之為火有五驗，言雷為天怒無一效。然則雷為天怒，虛妄之言。」

這種批駁，在當時是非常有力的。有人稱贊他關於雷的原理的論述，為我國自然科學史寫下了光輝的一頁。值得注意的是，由此也可知道王充是很重視「效驗」的。所以他在〈知實篇〉中一開頭就說：「凡論事者，違實不引效驗，則雖甘義繁說，眾不見信。」所謂「效驗」，就是證據。「甘義繁說」，就是道理講得再動聽，話說得再多。「眾不見信」，乃是大家還是不相信的。王充重視效驗，就是重視證據，這就是處理問題的科學態度。

此外，據《論衡・說日篇》的記載，關於日食的成因，在當時有三種說法。第一、儒者謂：「日蝕，月蝕之也。」第二、或說：「日蝕之變，陽弱陰強也。」第三、或說：「日住者，月掩之也。日在上，月在下，障於月之形也。日月合相襲，月在上，日在下者，不能掩日；日在上，月在日下，障於月，月光掩日光，故謂之食也。障於月也，若陰雲蔽日月不見矣。其端合者，相位是也。其合相當如襲辟者，日既是也。」王充對於這三種說法都不贊同。首先他不認為如儒者所說的，日食是因為月亮侵蝕了太陽的緣故。他指出：日食的成因是：「彼見日蝕常於晦朔，晦朔月與日合，故得蝕之。」在春秋時代，日食的次數很多，太陽的被侵蝕，不一定就是月亮侵蝕的，既然知道是月亮侵蝕的，為什麼要忌諱不說月亮呢？其次，他駁斥日蝕之發生，係陽弱陰強所致。他說，世界上的人與動物，力氣強大的，才能夠欺壓力氣弱小的。「案月晦光既，朔則如盡，微弱甚矣，安得勝日？」日食與月食是一樣的，如果說，日食是月亮侵蝕了太陽，那麼在月食時月亮又被誰侵蝕了呢？事實上沒有侵蝕月亮的東西，是月光本身削弱了。拿月亮論斷太陽，也可以知道日食。實是日光自己削弱的。大概每隔四十一、二月，就會發生一次日食；一百八十天，就會發生一次月食。日食和月食的出現，都有一定的時節，不是一定的時節就是變異，至於它的發生變異，也是由於氣自然而然造成的。日食的時間總是在農曆的月底和月初，這也是月亮造成的嗎？太陽理當實滿，虧損了就是變異，必定說有侵蝕它的，那麼山崩地動，又是誰侵蝕它的呢？最後，王充指出：「日月合於晦朔，天之常也。」他批評日食是因為受月球遮掩的說法，是不正確的。拿什麼作效驗呢？假使日月重合，月亮遮蔽了日光，開始時所遮掩的那邊，應當和將要恢復的時候所遮掩的地方不同。假令日在東邊，月亮在西邊，月亮運行的快，向東到達太陽所在的地方。遮掩了日邊，一會兒，繞過太陽向東運行，西崖最初遮掩的地方之光應當恢復，東崖本來沒遮掩的那一邊應當繼續被食。現在觀察日之被侵蝕，月亮移動過去遮掩太陽東邊之時，西邊就恢復了光亮，怎麼說成是月亮和太陽相重疊遮掩呢？

從上面看來，王充認為日食和月食的發生，都是因為太陽與月亮的光按照一定的周期本身虧損而形成的。他這種見解，不但在今天看來是錯誤的：就是在他那個時代，這種意見也不正確。成萬於西漢中期的《周髀算經》曰：「月光生於日所照，當日則光盈，就日則明盡。」京房也說：「月有形無光，日照之乃有光。」到了稍晚於他的張衡（西元七八—一三九年），測出了太陽和月球的角直徑為半度；繼承了京房和王充的見解，認為月光是太陽光的反照，月食是由於地球遮住太陽而發生。總之，王充對日食的成因的解釋雖然是錯誤的，但在儒生竭力鼓吹天人感應說的當時，認為日食是一種災變，是因為陰侵犯了陽所引起的，王充的這種批判，是時代進步的表現。至於王充又提出的交食周期，在司馬遷的《史記》中就已經有了交食周期的初步認識，到西漢末年，劉歆總結出一種周期，一百三十五個月有二、三次日食。東漢時，曆家對於推算月食，更為重視，其起算的曆元和周期的數值常有改革。王充所提出的交食周期，當為其中之一。總之，這說明了我國也是世界上較早發現交食周期的國家之一。

天文學是用科學的方法來解釋宇宙現象的。我們從《論衡・說日篇》中就可正確的明瞭了王充的宇宙觀。

（二）農業技術

在農業知識和技術方面，王充也有深刻的認識和經驗。例如他在《論衡・效力篇》中指出，地力的高低，對農作物的生育和產量有密切的關係。地力高的農田，莊稼生長的好。產量高，一畝地的產量，能當中等肥力農田五畝的產量。「苗田，人知出穀多者地力盛」。《論衡・率性篇》係說人的本性是可以通過教導而改變的，也就是王充強調後天環境對人性的改造作用，他以地力和改土問題做實例，說明這個道理。他說：

> 夫肥沃墝埆，土地之本性也。肥而沃者性美，樹稼豐茂。墝而埆者性惡，深耕細鋤，厚加糞壤，勉致人功，以助地力，其樹稼與彼肥沃者相類也。

王充這段話受到研究中國農業科技史的學者很高的評價，被視為對地力和改土問題的精闢之言論。他們認為王充在這段話裏，主要闡述了以下幾個觀點：一、在自然狀態下，土壤是有肥沃和墝埆（瘠薄）之分的，這是它的自然特性；二、土壤性美與性惡的自然特性，不是固定不變的，是可以用人工加以改造的；三、「深耕細鋤，厚加糞壤」，是用人工培肥地力，改良土壤的有效措施；四、經過人工改良培肥的瘠薄土壤，可以和肥沃土壤一樣，長出豐盛繁茂的莊稼。王充在這裏，實際上是闡述了自然土壤和耕種土壤的本質區別，即自然土壤只有自然肥力，而耕種土壤則是自然肥力和人工肥力的結合。我們臺灣地區近幾十年來農業生產的高度發展，主要的由於改土和施肥技術十分進步的結果。在將近兩千年前，王充就已有了這樣高明的見解。由此可看出了他的科學思想的卓越性。

王充在《論衡・率性篇》中文說：

> 地之高下，亦如此焉。以钁、鍤鑿地，以埤增下，則其下與高者齊。如復增钁、鍤，則夫下者不徒齊者也，反更為高，而其高者反為下。使人之性有善有惡，彼地有高有下，勉致其教令之善，則將善者同之矣。善以化渥，釀其教令，變更為善，

善則且更宜反過於往善，猶下地增加钁、鍤，更崇於高地也。

王充指出，遇到高低不平的土地，人們可以用工具來挖高墊低，使低的地方和高處齊平，如果繼續做下去，就會使低的地方反而比原來高的地方還高，高處反而變低了。他用這個比喻，論證人性可以改變的觀點，可以說是相當正確的，因為他認為，「教告率勉」就是人性「善可變為惡，惡可變為善」的重要關鍵。這就像用挖高墊低的辦法，使高低不平之地齊平一樣。

如前面所說，秦漢時期（西元前二二一年—西元二二〇年）是我國農業史上精耕細作優良傳統的形成時期。當時的人們，對農業害蟲的發生發展規律有了初步認識；創始了挖溝捕蝗的方法；總結了防治倉貯害蟲的經驗。他們發現害蟲的發生發展和風向以及溫度、濕度之間有極密切的關係。因此，當時曾流行過「蟲由風生」的說法。但漢儒說是蟲吃穀物是地方官吏侵奪人民造成的，只要君主「使加罰於蟲所象類之吏，則蟲滅息，不復見矣。」王充在批判這種荒謬的言論時，乃指出，蟲是自然界的生物，蟲的生死自有本身的規律，「生出有日，死極有月，使人君不罪其吏，蟲猶自亡。夫蟲，風氣所生，蒼頡知之，故『凡』、『蟲』為『風』之字。」然夫蟲之生也，必依溫濕。溫濕之氣，常在春夏。秋冬之氣，寒而乾燥，蟲未曾生。」王充在這段話裏，明白而進一步的闡述了害蟲的發生發展和溫度及濕度的密切關係。更值得一提的是，他不但以蠹蟲為例，說明蟲因溫濕而產生，「穀乾燥者，蟲不生；溫濕饐餲，蟲生不禁」。更提出了一種貯藏麥種防止蟲吃的方法，那就是「烈日乾暴，投於燥器，則蟲不生。」據今日研究中國農業技術史的學者指出，現代的科學實驗結果業已表明，害蟲的發生發展，確與風向和溫濕度有密切關係。如粘蟲的發生就與風向有關，因為粘蟲由南向北遷飛，就受風向和風力大小的左右，南風或西南風則是粘蟲由南向北遷飛的助力。而溫濕度的高低和大小，又同害蟲的化蛹、卵化與繁殖生息有密切關係。此外，王充在《論衡・商蟲篇》裡，還轉引了神農、后稷收藏種子的方法，部是煮馬屎汁浸種子，使得禾苗不生蟲。在《氾勝之書》中亦有類似的方法。蓋皆因於《周禮・草人》糞種之法也。總之，由上所述，可見秦漢時期農業科技的進步狀況，以及王充的科學思想之不同凡響了。

根據統計，在兩漢時期，蝗災共發生四十次，可說比較頻繁，因而政府也就比較重視捕蝗，如漢平帝時曾由官府派出捕蝗使者，發動民眾捕捉蝗蟲，並且按照捕蝗數量的多少給予獎勵，藉以鼓勵民眾樂意捕蝗。到了東漢，又創始了「挖溝捕蝗」的方法，提高了捕蝗的效率。王充總結了前人捕蝗的經驗，提出了他的看法：

> 蝗蟲時至，或飛或集。所祟之地，穀草枯索。吏卒部民，塹道作坎，榜驅內於塹坎，杷蝗積聚以千斛數。正攻蝗之身。

其方法是那裏發生蝗災，就發動當地的民眾，在路上挖濠溝作坑穴，用撲打並驅逐的方法，把蝗蟲趕到濠溝和坑穴裏，再把蝗蟲耙在一起，堆集了上千斛之多，就直接攻殺它們。這種挖濠溝捕蝗的方法，直到近四十多年前，在北方農村還沿用著。

（三）醫學

在醫學方面，到了漢代，無論在醫學理論、臨床醫學、藥物學、針灸學等各方面都有了長足的進步，為我國醫學奠定了基礎。當時的醫學、藥物學之著作已有很多。王充也是精通醫學的，他在晚年所寫的《養性書》十六篇，是談如何保健和養身祛病的。因為該書已亡佚，只能在《論衡‧自紀篇》中略知其梗概。〈自紀篇〉云：

> 充……章和二年，罷州家居。年漸七十，時可懸輿……乃作《養性》之書凡十六篇。養氣自守，適食則酒。閉明塞聰，愛精自保，適輔服藥引導，庶冀性命可延，斯須不老。

所謂「養性」，意思就是養生。「適食則酒」之「則」，劉盼遂《論衡集解》說：「則」當作「節」。古「則」和「即」同聲通用，「節」從「部」聲。而北京大學《論衡》注釋小組解釋為：適，適量。則：法，指有定量。適食則酒：指講究吃飯和飲酒的數量適宜，不多也不少。這兩種解釋可說相同。「適輔服藥導引」，蔣祖怡氏引孫人和云：「適輔服藥引導」句有竄脫。所謂「引導」，意即導引，就是「導氣令和，引體令柔」。也就是莊子所倡導的以「吹呴呼吸，吐故納新，熊經鳥伸，為壽而已矣」的模仿禽獸的姿態和吐納相結合的導引。所謂「斯須不老」，斯須意即須臾，就是短時間。整句的意思是，不至於很快的就老死。所以正如蔣祖怡說：「王充的《養性書》的內容，是有關「養生」、「養氣」、「導引」、「節欲」、「愛精」等具體問題的，其宗旨既與道家方士的「養生不死」之說絕不相侔，也與〈逢遇〉等十六篇的內容迥然不同。其說頗合我國醫家之理，是科學的而非神學的。」例如他在《論衡‧道虛篇》中，用科學知識批判了道家（秦漢方士）「服食藥物，輕身益氣」，「辟穀不食」，「恬淡無慾」等可以使人「度世不死」的虛妄之言。就是一個明證。王充認為，「人之所生者，精氣也，死而精氣滅。」所以只要「養氣自守，閉目塞聰，愛精自保，服藥導引」，就可收到延年益壽的效果。

歷史上也證明了王充這種養身袪病的理論是非常正確的。譬如東漢末年，著名的醫學家華陀告訴他的學生吳普保健長壽的道理，並囑吳普做他編造的「五禽之戲」。吳普遵照老師的教導，勤加鍛鍊，活了九十多歲，耳聰目明，牙齒完堅。就是一個很好的例證。

又如古時，在「六十不夭壽，七十古來稀」的情況下，道人們則能活到七、八十年以上，有的高壽到九十多至一百多歲。例如全真道的祖師之一張紫陽享年近百歲，唐代傑出的醫藥學家孫思邈享年一百零二歲（西元五八一—六八二年），他的醫學巨著《備急千金要方》中記載：「道人蒯京，已年一百七十八歲，而甚丁壯。」這顯然和他們自身養生修煉的得法有密切的關係。

總而言之，王充的科學思想，除上述三項外，他在批判漢儒的「天人感應」和各種的迷信思想時，他所應用的科學利器尚涉及到物理、生物以及冶金等範疇，這不但說明了王充有淵博的科技知識，同時也說明了當時科技的發展水準。關於他在理化方面的知識，已有人介紹過，在此暫不討論，留到將來再談。

五、結語

自東漢至今，學術界對王充思想的評價，成為兩個極端，一種是非常仇視他，罵他是「名教之罪人」；一種是十分推崇他，稱贊他為「漢得一人」。近人胡適氏與徐復觀氏更是對王充思想評價的兩個極端的代表人物。胡先生特別強調王充的批評精神和科學態度。徐先生則反對胡先生將王充視為有科學態度的思想家。胡先生指出，東漢時的天文學者最注重效驗，王充的批評方法也最注意效驗，徐先生反對王充受到天文學的科學方法的影響之說。他指王充所用的效驗很少是直接的觀察，大部分是類推的方法，而這種方法，只是名學或理則學，不算科學，說王充其有批評的精神和懷疑的態度是可以成立的；但說他有科學的態度，甚至說他是科學家則是值得商榷的。胡適所謂的科學方法有三個步驟，即（1）要能疑問，（2）提出假設，（3）搜求證據來證明假設。王充在第三步驟上，常是用類推的方法，把耳目直接所及的現象，拿來解釋本非耳目所能及的問題，這反而阻塞了進一步追求真實之路，王充的方法近於古希臘的自然哲學，以思辯推理的方法處理自然宇宙的問題；而不近於西方近代的自然科學，由設定的條件進行實驗。所以不能說王充有科學的態度，也不能稱他為科學家。我們認為，在王充的思想中，其科學思想雖嫌薄弱，雖不能稱他為科學家，但從他對天文學、農業技術等見解而論，卻也不能說他沒有科學思想。此外，近幾十年來，一些研究古代科學史的學者，都吸取《論衡》中的有關篇章，寫成了如前面所引用的書文，則是不爭的事實。如以我國地區來分，大陸學者多推崇王充，臺灣地區的學者較傾向贊成徐復觀先生的說法。誠然由於王充缺乏在天文方面的科學實踐，只就感性知識和邏輯推理來認識宇宙，所以他對宇宙的認識比較落後於當時天文科學的發展。不過也不否認的，他那一些批判漢儒散佈「天人感應」的言論，對於當時迷信的空氣，確有摧陷廓清之功。其次，他在農業科技方面的見解，則贏得了今世學者很高的評價。又如他那保健和養身祛病的思想，也和對天文、農技方面的認識一樣，都是總結了過去的經驗而形成的。

王充很重視效驗，效驗就是證據。所以他說：「事莫明于有效，論莫定于有證」。他還強調「辨偽以實事」，就是要用「實事疾妄」，這就是說「效」和「證」必須是「實事」，用這個作標準才能辨別出虛妄或真美來。總之，王充在《論衡》中對自然科學的問題，闡發了不少科學思想，但也發表了一些錯誤的看法。這是受了他的科學的水平及思想方法的弱點和局限性。我們知道，科學的本質，在於觀察現象，提出假設，進行實驗，做出結論。王充的態度已經足有科學的精神。懷疑主義在科學上扮演重要的角色，但科學不能用記憶，必須把真理放在自己的邏輯中思考過。王充的缺點，缺乏天文上的實際觀察，只依據邏輯來推演，因此缺乏科學的主要精神中十分重要的實驗。又科學基本上是要追求真理，但真理是不能從單方面來思考的。但是，王充敢勇於向當時的權威挑戰，批判當時的神學迷信，也可說是具有科學中的懷疑精神，對於不合理、不經邏輯推演的說法提出強烈的質疑，這也堪稱在漢代思想史上一個傑出的人物了。誠如李約瑟（Joseph Needham）所言：「吾人今可辨識王充之作品，彼為中國任何一時代最偉大之人物之一，往往被稱為中國之路癸夏（Lucretius），彼在中國科學史上之功績，已深為近代中國科學家與學者所認識……。」

（本文原刊民國八十（一九九一）年六月台北市文史哲書局出版）

5. 王充的農學與醫學

就今日的眼光，檢視古人的學術成就，可發現仍有許多研究成果是值得珍惜的，東漢思想家王充，就曾以科學的方法，改進農業的生產力。另外，配合哲學的概念，也從醫學理論提供了養生的祕訣。有智慧寶藏，這是一例。

王充。字仲任，會稽上虞（今浙江省上虞縣）人，生於東漢光武帝建武三年（公元二十七年），卒於和帝永元中（約一〇〇年？）為東漢時期傑出的思想家。他的著作《論衡》是當時百科全書式的巨著，書中所討論的包括人類社會和自然界的各種問題。全書的撰成，歷時三十餘年，其宗旨是「疾虛妄」而「求實誠」。王充在書中不但批評了當時流行的天人感應說以及其他各種迷信。並且用事實與邏輯相結合的方法，詳細分析當時社會關注的各種思想問題，表現了近代科學精神，有明顯的超前性。對後世有深遠的影響。

農學的知識經驗

我國古代以農業生產為主，因此，在農業知識和技術方面，王充也有深刻的認識和經驗。例如他在《論衡・效力》篇中指出，地方的盛衰，對農作物的生長和產量有密切的關係。地力盛的農田，莊稼生長得好，產量高，一畝地的收成，相當於中等田五畝的產量。「苗田，人知出穀多者地力盛」。

又如《論衡・率性》篇係說人的本性是可以通過教導而改變的，也就是王充強調後天環境對人性的改造作用，他以地力和改土問題做實例，說明這個道理。他說：

> 夫肥沃墝埆，土地之本性也。肥而沃者性美，樹稼豐茂；墝而埆者性惡，深耕細鋤，厚加糞壤，勉致人功，以助地力。其樹稼與彼肥沃者相似類也。

王充這段話得到研究中國農業科技史的學者很高的評價，被視為對地力和改土問題的精闢言論。他們認為王充在這段話裡，主要闡述了以下幾個觀點：一、在自然狀態下，土壤是有肥沃和墝埆（貧瘠）之分的，這是它的自然性；二、土壤性美與性惡的自然特性，不是固定不變的，是可以用人工加以改造的；三、「深耕細鋤，厚加糞壤」，是用工人培肥地力，改良土壤的有效措施；四、經過人工改良培肥的瘠薄土壤，可以和肥沃土壤一樣，長出豐盛繁茂的莊稼。王充在這裡，實際上是闡述了自然土壤和耕種土壤的本質區別，就是自然土壤只有自然肥力，而耕種土壤則是自然肥力和人工肥力的結合。我們知道，台灣地區近幾十年來農業生產的高度發展，主要的是由於改土和施肥技術十分進步的結果。在兩千年前，王充就已經有了這樣高明的見解。由此可看出了他的科學思想卓越性。

王充在〈率性〉篇中又說：

> 地之高下，亦如此焉。以钁、鍤鑿地，以埤增下，則其下與高者齊。如復增钁、鍤，則夫

下者不徒齊者也，反更為高，而其高者反為下。使人之性有善有惡，彼地有高有下，勉致其教令之善，則將善者同之矣。善以化渥，釀其教令，變更為善，善則且更宜反過於往善。猶下地增加钁、鍤，更崇於高地也。

這就是說，遇到高低不平的土地，人們可以用钁、鍤兩種工具來挖高墊低，使低窪的地方和高處齊平，如果用钁、鍤繼續做下去，就會使低窪的地方反而比原來高的地方還要高，高處反而變低窪了。假使人性有善有惡，如同那地有高有低一樣，如果努力用好的教化去開導他，那就會使他變得和性善的人相同了。性善已經變厚了，再用教化培養，使他變得更善，那麼他的善反而會勝過原來就性善的人。猶如窪地增加了钁、鍤，反而比原來的高地更高了。王充用這個比喻，論證人性可以改變的觀點，是十分正確的。同時這也說明了王充的農學知識之精深了。

防治蟲害的方法

我們知道，秦漢時期（公元前二二一年—公元二二〇年）是我國農業史上精耕細作優良傳統的形成時期。當時的人們，對農業害蟲的發生發展規律有了初步認識；創始了挖溝捕蝗的方法；總結了防治倉貯害蟲的經驗。他們發現害蟲的發生發展和風向以及溫度、濕度之間有極密切的關係。因此，當時曾流行過「蟲由風生」的說法。但是漢儒說蟲吃穀物是地方官吏侵奪人民造成的。只要君主「使加罰於蟲所象類之吏，則蟲滅息，不復見矣」。王充批判這種荒謬的言論時指出，蟲是自然界的生物，蟲的生死自有本身的規律，「生出有日，死極有月，使人君不罪其吏。蟲猶自亡。夫蟲。風氣所生，倉頡知之，故『凡』、『蟲』為『風』之字」。「然夫蟲之生也，必依溫濕。溫濕之氣，常在春夏。秋冬之氣。寒而乾燥，蟲未曾生」。王充在這段話裡，明白而進一步的闡述了害蟲的發生發展和溫度、濕度的密切關係。更值得一提的是，他不但以蠹蟲為例。說明蟲因溫濕而產生，「穀乾燥者，蟲不生；溫濕饐餲，蟲生不禁」。更提出了一種貯藏麥種防止蟲吃的方法，那就是「烈日乾暴，投於燥器，則蟲不生」。據晚近研究中國農業技術史的學者指出，現代的科學實驗結果業已表明，害蟲的發生發展，確與風向和溫、濕度有密切的關係。如粘蟲的發生就與風向有關，因為粘蟲由南向北遷飛，就受風向和風力大小的左右，南風或西南風則是粘蟲由南向北遷飛的助力。而溫、濕度的高低，又同害蟲的化蛹、卵化與繁殖生息有密切關係，此外，王充在《論衡・商蟲》篇裡，還轉引了神農、后稷收藏種子的方法。就是煮馬屎以汁浸種子，可以使莊稼不生蟲。賈思勰《齊民要術》卷一所引氾勝之的一段話，與王充所引相近，蓋皆因於《周禮・草人》糞種之法也。由上所述，可見秦漢時期農業科學技術的進步狀況，以及王充的科學思想之不同凡響了。

根據統計，在兩漢時期，蝗災共發生四十次，因為蝗災頻仍，所以政府相當重視捕蝗，例如漢平帝時曾由官府派出捕蝗使者，發動民眾捕捉蝗蟲，並且按照捕蝗數量的多少給予獎勵，藉以鼓勵民眾樂意捕蝗。到了東漢，又創始了「挖溝捕蝗」的方法，提高了捕蝗的效率。王充總結了前人捕蝗的經驗，提出了他的看法：

蝗蟲時至，或飛或集。所集之地，穀草枯索。吏卒部民，塹道作坎，榜驅內於塹坎，把蝗積聚以千斛數。正攻蝗之身。

其方法是那裡發生蝗災，就發動當地的民眾，在路上挖壕溝作坑穴。用撲打並驅逐的方法，把蝗蟲趕到壕溝和坑穴裡，再把蝗蟲把在一起，堆集了上千斛之多，就直接攻殺牠們。這種挖壕捕蝗的方法，直到近五十多年前，在北方農村還沿用著。

醫學理論的研究

在醫學方面，到了漢代，無論在醫學理論、臨床醫學、藥物學、針灸學等各方面都有了長足的進步，為我國醫學奠定了基礎。當時的醫學、藥物學之著作已有很多。王充也精通醫學，他在晚年所寫的《養性書》十六篇，是談如何保健和養身祛病的。因為該書已亡佚。只能在《論衡．自紀》篇中略知其梗概。〈自紀〉篇有云：

充……章和二年，罷州家居，年漸七十，時可懸輿……乃作《養性》之書凡十六篇，養氣自守，適食則酒。閉明塞聰，愛精自保，適輔服藥引導，庶冀性命可延，斯須不老。

所謂「養性」，意思就是養生，誠如唐代大醫藥學家孫思邈提出：「夫養性者，欲所習以成性，性自為善，……性既自善，內外百病皆悉不生，禍亂災害亦無由作，此養生之大經也，」所謂「適食則酒」之「則」字，劉盼遂《論衡集解》說，「則」，當作「節」，占「則」和「即」同聲通用，「節」從「即」聲。而北京大學《論衡》注釋小組解釋為：適，適量。則：法，指有定量。適食則酒：指講究吃飯和飲酒的數量適宜，不多也不少。這兩種解釋可說相同。「適輔服藥引導」，蔣祖怡引孫人和云：「適輔服藥引導」句有竄脫。所謂「引導」。意即導引，就是「導氣令和，引體令柔」。也就是莊子所倡導的以「吹呴呼吸。吐故納新，熊經鳥伸，為壽而已矣」的模仿禽獸的姿態和吐納相結合的導引。所謂「斯須不老」，斯須意思是須臾，就是短時間。整句的意思是，不至於很快的就老死。所以正如蔣祖怡說：「王充的《養性書》的內容，是有關『養生』、『養氣』、『導引』、『節欲』、『愛精』等具體問題的，其宗旨既與道家方士的『養生不死』之說絕不相伴，也與〈逢遇〉等十六篇的內容迥然不同。其說頗合我國醫家之理，是科學的而非神學的。」例如他在《論衡・道虛》篇中，用科學知識批判了道家（秦漢方士）「服食藥物。輕身益氣」，「辟穀不食」。「恬淡無欲」等可以使人「度世不死」的虛妄之言，就是明證。王充認為，「人之所以生者。精氣也，死而精氣滅。」所以只要「養氣自守。閉目塞聰。愛精自保。服藥導引」，就可以收到延年益壽的效果。這在後來的華佗、孫思邈等人身上也旁證了王充這種養身祛病理論的正確。

此外，王充認為，一個人的壽命長短，決定於胚胎於母體時所承受之氣的厚薄，「夫稟氣渥則其體強，體強則其命長；氣薄則其體弱，體弱則命短，命短則多病壽短。」他以婦人生育過多、過密，孩子就會早死的事為例，加以論證。他說：

人之稟氣，或充實而堅強，或虛劣而軟弱。充實堅強，其年壽；虛劣軟弱，失棄其身。……何則？稟壽夭之命，以氣多少為主性也。婦人疏字者子活，數乳者子死。何則？疏而氣渥，子堅彊；數而氣薄，子軟弱也。懷子而前已產子死，則謂所懷不活，名之曰懷。其意以為，已產之子死，故感傷之子失其性矣。所產子死，所懷子凶者，字乳亟數，氣薄不能成也；雖成人形體，則易感傷。獨先疾病。病獨不治。

王充的全部哲學理論，都是從「氣」這個基本範疇展開的，因此對「氣」這個範疇，在《論衡》中許多篇都有論述。當代學者徐敏在其《王充哲學思想探索》第三章〈唯物的氣一元論〉中有比較詳細的研討，很值得參閱。王充不贊同漢代大儒董仲舒的天有意志和天故生人的理論。他認為人的生命起源是，「人稟氣而生，含氣而長」。（〈命義〉篇）「人之精，乃氣也，氣乃力也。」（〈儒增〉篇）有生命之人是從無生命之氣轉化而來的，如果離開了氣，就根本沒有人的存在。但人又是怎樣從無機的氣轉化為有機物？限於當時的科學水平，王充當然不可能回答這個問題，但是，王充堅持，萬物的產生，是出於氣的運動，人的產生，也是由於氣的運動。故氣是構成人和萬物的物質元素，是天地星宿這種物質實體在不斷的運動中自然而然施放出來的。他在〈自然〉、〈物勢〉、〈四諱〉諸篇中都有說明。徐敏據〈物勢〉篇中「夫天地合氣，人偶自生矣。猶夫婦合氣，子則自生也。夫婦合氣，非當時欲得生子，情欲動而合，合而生子矣」這段話，因而說，王充實際是說人的產生，由於夫婦情欲衝動，發生性行為，陰陽之氣（實際上是精蟲與卵子）相結合而懷孕，胚胎發育為胎兒。徐氏指合陰陽之氣，就是精蟲與卵子，這種用現代的醫學知識來解釋古人的思想，不但十分正確，更有助於讀者對王充思想的理解。只是王充將壽命的長短決定於氣的厚薄，它是先天注定的，就完全忽視了後天保健的作用以及當時的政治社會等因素所產生之影響，「最終陷入了宿命論的泥坑」。

王充的科學貢獻

由上看來，王充不但有深厚的農業知識和經驗，在農業技術上的見解，更贏得了今世農業學者很高的評價，有些直到今天還大有參考的價值。例如挖壕捕蝗的方法。就是其中之一項。他的《養性書》因已亡佚，不知其詳。但僅據〈自紀〉篇中所論，而驗之歷史，當確為養生延壽之良言，至於他在〈氣壽〉等篇中論述人的壽命長短與稟氣厚薄的關係，因限於當時的科學水平，有的不能自圓其說，尤其把壽命的長短是先天注定的，不可改變，而完全忽略了後天的因素和影響，被評為陷入了宿命論。雖然學界對王充褒貶不一，不可諱言的，在現代中外學術廣泛交流中，王充及其《論衡》不但受到了重新審視和評論，而且他的思想言論由於基本符合科學精神，也受到了熱烈的讚賞。例如著名科學史家李約瑟（Joseph Needham，一九〇〇—一九九五）說：「吾人今可辨識王充之作品，彼為中國任何一時代最偉大之人物之一，往往被稱為中國之路癸夏（Lucretius），彼在中國科學史上之功績。已深為近代中國科學家與學者所認識……」

我們研究歷史，主要的是汲取前人的經驗和歷史的教訓，藉以增長知識和智慧，建立自信，創造未來。這是我寫此文之目的。

（本文原刊於民國九十（二〇〇一）年十月台北《歷史月刊》第八十四期）

6. 編著《錢穆先生學術年譜》的動機與過程（附《簡譜》）

一、編著的動機

關於年譜的效用與可貴，前賢多已言之。例如梁啟超任公在其《中國近三百年學術史・譜牒學》中開宗明義的說：

> 方志，一方之史也；族譜家譜，一族一家之史也；年譜，一人之史也（章實齋語意）。三者皆為國史取材之資，而年譜之效用，時極宏大。蓋歷史之大部分實以少數人之心力創造而成，而社會既產一偉大的天才，其言論行事，恆足以供千百年後輩之感發興奮，然非有詳密之傳記以寫其心影，則感興之力亦不大，此名人年譜之所以可貴也。

這是在錢穆先生去世後不久，我閱讀梁、錢兩位先生各自所撰的《中國近三百年學術史》，比較二者的異同時，又讀到任公的這段文字，頓時引發起我編著《錢穆先生學術年譜》的動機。

一生殫思極慮於學術，盡心竭力於教育，不僅「為故國招魂」，並且關懷世界東西文化與人類和平的錢穆賓四先生，自民國七十九年（一九九〇年）八月三十日上午九時十五分於台北寓所辭世後，迄今已十二年了。當時，海內外書報雜誌競相刊出了不少悼念他的文字，然而時至今日，有關錢先生學術年譜的著作，仍付闕如。

錢先生於九十六歲高齡與世長辭，他在學術上和教育上卓越的成就和重大貢獻，世人皆知。他從民國元年（一九一二年）開始教學生涯，直到七十七年（一九八八年）纔真正告別杏壇，在這七十餘年中，所培育的人才無計其數。錢先生從事研究和著述七十九年，其學術地位，中外聲譽，早已大著，但是在他去世的前一年，仍然有新書《新亞遺鐸》出版。於臨謝世的前幾個月，猶完成了他生前最後的心聲——〈中國文化對人類未來可有的貢獻〉。他這種「且死不休」的精神，是深受了孔子的影響。漢代的奇人王充，在他的奇書《論衡・別通篇》中，就極推崇孔子「且死不休」的好學精神。他說：

> 孔子病，商瞿卜期日中。孔子曰：「取書來，比至日中何事乎？」聖人之好學也，且死不休，念在經書，不以臨死之故，棄忘道藝，其為百世之聖，師法祖修（意思是被後人效法與學習），蓋不虛矣。

從錢穆先生在九十三歲答某雜誌記者問，就充分的證明他一生心嚮往之的，只在孔子一人。他說：

> 我一生最信守《論語》第一章孔子的三句話：「學而時習之，不亦說乎？有朋自遠方來，不亦樂乎？人不知而不慍，不亦君子乎？」這是教我們一個人的做人之道，亦即是教我們做學問的最大綱領。我自七歲起，無一日不讀書。我今年九十三歲了，十年前眼睛看不

見了，但仍每日求有所聞。我腦子裡心嚮往之的，可說只在孔子一人，我也只是在想從《論語》學孔子為人千萬中之一二而已。別人反對我，冷落我，我也不在意。我只不情願做一孔子《論語》中所謂的小人，「人不知而不慍，不亦君子乎？」

王充在同書〈定賢篇〉說：「儒者學；學，儒矣。」意思是「儒者靠的是勤奮學習經書，能夠勤奮學習經書的人，也就成為儒者了。」王充在〈超奇篇〉又說云：

> 故夫能說一經者為儒生，博覽古今者為通人，采掇傳書以上書奏記者為文人，能精思著文連結篇章者為鴻儒。故儒生過俗人，通人勝儒生，文人逾通人，鴻儒超文人。故夫鴻儒，所謂超而又超者也。……故夫丘山以土石為體，其有銅鐵，山之奇也。銅鐵既奇，或出金玉。然鴻儒，世之金玉也，奇而又奇矣。

錢先生治學，博覽古今，兼通經、史、子、集四部，精思著文連結篇章，著作等身。據〈錢賓四先生全集編後語〉載：總為五十七種五十四冊，都一千七百萬言。近千年來，高壽而著作最宏富，大有成就的著名學人，錢先生當為第一人。揆度二十世紀的中國學術思想界諸前賢，人稱先生為「一代儒宗」，依照王充的評論標準而言，是頗有道理的，並非過譽。國人（包括媒體以及海峽兩岸三邊的學術界等），尊稱錢先生為「國學大師」也是名副其實的。

荀子曰：

> 故不登高山，不知天之高也；不臨深谿，不知地之厚也；不聞先王之遺言，不知學問之大也。

所以，我們可以說，不悉讀錢穆先生全部著述，不知其學問之博大精深也。錢先生有上述出類拔萃的成就，端在他一生的好學深思。他這種持之以恆的好學深思與那將死不休的精神，實為有志青年效法和學習的典範。

世界人類歷史文化是由中國古人所謂的聖人所創始的。周文王有聖德，並有十子，武王、周公最為傑出。周公天稟異常人，與禹王、孔子並為中國古史演進過程中的三聖。周公的制禮作樂，對中國傳統文化有重大貢獻，為千古偉人。後來，孔子為中國儒學傳統的大宗，他平生治學，最尊仰思慕的古人，則為周公。所以他說：「甚矣，吾衰也！久矣，吾不復夢見周公！」孔子。聖人也。如司馬遷曰：

> 天下君王至於賢人，眾矣！當時則榮，沒則已焉。孔子布衣，傳十餘世，學者宗之。自天子王侯，中國言六藝者，折中於夫子；可謂至聖矣！

司馬遷在《史記・孔子世家》中，對孔子虛心好學的精神和他那淵博的學識，以及他為研究整理古代文獻所付出的巨大努力和取得的豐富成果，表現了極大的敬仰與讚佩之情。司馬遷對我國古代第一位偉大的教育家孔子，是由衷的敬服。又認為孔子不但有宏偉的政治理想，並有將這種理想付諸實行的政治才幹。如上所引，在論贊（即太史公曰）中，司馬遷對孔子的學說作了高度的評價，對孔子的人格至為欽敬，推尊孔子是至高無上的聖人。

王充在〈定賢篇〉中，將孔子做為定賢的標準。他說：

> 孔子，聖人也。有若孔子之業者，雖非孔子之才，斯亦賢者之實驗也。夫賢與聖同軌而殊名，賢可得定，則聖可得論也。

王充認為，賢人和聖人的名稱雖不一樣，但所遵循的道路是相同的。又王充答問曰：

> 周道弊，孔子起而作之（按指《春秋》），文義褒貶是非，得道理之實，無非僻之誤，以故見孔子之賢，實也。……孔子不王，素王之業，在於《春秋》。

這說明王充十分肯定孔子作《春秋》的指導思想，並由此斷定孔子是聖賢。他在〈超奇篇〉中又說：

> 孔子曰：「文王既沒，文不在茲乎！」文王之文在孔子，孔子之文在仲舒，仲舒既死，豈在（周）長生之徒與？……長生說文辭之伯，文人之所共宗，獨紀錄之，《春秋》記元於魯之義也。

準此，單就錢先生「一生為故國招魂」的《國史大綱》等書文而言，他也足堪為今世的賢人了。

至於錢先生的做人處世風範，同樣是後學極應效法的。從一九七八年（民國六十七年）十月二日，香港中文大學新亞書院金耀基院長，於〈成立「錢賓四先生學術文化講座」並迎錢先生返新亞講學〉之致辭中說的一番話，就可證明我的話是有所本的。金院長說：

錢賓四先生不但創建了新亞書院，而且擔任了十五年的院長。在新亞開創階段，艱難萬狀，……在他主持新亞這些年頭，錢先生說他是以曾文正「紮硬寨，打死仗」這二句話來打熬的。的確，當時的艱苦，書院隨時可以遇到絕機。但他常說：「只要新亞能不關門，我必然奮鬥下去。待新亞略具基礎，那時纔有我其他想法之自由。」……新亞纔有了一個長久垂遠的基礎。而也就在這個時候，錢先生內心已決定要辭去院長的職務了。

……當新亞在困境時，他從未輕言辭職。待新亞有了基礎時，他就決定引退了。那時錢先生是七十歲，已逾了退休年齡，但他的精力決不需退休，他的經濟亦不可能退休。可是，他的辭意是堅定的。他根本就沒有計畫到此後個人的生活。他在一篇有關他辭職的演講中，講到一個關於僧寺的故事。這個故事是講廣東的虛雲和尚。他說：「我在幾年前讀《虛雲和尚年譜》，在他已躋七十八高齡之後，他每每到了一處，篳路藍縷，創新一寺。但到此寺興建完成，他卻翩然離去，另到別一處，篳路藍縷，又重新來建一寺，但他又翩然離去了。如此一處又一處，經他手，不知興建了幾多寺。我在此一節上，十分欣賞他；至少他具有一種為而不有的精神。他到老矍鑠，逾百齡而不衰。我常想：人應該不斷有新刺激，纔會不斷有新精力使他不斷走上新道路，能再創造新生命。」

熟知錢先生與新亞的人，當會同意這則寓意深長的故事最形象化地刻劃了錢先生與新亞的關係。他華路藍縷，創建新亞，新亞既已辦好，他就翩然離去了。這正是他「為而不有」的精神。他離開新亞後，並沒有再去創一新亞，但他卻完成了跟創一新亞同樣有價值的工作。他在離新亞後幾年內完成了五大冊的《朱子新學案》。我常覺得錢先生做人、做事、做學問，總是那麼執著，卻又是那麼靈空。擇善而固執是豪傑，「為而不有」的靈空則更是真人了。……

最後，我想再講一件極有意義的事。現在，錢先生不但來新亞講學了，而且他與夫人還帶來了《朱子新學案》的原稿，送給中大新亞的錢穆圖書館展藏。錢先生十四年前於辭職演講時，曾表示將來他會抱着研究朱子的書稿回新亞來。現在，他果然實現他的許諾了。我們認為這是一份無比珍貴的禮物。……我們能得到錢賓四先生的書稿，則五百年後新亞的後之來者，亦得於摩挲手稿之餘，想見創校者一番創校之苦心與理想，而有所奮發，而興見賢思齊之心，豈不美哉！……

我們從上面這段較長的引文中，就自然很清楚的認識到錢先生做人、做事的本色了。他那種認真辦教育，艱苦奮鬥，「為而不有」和講信義重然諾的精神，不但是現實社會中所最缺乏的，更是後學們所最應該效法的典範，如果大家有決心要創造一個美好的社會的話。

我有幸忝為素書樓一弟子，親承教澤五年，自錢先生去世後，我時常想，先生為二十世紀中國學術思想史上一位極重要的人物，是一賢者，是「國學大師」，是經師人師，是「一代儒宗」，而他所留下的豐富的學術遺產，卷帙浩繁，一般人實難全讀，不能窺其堂奧，應該有一比較詳細的學術年譜，俾使後學能透過本年譜，對先生的學術思想等有一概略的認識，而受到散發，期其將來在做人、做事、治學、經商或從政上有幫助。回顧先秦諸子，自至聖孔子和孟子以來，降至秦漢及其後世的歷代大儒，如賈誼、董仲舒、司馬遷、朱熹、顧炎武等等，直到錢穆先生，他們的思想言論，大都是經世濟民與做人、處世、治學、從政等的至言，時代雖已劇變，但是他們那些至理名言和做人、做事等最基本的原則是超越時空的，是永遠不變的，無論現在和將來，仍然最有研讀的價值。後學們是國家未來的棟樑，是民族前途的希望，也是世界人類和平願景的所寄。因此，我編著《錢穆先生學術年譜》的動機和目的，就是「彰顯前賢，啟發後學」。

二、編著的過程

我編著本譜的過程，分為下列三個步驟。

（一）考舊與創新

對於寫年譜，我並沒有豐富的經驗，實際上，只有於民國八十五年（一九九六年）十一月，在臺灣大學歷史學報第二十期，刊載了我寫的一篇長達六萬餘字的《傅斯年先生年譜》。這是將來我準備寫一詳細《傳譜》的簡譜。在這種情況下，就想到考舊與創新，意思是本譜在擬定體例上，先要參考當代學者所寫的年譜，加以綜合比較，再力求創新。退一步說，就是不能創新，也一定要擬定出一種比較完善的體例來，以顯示出本譜的特色。因此，在撰本譜的初期，算是試作階段，同時我加緊重新細讀梁任公的《中國歷史研究法補編》中的〈年譜及其做法〉，以便取法。又再讀錢先生的《劉向歆父子年譜》，並參閱《崔述年譜》、《王國維年譜》、《王國維年譜新編》、《陳寅恪先生編年事輯》、《胡適之先生年譜長編初稿》、《顧頡剛先生學術紀年》、《郭沫若年譜》、《董作賓年表》以及《白樂天年譜》、《唐代詩文六家年譜》、《林則徐年譜新編》等。此外，雖然想閱覽《梁啟超年譜長編》，只可惜沒有借到。綜覽以上各家年譜後，我認為在年譜前如有一「目次」或「目錄」，也許會對讀者更方便些。因此，我擬定本譜的目次，為下面三個部分：

卷首：錢先生留影選載。錢先生墓園晉謁團於墓地留影。錢先生墨蹟選刊。

本文：例言

三篇代序：(1)嚴耕望，〈錢穆賓四先生行誼述略〉。(2)錢胡美琦，〈也談現代新儒家〉。(3)韓復智，〈我所認識的錢賓四先生〉。

錢穆先生學術簡譜

壹、譜前　先世　父母

貳、學術年譜

引用與參考重要書目

後記

其次，本文之貳，學術年譜，為本譜主體部分。在體例上，也與上述各家年譜有些不同。關於譜主事蹟繫年，分為：1.國內大事，2.事略，3.著述，4.當代著名學者對譜主著作的評論等四個項目。倘無人評論，則第四項從略。因為有許多學者如傅斯年先生等所寫的書文，往往有些是關心國家大事的言論。更何況「一生為故國招魂」的錢先生呢？例如在民國二十七年（一九三八年），中國遭受日本的侵略正趨嚴重之時，千千萬萬的同胞橫遭日軍殺害；無計其數的戰士為保國衛民戰死沙場。日軍殘無人道的暴行，不但激起了全國人民的同仇敵愾，更激發了知識份子的民族主義精神。錢先生的《國史大綱》就是在這種情形下撰稿的。他以此書鼓舞民心士氣，教我全國同胞吸取古人的經驗和歷史教訓，用智慧來同心協力，團結一致，保國衛民，維護中國歷史文化的延續。二十八年，《大綱》出版，先生在書之內扉頁寫道：「謹以此書獻給前方戰士。」因此，如果在本譜中於民國二十六年（一九三七年）下，不書日本侵略中國、七七盧溝橋事變、全國抗戰開始的國內大事，不但違背歷史真相，也使讀者不易瞭解《國史大綱》之所以問世的由來，和錢先生書生報國的心願了。所以，在本譜中用很少的文字介述第一項「國內大事」，我認為是有必要的。至於第二項「事略」和第三項「著述」，是本譜主體部分中最重要的，容在下面陳述之。

關於第四項，即今世著名學者對譜主著作的評論，係受了胡適之先生《崔述年譜》的啟迪。他在《後記》中說：

我的舊稿有一個妄想：我想在年譜裡作批評的工作，在崔述的每一部書寫定或刻成之年，就指出這部書的貢獻和他的缺點。這件工作是不容易的，年譜的中間擱置，這也是一個重要原因。

若將崔述的每一部書都要做批評的工作，的確是一件不容易的事，這非有相當長的時間準備不可，但是這的確是一件非常有意義有價值的工作。我們知道，錢先生的著作多的驚人，如果將他的五十餘部書都一一做出評論，那不是我的能力和時間所容許的。不過，我深信，要將當代有相當成就而著名的學者對錢先生的書文已經做過的評論，簡要的介紹出來，對於讀者應該很有參考的價值。例如他的《先秦諸子繫年》一書，嚴耕望先生就曾指出：「《繫年》一書不但為先秦學術史之一偉著，亦為治史之一傑作，無疑為先生前期論著中功力最深，組織最密之代表作。所以一經問世，甚受學林推重。如陳寅恪先生云，此書『極精湛，心得極多，至可佩服。』」又如錢先生的另一重要著作《劉向歆父子年譜》，他列出二十八事，以明康有為說之妄，證碻理壯，學林推服。所以胡適先生說「錢譜為一大著作」，從此康說頓息。

另外，再以《國史大綱》為例，此書自問世以來，極獲學術界好評，史學大師呂思勉誠之先生即盛讚書中「論南北經濟」一節，又謂：「此書新論，誠千載隻眼也。」又此後數十年來，大學裡的中國通史教本至今尚無出其右者。但是在贊揚中也有批評，例如，曾任北大校長的蔣夢麟先生，有一年在美國史丹福大學圖書館中和錢先生相遇，在談話中蔣先生說：「已連讀君之《國史大綱》至第五遍，似君書敘述國史優處太多，劣處則少。」先生遂問道：「所敘國史優處有不當處否？」蔣先生說：「無之」。錢先生解釋道：「既無未當，則亦不妨多及。國史敘治世則詳，敘亂世則略。一朝興則詳敘，一朝亡略及。拙著亦承國史舊例。今日國人好批評中國舊傳統，卻絕不一道其優處，拙著亦以矯國人之偏，君謂有未當否？」蔣先生再三點首道是。

除此之外，我認為將類似上述的那些批評文字，置於譜中錢先生的每一部書或論文後面，或許比較適當些，如果有批評的話。

總之，以上所舉的三個例子，目的說明在本譜的體例中，我擬定的第四項，對讀者提供了一種很好的參考，所以也是十分有意義的。

（二）史料的搜集和運用

我們知道，史料和歷史研究的著作是分不開的，如果沒有史料，就絕對不可能有歷史著作。這就譬如一個人想吃米飯，倘若不買來吃的話，就非用米來煮不可；又一個人想要建屋，就必須先要有建材一樣。所以，梁任公在《中國歷史研究法補編》裡說：「史料為史之組織細胞，史料不具或不確，則無復史之可言。」因此，要編著錢穆先生的學術年譜，非先將他一生的全部著作搜集齊備不可。但是，在搜集資料和運用方面，有以下兩種困難。

第一、如果在錢先生逝世後，立刻去編著本譜，其困難是：他一生的著作，論其時，則先後七十餘年；論其地，則分別刊行於大陸南北各地、香港和臺灣，在短期內不可能就搜集完全的。更何況十二年前，我還在臺大任教，每學期開學後，整天忙著備課、授課等，除寒暑假外，哪裡還有較多的時間容許我到各地去搜集資料呢？記得錢先生在世時，某天於素書樓下課後，他問我在學校教幾個小時課？我答曰：「八小時，另外晚上還有課。」先生說：「課這麼多，是很影響研究的。」我點頭說，是的。幸虧過了沒多久，就得知「錢賓四先生全集編輯委員會」，在錢胡美琦教授主持並實際參與整編工作之下，已約集了若干門人，展開整編工作了。（其詳細情形，請見《錢賓四先生全集》第54冊中的全集編後語。）這種將先生歷年的著作舊稿重新整理、修訂、增編的艱辛工作，日以繼夜，費時七載，共編成五十四冊，類分為甲、乙、丙三編，先後於民國八十三（一九九四）年、八十四（一九九五）年和八十六（一九九七）年，由聯經出版事業公司重新排版印行，這是錢先生全部著作的定本。本文以下簡稱其為《全集》本。

除聯經的《全集》本外，又有自民國八十九年底起，直到去年（九十年），素書樓文教基金會為完成錢先生生前為促進今日國人對我中華傳統文化之認識，曾計劃將其著作分類編為「小叢書」，以便利青年學子閱讀的遺願，以民國八十六（一九九七）年聯經出版公司之《全集》本作為底本，將先生的著作分類為：中國史學小叢書、中國文化小叢書、孔學小叢書、中國學術小叢書、中國學術思想史小叢書、中國思想史小叢書等，已與台北市蘭臺出版社聯合出版了。至於錢先生的其他著作，有的也已經印行，如《八十憶雙親 師友雜憶合刊》等，有的正在編排中。本文為行文方便，稱由素書樓文教基金會與蘭臺出版社聯合出版的諸小叢書等為蘭臺本。因為蘭臺本比《全集》本晚出，除偶有增添附注外，每冊都改正了《全集》本中若干誤植之錯字。另外，臺灣商務印書館於民國六十三（一九七四）年九月，印行了《國史大綱》的修正版；北京商務印書館在二〇〇一年七、八月相繼出版了素書樓文教基金會授權的《史記地名考》上下冊、《先秦諸子繫年》和《兩漢經學今古文平議》等。本文簡稱其為商務本。

總之，由於《全集》本、蘭臺本與商務本的先後印行，這對本譜的搜集資料工作，提供了最大的方便，將先前的憂慮，一掃而空。至於其他相關資料的搜集，就容易多了。

第二、資料運用上的困難。因為本譜的交稿期限較短，要在較短的期限內，由我一人單獨閱讀完錢先生那一千七百萬言的學術著作，並且精確的抽離出其中的重要部分，而編著成譜，是絕對做不到的事。因此，編著與否，最初頗使我遲疑不決，又幸而當時我的幾位師友得知此事，他們都認為，為實現願望，機不可失，也都樂意助我一臂之力。這三位師友，我認為有必要在這裡簡介一下：一是史子明先生，五十餘年來，他除任教職外，即嗜於研究文史，尤素喜研讀四部，並且細讀過許多本錢先生的著作，例如《先秦諸子繫年》、《國史大綱》、《宋明理學概論》、《中國近三百年學術史》等書，並在書上多處寫有心得和眉批。他雖年逾八旬，仍能花費兩年餘的時間讀畢《全集》，有時在書上用少數文字寫出心得和要點，或打圈圈，或畫曲線，提供我等再讀時的參考。另一位是趙鍾華先生，二十多年前，他於台大歷史系畢業後，除教書外，即潛心研讀文史，已點讀過二十五史等古籍，並擅創作，出版過幾本書，得過兩次獎。他的字跡秀逸，文筆流暢，尤其是他做事十分認真，很有效率。好幾年前，自從他於教職退休後，雖然可以全力繼續他的文史工作，但是，由於我在教學和研究上極需要有人相助的時候，真是友情難卻，他就成為我理想的助手了。在很不寬裕的期限內，我之決意敢編著本譜，就是由於他表示堅決的相助之故。所以，在編著的過程中，從開始到完稿與兩次的修訂，他投入的時間最多，所耗費的心力也最多，這是我必須說明的，也是我永遠不會忘記的。第三位是洪進業學棣，他沈默少言，在中學時代就常寫詩文刊於報端，自考入臺大歷史系和研究所碩士班後，所寫的新詩，曾獲得教育部青年創作的獎勵，考本校博士班時，學科成績第一。他為文簡練順暢，字跡工整，又擅電腦，平時雖然忙於博士論文的寫作，但是仍肯撥出時間，負責本譜初稿一部分的編輯工作。此外，內人蔡美玉女士和子女敏媛、振華，則負責本譜部分的抄錄、電腦打字和校對工作。後來，在我和師友們分工合作下，原由我個人運用資料的困難，也就化為無有了，並且終於在限期內交出了一百三十萬字的《錢穆先生學術年譜》初稿。這正如《易．繫辭》上說：「子曰：『二人同心，其利斷金。』」聖人之言，誠非虛語。

關於資料的運用，也分下列幾項來說明：

第一、本譜的紀年，係遵照譜主錢穆先生在生前於其著作之自序後，所習慣用的中華民國紀年為主。次為甲子，再次為西元，民國以前，採用清代皇帝年號。在本項目中所用的工具書，為萬國鼎編《中西對照中國歷史紀年表》補訂本（台北：學海出版社，民國六十三年二月出版。）和陳垣、董作賓《增補二十史朔閏表》（台北：藝文印書館）。

第二、關於「國內大事」的資料，係參考李劍農《中國近百年政治史》（臺灣商務）、李定一《中國近代史》（臺灣中華書局）、范文瀾《中國近代史》下冊（北京人民出版社）、張玉法《中國現代史》（台北，東華書局）、龔濟民、方仁念《郭沫若年譜》（天津人民出版）和《辭海》下冊（臺灣中華書局），精選諸書中相關的大事，用簡單的文字記錄下來。

第三、敘述譜主的「事略」所採用的資料，主要根據蘭臺本《八十億雙親師友雜憶合刊》一書（為行文方便，以下簡稱《合刊》），於細讀兩遍以上後，始將其中最要的部分簡略的記下來。例如《合刊》頁二四五至二四六載：

又一日，馮芝生忽亦自重慶來成都，華西壩諸教授作一茶會歡迎，余亦在座。不知語由何起，余言吾儕今日當勉做一中國人。芝生正色曰：「今日當做一世界人，何拘拘於中國人為。」余曰：「欲為世界人，仍當先作一中國人，否則或為日本人美國人均可，奈今日恨尚無一無國籍之世界人，君奈之何。」芝生無言。（梁）漱溟語不忘國，芝生自負其學，若每語必為世界人類而發，但余終未聞其有一語涉及於當前之國事。則無怪此後兩人同居北平之意態相異矣。

這件事，是在民國三十二年冬某月某日。我們從錢先生的這段回憶中，就可以瞭解到這三位前輩的言論和為人的高下了。這可從七八十年前，哲學家馮友蘭（字芝生）寫過一篇題為〈中國為什麼沒有科學〉（Why China has no Science）的英文論文，所受到的批評，作為參考。他在文中曾這樣說：「我不妨大膽的下結論，中國沒有科學……。」對中國科學文明有深入研究的英人李約瑟（Joseph Needham，一九〇〇—一九九五）博士曾撰〈中國科學對世界的影響〉一文，用意是剔除中國沒有科學這個普遍的錯誤觀點。因為長久以來，外國人認為中國沒有科學，中國人也認為本國沒有科學，李氏乃舉出了許多實證，證明事實並非如此。文中曾說：「這是年輕的馮友蘭的悲觀論調……。」朱浤源氏在〈李約瑟的成就與困境〉一文中說：

李氏為中國科技文明所下的工夫，早在二十年前即已受到世界各國學界的肯定。而由於李氏的成功，使原被忽略、誤解的中國古代科技文明，也因此而洗刷了一百多年來的不白之冤，特別是五四以來所受西化派人士的誤會。

翻譯李氏〈中國科學對世界的影響〉一文的胡菊人也評論道：

> 由此，我們得出一個結論，五四以來所盛行的中國文化不能產生科學的說法，是完全錯誤的。在十六世紀之前，中國科學幾乎在任何方面，都居世界各國之首。……中國文化不止未妨礙科學的發展，還是有極輝煌的建樹。

靜觀今日海峽兩岸的中國人，在科技方面的重大成就，和科學發展的快速與前景，事實證明了馮氏等西化派人士的論調是完全錯誤的，而李、胡、朱三氏的評論是十分正確的。

在這裡需要說明的是，關於錢先生一生的事蹟，固然以《合刊》為主要的記述依據，但是《合刊》所記止於民國七十一年，先生年八十八。所以從這一年起，關於他的事蹟，應主要的參看他撰寫或整理的書文中的序，或參看《全集》第五十四冊〈總目〉。總之，若讀者欲知先生一生的事蹟，在本文所附的《簡譜》中有極簡要的說明。

第四、摘錄錢先生全部「著述」五十三冊的精華，是本譜中最重要的部分，也是最費時的工作，加以交稿期限短，而我又極想全力為之，在這種情況下，如前面所述，幸得師友等的熱心鼎力相助，立刻與趙、洪二學友，根據《全集》第五十四冊《總目》，並參考邵世光所編《錢賓四先生著作目錄》，將先生一生的著作，分為前期、中期、晚期三個部分，我負責閱讀和摘錄有關中期裡的專書和論文，趙、洪二友則負責前、晚期，三人分工合作，先各細心閱讀所分配期別中的書文，直到完全掌握住其精華內容，再依據著成年月摘錄下來，編著成冊，共計十本，都一百三十萬言。這個集體之作，最後由我總其成，幸能在期限內交稿，完成了我在民國八十九年（二〇〇〇年）從臺灣大學歷史系退休後的一件大事。

第五、在前面說過，在每摘錄完錢先生的某一著作後，如在已盡力搜集到的資料中，有著名學者評論該著作的文字，只要客觀公允，確實對讀者有幫助，不論褒貶，都儘可能摘要下來，置於其後，提供讀者參考。我們認為這樣做，應該比較容易激發起他們讀書的興趣；久之，可養成慎思明辨的能力，這對將來的立身、處世、治學、經商或從政，應該有些幫助的。在此，再以錢先生的《先秦諸子繫年》為例，《繫年》誠是近代中國史學界的一部傑出的著作，故自問世後，當時大師級的學者陳寅恪等都有極高的評價。我認為，當讀者讀到本譜中的該書後面有余英時教授撰寫的〈《十批判書》與《先秦諸子繫年》互校記〉一文的摘要時，必定會對《繫年》產生很大的閱讀興趣，最後，也自然會瞭解誰是誰非的，這對後學的為學與做人，應該有些幫助。

最後，在此先要說明的，就是本譜的編著，由於時間關係，一定會有些不足之處，目前正在加緊修訂中。

這一節是以《錢穆先生學術簡譜》為例，代表說明本譜編著工作的實際情形。

錢先生原名恩鑅，字賓四，民國元年（一九一二年）之春，由其兄改名穆。江蘇省無錫縣人，祖居縣南延祥鄉嘯傲涇七房橋之五世同堂大宅。為五代吳越國王錢鏐後裔。曾祖父繡屏公，為國學生。祖父鞠如公，邑庠生。父諱承沛，字季臣，縣試秀才。母蔡氏。先生之家累代書香不斷。

清光緒二十一年〈民國前十七年〉乙未西元一八九五年 一歲

農曆六月初九（巳時），先生生於五世同堂大宅。時父母皆三十歲。兄恩第六歲。

是年，康有為三十八歲，梁啟超二十三歲，王國維十九歲，陳寅恪六歲，胡適五歲，郭沫若四歲，顧頡剛三歲，與董作賓同年，比傅斯年早一年生。

清光緒二十二年（民國前十六年）丙申 西元一八九六年 二歲

清光緒二十三年（民國前十五年）丁酉 西元一八九七年 三歲

清光緒二十四年（民國前十四年）戊戌 西元一八九八年 四歲

清光緒二十五年（民國前十三年）己亥 西元一八九九年 五歲

清光緒二十六年（民國前十二年）庚子 西元一九〇〇年 六歲

清光緒二十七年（民國前十一年）辛丑 西元一九〇一年 七歲

秋，入私塾，拜至聖先師孔子像，從華姓塾師受業。

清光緒二十八年（民國前十年）壬寅 西元一九〇二年 八歲

舉家遷居蕩口鎮。訪得華姓名師，為先生講《史概節要》及《地球韻言》兩書。講兩書畢，因師忽病，不能坐塾，在家竟日閱讀小說，自此兩目始近視。

清光緒二十九年（民國前九年）癸卯 西元一九〇三年 九歲

夜晚常在枕上竊聽父親承沛公為長兄恩第講述《國朝先正事略》諸書，講湘軍平洪楊事，喜而不寐。

清光緒三十年（民國前八年）甲辰 西元一九〇四年 十歲

八弟文，字起八生。

入蕩口鎮私人創辦之新式果育小學初等一年級就讀。先生畢生從事學問與自幼即抱民族觀念，皆受錢伯圭師散發之。

清光緒三十一年（民國前七年）乙巳 西元一九〇五年 十一歲

讀果育小學二年級，因作文優異，屢獲獎勵，兩度躐等升入四年級上課。

清光緒三十二年（民國前六年）丙午 西元一九〇六年 十二歲

升入果育高級班。國文老師顧子重學通新舊，又精歷史輿地之學。先生中年以後，治學喜史地，蓋由顧師導其源。顧師對其作文，倍加稱賞，謂他日有進，當能學韓愈。先生正式知有學問，自顧師此一語始。

先生入果育高三時，暑期中參加華紫翔師講習班。授中國各體古文，起自《尚書》，下迄晚清曾國藩，經、史、子、集，無所不包。皆取各時代名作，全一暑期，約得三十篇上下。先生所作讀後一文，深獲紫翔師讚賞。最後讀選授之曾氏〈原才篇〉，先生至晚年始深知人才原於風俗，而風俗可起於一己之心嚮。此亦受紫翔師在先生童年時的啟發。

先生晚年追憶說：「此後余每治一項學問，每喜從其歷史演變上著眼，而尋究其淵源宗旨所在，則亦從紫翔師此一暑期講習班上所獲入也。」四月二十四日，父承沛公病卒，享年四十一。遺有詩賦與集文如〈岳武穆班師賦〉等。先生時而誦之，故自幼即知民族觀念，特重忠義，實淵源於此。

是年，舉家遷至後倉濱，即果育小學之隔鄰。

清光緒三十三年（民國前五年）丁未　西元一九〇七年　十三歲

或因升級而建業果育高等三年級。冬，與長兄一同考入常州府中學堂。

清光緒三十四年（民國前四年）戊申　西元一九〇八年　十四歲

常州府中學堂二年級肄業。

清宣統元年（民國前三年）己酉西元一九〇九年　十五歲

常州府中學堂三年級肄業。舉家遷返七房橋。

清宣統二年（民國前二年）庚戌　西元一九一〇年　十六歲

常州府中學堂四年級肄業。年終，被公推為代表之一，要求校方改革課程，未蒙允許，憤而自動退學。於居處偶見譚嗣同《仁學》一書，讀後大喜。因書中言及世界人類髮型，乃一人赴理髮室剪去長辮。

清宣統三年（民國前一年）辛亥 西元一九一一年 十七歲

春，轉入私立南京鍾英中學五年級肄業。暑假中，患傷寒，為藥所誤，大病幾死，延期赴校，適逢武昌起義後一日。

中華民國元年 壬子 西元一九一二年 十八歲

春，先生原名思鑅，字賓四。兄原名恩第，字聲一，於自易名贄時，並改先生名穆。是年元旦，輟學家居，因念家貧，自此升學絕望，乃矢志自學。遂一人至又新小學校閉門補讀《孟子》。後奉兄命初往秦家渠三兼小學任教，先生此後七十五年從事教育生涯之始。

應上海《東方雜誌》徵文，撰〈論民國今後之外交政策〉，獲三等獎，未刊。為先生投寄報章雜誌之第一文。

中華民國二年 癸丑 西元一九一三年 十九歲

轉入蕩口鎮私立鴻模學校任教，教高等三年班國文與史地課。暑期後受聘梅村鎮無錫縣立第四高等小學，仍兼鴻模課一年。

中華民國三年 甲寅 西元一九一四年 二十歲

暑期後辭鴻模兼職，專任梅村鎮縣四高小教職。

中華民國四年 乙卯 西元一九一五年 二十一歲

專任梅村鎮縣四高小教職。先生朝夕讀書已過三年，同事皆稱之博學。

中華民國五年 丙辰 西元一九一六年 二十二歲

專任梅村鎮縣四高小教職。

中華民國六年 丁巳 西元一九一七年 二十三歲

專任梅村鎮縣四高小教職。

秋 完婚。

中華民國七年 戊午 西元一九一八年 二十四歲

夏，七房橋五世同堂於四年遭火災後，又遭回祿之災，無屋可居，乃又遷家至蕩口鎮。為朝夕侍養母親，乃辭梅村鎮縣四高小教職，回蕩口鎮鴻模學校任教。

《論語文解》積年所寫已成一書，郵寄上海商務印書館出版，此為先生正式著書之第一部。

中華民國八年 己未 西元一九一九年 二十五歲

續任教鴻模小學。秋季，轉任后宅鎮泰伯市立第一初級小學校長之職。

自印與朱懷天合撰詩集《二人集》。

中華民國九年　庚申　西元一九二〇年　二十六歲
任后宅鎮泰伯市立第一初級小學校長。
交梅村鎮縣四高小出版《朱懷天先生紀念集》一書。
中華民國十年　辛酉　西元一九二一年　二十七歲
仍任后宅鎮泰伯市立初級小學校長，並兼任泰伯市立圖書館館長。
中華民國十一年　壬戌　西元一九二二年　二十八歲
秋季，辭去后宅泰伯市立初級小學校長及泰伯市立圖書館長職，轉至縣立第一高等小學任教。於中秋節後轉赴福建省廈門集美學校任國文教師。此為先生任教中學之始。
中華民國十二年　癸亥　西元一九二三年　二十九歲
秋季，轉任無錫江蘇省立第三師範學校國文教師。
是年，撰〈屈原考證〉等論文三篇。
中華民國十三年　甲子　西元一九二四年　三十歲
仍任無錫三師教師。秋，隨班遞升教二年級國文。開《論語》課，編成《論語要略》一書。自學日文。
中華民國十四年　乙丑　西元一九二五年　三十一歲

仍任無錫三師教師。秋，隨班遞升教三年級國文。講《孟子》，編《孟子要略》。

《論語要略》，上海商務印書館十二月出版。

中華民國十五年 丙寅 西元一九二六年三十二歲

仍任無錫三師教師。秋，隨班遞升教四年級國文。講《國學概論》，始編《國學概論》一書。

《孟子要略》，上海大華書局出版。

是年，撰〈編纂中等學校國文科公用教本之意見〉等論文二篇。

中華民國十六年 丁卯 西元一九二七年 三十三歲

仍任無錫三師教師。春，國民軍北伐，學校停課，避居鄉間兩月，及整理《先秦諸子繫年》積稿，已成卷帙。秋，轉入省立蘇州中學，任最高班之國文課教席，並為全校國文課之主任教師及最高班之班主任。

中華民國十七年 戊辰 西元一九二八年 三十四歲

仍任蘇州省立中學教職。春，《國學概論》一書完成。秋後，先生家禍大作，兒殤妻歿，兄亦繼亡，百日之內，哭骨肉之痛者三。椎心碎骨，幾無人趣。

是年，撰〈王氏古本竹書紀年輯校補正〉等論文五篇。

中華民國十八年 己巳 西元一九二九年 三十五歲

仍任蘇州中學教職。春，在蘇州續娶，夫人為張一貫。

是年，完成《墨子》一書。並撰〈易經研究〉論文一篇。

中華民國十九年 庚午 西元一九三〇年 三十六歲

仍任蘇州中學教職。三月，完成《王守仁》（後易名《陽明學述要》）一書。

六月，所撰〈劉向歆父子年譜〉刊載於《燕京學報》第七期。秋，因顧頡剛推薦至北平任燕京大學國文講師，為任教大學之始。

十月，《王守仁》由上海商務印書館出版印行。

是年，又撰〈關於老子成書年代之一種考察〉等論文四篇。

中華民國二十年 辛未 西元一九三一年 三十七歲

仍任燕京大學教職。夏，受聘至北京大學歷史系任教，為在大學講授歷史課程之始。講授《中國上古史》、《秦漢史》及《中國近三百年學術史》。

並兼清華大學課。

《墨子》、《周公》（譯）、《國學概論》、《惠施公孫龍》四書均由上海商務印書館出版印行。

是年，撰〈周初地理考〉等論文四篇。

中華民國二十一年 壬申 西元一九三二年 三十八歲

仍任教北京大學，改開《中國政治制度史》。亦仍兼清華大學課。
《老子辨》由上海大華書局出版。
是年，撰〈周官著作時代考〉等論文四篇。
中華民國二十二年 癸酉 西元一九三三年 三十九歲
仍任教北大，兼任清華。秋，在北大始一人獨任《中國通史》課，另仍繼續講《中國上古史》、《秦漢史》。
是年，撰〈儒家之性善說與其盡性主義〉論文一篇。
中華民國二十三年 甲戌 西元一九三四年 四十歲
仍任教北大，兼清華課，又兼任燕京大學、北平師範大學教授。
是年，撰〈評日人瀧川龜太郎《史記會注考證》〉與〈楚辭地名考〉等論文八篇。
中華民國二十四年 乙亥 西元一九三五年 四十一歲
仍任教北大，兼清華、燕京、北平師大課。
《先秦諸子繫年》由上海商務印書館出版。
是年，撰〈唐虞禪讓說釋疑〉等論文十四篇。
中華民國二十五年 丙子 西元一九三六年 四十二歲
仍任教北大，兼清華、燕京、北平師大課。

是年，撰〈論兩宋學術精神〉等論文十四篇。

中華民國二十六年　丁丑　西元一九三七年　四十三歲

七七事變，抗日戰爭軍興，十月，與同事離平結伴南遷，輾轉至衡州南嶽北大文學院臨時院址。

五月，《中國近三百年學術史》由上海商務印書館出版。

是年，撰〈再論楚辭地名答方君〉等論文十一篇。

中華民國二十七年　戊寅　西元一九三八年　四十四歲

春，隨校由陸道步行赴昆明。到達後不久，又結隊往蒙自，到西南聯大文學院任教。

同事陳夢家力勸先生為《中國通史》寫一教科書，以應全國大學青年與時代急迫需要。始決意撰寫《國史大綱》一書。

民國二十八年　己卯　西元一九三九年

仍任教西南聯大。六月，於宜良西山岩泉下寺撰成《國史大綱》。東歸蘇州探母，離昆明前，允顧頡剛之約，任流亡成都之齊魯大學國學研究所教授，並負責編輯《齊魯學報》。於蘇州擇居耦園，侍母之暇，以半日讀英文，餘半日至夜半專意撰《史記地名考》一書。

是年，另撰〈建國三路線〉等論文四篇。

中華民國二十九年　庚辰　西元一九四〇年　四十六歲

夏，返成都至齊魯大學國學研究所履教職，又兼齊魯大學課。
六月，《國史大綱》由上海商務印書館印行，出版後，又在重慶以國難版發行。
是年，撰〈社會自由講學之再興起〉論文一篇。
中華民國三十年 辛巳 西元一九四一年 四十七歲
仍任教齊魯大學國學研究所，兼齊魯大學課。居不半歲，忽得家訊，老母於陰曆新年初五病亡，心中日夜傷悼，遂決應嘉定武漢大學函電頻促邀去講學。後至樂山復性書院講演。
六月，任齊魯大學國學研究所主任。
《劉向歆父子年譜》由重慶中國文化服務社單獨印行。
是年，撰〈齊魯學報創刊號發刊詞〉、〈漢初侯邑分佈〉等論文二十九篇。
中華民國三十一年 壬午 西元一九四二年 四十八歲
仍任齊魯大學國學研究所主任，兼齊魯大學課。春，赴遵義浙江大學，作一月之講學。
六月，《文化與教育》由重慶國民出版社出版。
是年，撰〈論古代對於鬼魂及葬祭之觀念〉等論文十九篇。
中華民國三十二年癸未西元一九四三年 四十九歲
仍任齊魯大學國學研究所主任，兼齊魯大學課。秋，齊魯大學國學研究所停辦，應邀轉任華西大學教授，兼四川大學教席。

《清儒學案》全稿成後，被國立編譯館遺失，幸留有序目。

是年，撰〈兩漢博士家法考〉等論文十四篇。

中華民國三十三年 甲申 西元一九四四年 五十歲

仍執教於華西大學 在病中讀《朱子語類》、《指月錄》。撰〈智識青年從軍的歷史先例〉，鼓勵知識青年投筆從戎，以救國家。

五月，與姚漢源合著之《黃帝》由重慶勝利出版社出版。

是年，另撰〈文藝美術與個性伸展〉等論文十三篇。

中華民國三十四年 乙酉 西元一九四五年 五十一歲

仍任華西大學，兼四川大學教席。

十一月，《政學私言》由重慶商務印書館出版。

是年，撰〈神會與壇經〉等論文七篇。

中華民國三十五年 丙戌 西元一九四六年 五十二歲

仍任教華西大學，兼四川大學課。夏，回蘇州。秋，隻身扶病赴雲南昆明，任教五華學院，所授以《中國思想史》為主。並兼任雲南大學教授。

是年，撰〈魏晉玄學與南渡清談第十講〉等論文十五篇。

中華民國三十六年 丁亥 西元一九四七年 五十三歲

仍任教五華學院，兼任雲南大學。暑假，無錫巨商榮家有創辦江南大學之議，屢來相邀，為調養胃病，決意離昆明返無錫。

是年，撰〈陽明良知學述評〉等論文九篇。

中華民國三十七年 戊子 西元一九四八年 五十四歲

春，轉赴私立江南大學任文學院長職。課餘公畢，先後撰成《湖上閒思錄》與《莊子纂箋》二書。

是年，撰〈周程諸子學派論〉等論文三篇。

中華民國三十八年 己丑 西元一九四九年 五十五歲

春假，應廣州私立華僑大學之聘，由上海南下廣州。秋季，隨僑大遷香港，不久，由張（其昀）曉峯、謝幼偉、崔書琴創辦之亞洲文商學院（夜校）成立，派任先生為院長。

五月，《中國人之宗教社會及人生觀》由台北自由中國社出版。

是年，撰〈人生三路向〉等論文五篇。

中華民國三十九年 庚寅 西元一九五〇年 五十六歲

秋，創辦新亞書院，任常務董事、院長。冬，赴臺北籌措學校經費，並應邀講演。講《文化學大義》、《中國歷史精神》，又以講辭擇題撰成《人生十論》。

十月，《中國社會演變》由台北中國問題研究所出版。

是年，撰〈中國傳統政治〉等論文十篇。

中華民國四十年 辛卯 西元一九五一年 五十七歲

仍任新亞書院院長。五月《國史新論》於香港自印出版。

冬，為籌辦新亞書院台灣分校再赴臺北，滯留臺灣數月，未果。

秋，為《現代國民基本知識叢書》撰成《中國思想史》。

十二月，《莊子纂箋》由香港東南出版社出版。

是年，撰〈中國民族之克難精神〉等論文二十二篇。

中華民國四十一年 壬辰 西元一九五二年 五十八歲

仍任新亞書院院長。春，承邀來台灣作連續五次講演，擇題為《中國歷代政治得失》。

四月十六日，應邀為「聯合國同志會」假淡江文理學院新建驚聲堂作一講演時，忽然屋頂水泥大塊墜落，擊中頭部，昏厥送醫，出院後赴臺中養病四月。

一月，《文化學大義》由台北正中書局出版。

十一月，《中國歷代政治得失》於香港自印出版。

十一月，《中國思想史》由台北中華文化出版事業委員會出版。

是年，撰〈唐宋時代文化〉等論文十一篇。

中華民國四十二年 癸巳 西元一九五三年 五十九歲

仍任新亞書院院長。夏，獲得美國雅禮協會協款。秋，復得美國亞洲協會、福特基金會資助，籌辦新亞研究所，兼所長職。

六月《宋明理學概述》由台北中華文化出版事業委員會出版。

六月，《四書釋義》由台北中華文化出版事業委員會出版。

是年，撰〈朱熹學述〉等論文二十二篇。

中華民國四十三年 甲午 西元一九五四年 六十歲

仍任新亞書院院長，兼新亞研究所所長。暑期，應邀赴臺北作連續講演，講題為《中國思想通俗講話》。

是年，撰〈孔子與春秋〉等論文十二篇。

中華民國四十四年 乙未 西元一九五五年 六十一歲

仍任新亞書院院長，兼新亞研究所所長。

春，新亞研究所正式成立。秋，又應教育部之邀，率領訪問團赴日本作報聘訪問，於京都、東京大學作公開講演。

教育部頒贈學術獎章。

是年，香港大學頒授名譽博士學位。

四月，《中國思想通俗講話》香港自印行。六月，《人生十論》由香港人生出版社出版。《陽明學述要》台北正中書局出版。

是年，撰〈中國思想史中之鬼神觀〉等論文二十二篇。

中華民國四十五年 丙申 西元一九五六年 六十二歲

仍任新亞書院院長，兼新亞研究所所長。

一月三十日，與胡美琦女士於九龍結婚。

暑後，新亞書院農圃道新校舍落成遷入，為自有校舍之始。

十二月，《王陽明先生傳習錄及大學問節本》由香港人生出版社出版。

是年，撰〈中國古代北方農作物考〉等論文十八篇。

中華民國四十六年 丁酉 西元一九五七年 六十三歲

仍任新亞書院院長，兼新亞研究所所長。

二月，新亞書院首創藝術專修科。

四月，《秦漢史》於香港自印出版。

十月，《莊老通辨》由香港新亞研究所出版。

是年，撰〈春秋時代人之道德精神〉等論文十八篇。

中華民國四十七年 戊戌 西元一九五八年 六十四歲

六月，《學籥》於香港自印出版。八月，《兩漢經學今古文平議》由香港新亞研究所出版。是年，撰〈讀文選〉等論文二十四篇。

中華民國四十八年 己亥 西元一九五九年 六十五歲

仍任新亞書院院長，兼新亞研究所所長。

九月，赴臺北為國防研究院講「民族與文化」。

秋，決定參加中文大學，並參與籌設中文大學事。

是年，撰〈從董仲舒的思想說起〉等文二十一篇。

中華民國四十九年 庚子 西元一九六〇年 六十六歲

仍任新亞書院院長，兼新亞研究所所長。

一月，赴美國耶魯大學講學，課餘撰《論語新解》。學期結束，耶魯大學特頒贈名譽博士學位。

於哈佛大學東方研究所、哥倫比亞大學丁龍講座、中美文化協會、芝加哥大學講演。由美轉赴英、法、意三國訪問，十月，返港。旋提議取名中文大學。

五月，《湖上閒思錄》由香港人生出版社出版。

六月，《民族與文化》由台北聯合出版中心出版。

是年，撰〈新亞書院十年之回顧與前瞻〉等文二十一篇。

中華民國五十年 辛丑 西元一九六一年 六十七歲

仍任新亞書院院長，兼新亞研究所所長。新亞書院理學院成立。

十二月《中國歷史研究法》由香港孟氏教育基金會出版。

是年，撰〈關於學問方面之智慧與功力〉等文二十一篇。

中華民國五十一年 壬寅 西元一九六二年 六十八歲

仍任新亞書院院長，兼新亞研究所所長。

十月，《史記地名考》由香港太平書局出版。

是年，撰〈學問與德性〉等文十八篇。

中華民國五十二年 癸卯 西元一九六三年 六十九歲

仍任新亞書院院長，兼新亞研究所所長。

十月十七日，新亞、崇基、聯合三書院合併成立為香港中文大學，十一月二十七日，提出辭去新亞職務。

三月，《中國文學講演集》由香港人生出版社出版。

十二月，《論語新解》由香港新亞研究所出版。

是年，撰〈略論魏晉南北朝學術文化與當時門第之關係〉等文十五篇。

中華民國五十三年 甲辰 西元一九六四年 七十歲

七月，向新亞董事會辭去新亞書院院長之職，惟董事會允於次年正式辭職。擇居青山灣，計劃撰寫《朱子新學案》一書。

割治青光眼疾。

是年，撰〈中國文化體系中之藝術〉等文二十篇。

中華民國五十四年 乙巳 西元一九六五年 七十一歲

六月，正式卸任。推卻南洋大學商請任校長，應允馬來西亞大學之聘請。

七月，離港赴吉隆坡馬大講學。

是年，撰〈論中華民族之前途〉等文四篇。

中華民國五十五年 丙午 西元一九六六年 七十二歲

二月，因胃病提前返港。住沙田舊居，日夜寫《朱子新學案》。香港難民潮起，乃決計遷居臺北。

是年，撰〈老子論宇宙原始〉等文十篇。

中華民國五十六年 丁未 西元一九六七年 七十三歲

十月，遷居台北，先住市區金山街。

是年，撰〈四部概論〉等文十篇。

中華民國五十七年 戊申 西元一九六八年 七十四歲

七月，遷入士林外雙溪臨溪路七十二號素書樓。同月，以百分之九十最高票，當選中央研究院院士。

七月《中華文化十二講》由台北三民書局出版。

是年，撰〈中國文化與國運〉等文二十三篇。

中華民國五十八年 己酉 西元一九六九年 七十五歲

一月，於臺南成功大學講《史學導言》。

為中國文化學院（今中國文化大學）史學研究所授課，撰成《中國史學名著》、《雙溪獨語》二書。任故宮博物院特聘研究員。九月，赴香港參加新亞書院二十周年院慶。

十一月，《中國文化叢談》由台北三民書局出版。《朱子新學案》亦撰成書。

是年，撰〈六祖壇經大義〉等文十六篇。

中華民國五十九年 庚戌 西元一九七〇年 七十六歲

仍任中國文化學院史學研究所教職及故宮博物院研究之職

二月，任香港大學校外考試委員赴港，並至新亞講演。

五月，《史學導言》由台北中央日報社出版。

是年，撰〈朱子之通鑑綱目〉等文十一篇。

中華民國六十年 辛亥 西元一九七一年 七十七歲

仍任文化學院教職及故宮博物院研究之職。

七月，《中國文化精神》在臺出版。
九月，《朱子新學案》在台北自印。
十一月，《朱子學提綱》在台北自印。
是年，撰〈中國知識分子之責任〉等文十五篇。
中華民國六十一年 壬子 西元一九七二年 七十八歲
仍任文化學院教職及故宮博物院研究之職。
秋，為中國文化學院史學研究所碩、博士班研究生講《雙溪獨語》一年。
是年，撰〈孔子與中國文化及世界前途〉等文八篇。
中華民國六十二年 癸丑 西元一九七三年 七十九歲
仍任文化學院教職及故宮博物院研究之職。
五月，《中國史學名著》由台北三民書局出版。
是年，撰〈理學與藝術〉等文十一篇。
中華民國六十三年 甲寅 西元一九七四年 八十歲
仍任文化學院教職及故宮博物院研究之職。
三月，入醫院，割除右眼白內障。
生辰前，偕夫人錢胡美琦女士南遊，寓梨山、武陵農場、天祥、花蓮四處，歷八日。寫成〈八十憶雙親〉一文。

一月，《理學六家詩鈔》由台北，台灣中華書局出版。

二月，撰成《孔子傳》 九月，《孔子與論語》由台北聯經出版事業公司出版。

是年，撰〈中國文化傳統中之史學與文學〉等文十五篇。

中華民國六十四年 乙卯 西元一九七五年 八十一歲

仍任文化學院教職及故宮博物院研究之職。

八月，《孔子傳》由台北綜合月刊社印行。

九月，《中國學術通義》由台北，台灣學生書局出版。

《八十憶雙親》由香港新亞書院校友會印行。

是年，撰〈讀趙汸東山存稿〉等文十一篇。

中華民國六十五年 丙辰 西元一九七六年 八十二歲

仍任文化學院教職及故宮博物院研究之職。繼續在素書樓客廳為文化學院史學研究所碩、博班研究生授課。

二月，《靈魂與心》由台北聯經出版事業公司出版。

六月，《中國學術思想史論叢》（一）由台北東大圖書公司出版。

是年，撰〈讀張穆著閻潛邱年譜再論尚書古文疏證〉等文十一篇。

中華民國六十六年 丁巳 西元一九七七年 八十三歲

仍任文化學院教職及故宮博物院研究之職。

冬，胃病劇作，幾不治。於病前，新亞書院院長金耀基來告，擬為新亞創設「錢賓四先生學術文化講座」，堅邀先生為第一次講演人，情不能卻，允之。而胃病眼疾迭作。

二月，《中國學術思想史論叢》（二）由台北東大圖書公司出版。

五月，《世界局勢與中國文化》由台北東大圖書公司重版（六十四年，為郵政總局郵光叢書，僅供內部員工閱讀，不對外發行。六十六年，作者重新整理，交東大重版）。

七月，《中國學術思想史論叢》（三）由台北東大圖書公司出版。

是年，撰〈朱子學流衍韓國考〉等文七篇。

中華民國六十七年 戊午 西元一九七八年 八十四歲

仍任前職。

春，病漸癒，而兩目已不識人，不能見字。

十月初，抱病赴香港任中文大學新亞書院「錢賓四先生學術文化講座」之第一次主講人。講題為《從中國歷史來看中國民族性及中國文化》，又於香港大學講《人生三步驟》。

一月、七月、十一月，《中國學術思想史論叢》（四）、（五）、（六）由台北東大圖書公司出版。

是年，撰〈讀陳建學蔀通辨〉等文五篇。

中華民國六十八年 己未 西元一九七九年 八十五歲仍任前職。

十月，又赴港出席新亞書院創校三十週年紀念會。

七月，《中國學術思想史論叢》（七）由台北東大圖書公司出版。

八月，《從中國歷史來看中國民族性及中國文化》由台北聯經出版事業公司出版。

《歷史與文化論叢》由台北東大圖書公司出版。

是年，撰〈三兼小學・師友雜憶之三〉等文八篇。

中華民國六十九年 庚申 西元一九八〇年 八十六歲

仍任中國文化大學（中國文化學院改名）教職及故宮博物院研究之職。

夏，偕夫人赴港，與留居大陸三子錢拙、行、遜，幼女輝相見，時隔三十二年，惟相聚僅七日。

八月，於台北南港中央研究院出席國際漢學會議。

三月，《中國學術思想史論叢》（八）由台北東大圖書公司出版。

十一月，《中國通史參考資料》由台北東昇出版公司出版。

是年，撰〈宗教與道德〉等文九篇。

中華民國七十年 辛酉 西元一九八一年 八十七歲

仍任前職。是年，偕夫人再去香港，與同來港的長女錢易及長姪錢偉長晤聚半月，五子女兩年內分別見面。五月，受邀參加香港宋史研討會首次大會致詞。

元月，《雙溪獨語》由台北，台灣學生書局出版。

是年，撰〈朱子四書集義精要隨劄〉等文五篇。

中華民國七十一年 壬戌 西元一九八二年 八十八歲

仍在素書樓為文化大學史學研究所碩、博士研究生授課，與續任故宮博物院特聘研究員。

七月，《古史地理論叢》由台北東大圖書公司出版。

是年，撰〈六祖慧能真修真悟的故事〉等文六篇。

中華民國七十二年 癸亥 西元一九八三年 八十九歲

仍任文化大學史學研究所教授暨故宮博物院特聘研究員。

元月，《八十憶雙親師友雜憶合刊》由台北東大圖書公司出版。

七月，《中國文學論叢》由台北東大圖書公司出版。（原《中國文學講演集》重編改名）

九月，《中國歷史精神》由台北陽明山莊印行。

九月，《中國文化特質》由台北陽明山莊印行。

十月，《宋代理學三書隨劄》由台北東大圖書公司出版。

是年，撰〈略論朱學之主要精神〉等文十一篇。

中華民國七十三年 甲子 西元一九八四年 九十歲

仍任前二職。

三月，獲頒行政院文化獎章。

七月，復赴香港，在港門人為先生慶祝九十壽辰；並與從大陸亦來香港之四子孫於新亞書院歡聚月餘。

十二月，《現代中國學術論衡》由台北東大圖書公司出版。

是年，撰〈略論中國文學〉等文六篇。

中華民國七十四年 乙丑 西元一九八五年 九十一歲

仍任前二職。

是歲，先生生辰屢犯病，大懼《晚學盲言》文稿不得終迄。夫人告知未修改之稿已無多，心乃大定。

是年，撰〈中國人的己與道〉等文三篇。

中華民國七十五年 丙寅 西元一九八六年 九十二歲

六月九日下午，在素書樓為文化大學史學研究所博、碩士班研究生上最後一堂課，臨別贈言：「你是中國人不要忘記了中國。」至此告別杏壇。惟應允素書樓弟子之懇請繼續為他們授課。

受禮聘為總統府資政，並辭去故宮博物院特聘研究員之職。

生辰後又百日，《晚學盲言》全書稿乃定。

是年，撰〈丙寅新春看時局〉等文十篇。

中華民國七十六年 丁卯 西元一九八七年 九十三歲

二月，被選為中國文化大學名譽教授。

八月，《晚學盲言》（上、下冊）由台北東大圖書公司出版。

是年，撰〈國史館撰稿漫談〉等文四篇。

中華民國七十七年 戊辰 西元一九八八年 九十四歲

為素書樓弟子繼續在家中授課兩載，是年方休。距民國元年任教師七十七年。

是年，撰〈論當前學風之弊〉等文四篇。

中華民國七十八年 己巳 西元一九八九年 九十五歲

秋，赴香港參加新亞書院創校四十週年紀念會。

三月，創立財團法人素書樓文教基金會。

三月，《中國史學發微》由台北東大圖書公司出版九月，《新亞遺鐸》由台北東大圖書公司出版。

中華民國七十九年 庚午 西元一九九〇年 九十六歲

六月一日，被指「佔用市產」，「無法忍受名節受辱，抑鬱遷出素書樓」。

八月三十日上午九時許，於台北市杭州南路新寓所逝世。

九月二十六日，聯合報刊出遺作〈中國文化對人類未來可有的貢獻〉。

中華民國八十一年 壬申 西元一九九二年

元月，歸葬於蘇州太湖西山之俞家渡石皮山。

元月六日，政府將素書樓正式闢為錢穆先生紀念館。

七月八日，香港新亞研究所校友會及中文大學新亞書院校友會組團至蘇州錢穆先生墓園晉謁。

中華民國八十二年 癸酉 西元一九九三年

錢穆先生卒後三年。

六月，台北市立圖書館錢穆先生紀念館館刊創刊（年刊）。

是年，財團法人素書樓文教基金會董事會開始積極推展會務。

中華民國八十五年 丙子 西元一九九六年

錢先生卒後六年。

香港中文大學新亞書院舉辦「錢賓四先生百齡紀念學術研討會」。

中華民國八十七年 戊寅 西元一九九八年

錢先生卒後八年。

三月一日，財團法人素書樓文教基金會《報導》第一期出版。

五月，由錢賓四先生全集編輯委員會整理編輯，台北，聯經出版事業公司出版《錢賓四先生全集》共精裝五十四冊。

中華民國八十八年 己卯 西元一九九九年

錢先生卒後九年。

二月一日，財團法人素書樓文教基金會《報導》第二期出版。

中華民國八十九年 庚辰 西元二〇〇〇年

錢先生卒後十年。

十二月二日，台北市市長馬英九，為紀念一代儒宗錢穆先生逝世十周年，賡續大師致力於文化教育的志業，假錢穆先生紀念館，舉辦「錢穆先生選輯」叢書出版發表暨追思會。

十二月二十四日、二十五日，台灣大學中國文學系，假台灣大學思亮館國際會議廳舉行「紀念錢穆先生逝世十週年國際學術研討會」。

中華民國九十年 辛巳 西元二〇〇一年

錢先生卒後十一年。

一月，台灣大學中國文學系《紀念錢穆先生逝世十週年國際學術研討會論文集》出版。

中華民國九十一年　壬午　西元二〇〇二年

錢先生卒後十二年。

三月二十九日下午，台北市市長馬英九，為一代國學大師錢穆先生故居素書樓整修完畢，並易名為「錢穆故居」，舉辦一同為錢穆故居慶生。市長並向與會之政府官員、清流學者、媒體記者及錢先生的門生故舊鄭重地說明了錢先生從未「佔用市產」，並且為錢先生晚年所受的污辱正式代表政府向錢夫人道歉。台北市政府文化局長龍應台亦於當日報端為文論述之。（以上參見是日《聯合報》15版），又當天，《聯合晚報》以頭版頭條新聞報導之。標題為「還錢穆公道　素書樓重開門」，副標題為「馬英九代表政府道歉　當年錢穆被民代指占用市產而遷出　抑鬱以終　如今還原歷史恢復大師清譽」。三月三十日，《中國時報》載：「錢穆故居素書樓重啟一代大儒獲平反」，副標題為「馬英九與錢夫人胡美琦合種「希望之松」」。龍應台感嘆當年「民主粗暴」。

《自由時報》云：「素書樓重開館還錢穆清譽」，副標題是「當年遭不實指控佔據公舍而搬離」，三個月後悒鬱而終　市長代表市府向錢夫人道歉開館儀式瀰漫追悼歷史憂傷。

《民生報》云：「馬英九為歷史的錯誤向錢穆夫人道歉。」《聯合報》亦有報導。又以上各報均附有彩色圖片。

五月五日，台北，聯合報系《歷史月刊》第一七二期，刊載了劉振志〈素書樓必將記入歷史—錢穆先生的遭遇及歷史尚賢事例舉隅〉一文。文章開頭說，三月三十日報載：已故國學大師錢穆先生位於台北外雙溪的故居素書樓，二十九日在霏霏細雨中，以素雅肅穆的形式重啟雙房。這條新聞令人不勝欷歔。

下面文中每段小標題是：錢穆的遭遇、魏文侯擇相、漢光武帝訪嚴光、元世祖禮賢杜瑛、歷史上的尚賢精神、誰在乎歷史？

八月三十日，素書樓文教基金會為紀念錢先生逝世十二週年，假台北市市立圖書館舉行書展。

（本文原載《興大人文學報》第三十二期，下冊，中華民國九十一（二〇〇二）年）

7.《山東通史》評介

書　名：《山東通史》
主編者：安作璋
出版者：山東人民出版社
出版年月：一九九五年二月
冊　數：十冊
字　數：全書共約四百餘萬字

壹、前言

寫的歷史書約分為專門著述和材料彙集兩大類。所謂專門著述，包括通史和專史兩類。所謂通史，是記述某一地區、某一國或全世界各種史蹟並加以融會貫通，以顯示出此一地區、此一國或全世界的人類社會賡續活動的史事。如台灣通史、山東通史、中國通史、世界通史等。所謂專史，是專門記述某種特殊史蹟的史事，如文化史、科技史、政治史、經濟史、宗教史、民族史等等。如今，中國各省已撰有通史的，除連雅堂編著的《台灣通史》外，最近幾年出版的有《山東通史》、《湖南通史》、《四川通史》，據說《湖北通史》亦正在編撰中。歷史是明瞭過去、計劃現在和發展未來的一面鏡子。所以山東省等這種「以古為鏡」的修史措施，只有重大的意義和價值，是很值得肯定和讚揚的。

山東號稱「齊魯文物之邦」，是中華民族與我國古代文化重要發源地之一，也是古代文化的中心。自古以來，在黃河下游與濱海間廣大的山東地區，不僅孕育著千千萬萬刻苦耐勞、敦厚樸實、講信重義和崇尚道德的居民，更產生了許多偉大的思想家、政治家、軍事家、科學家、文學家和藝術家。他們的思想言行，不但對山東地區和中國的歷史文化發展做出了巨大的貢獻，而且對全世界的歷史文化發展也發生很大的影響。國學大師錢穆賓四先生，在他的《中國歷史精神》第六講〈中國歷史上的地理與人物〉中就曾評論道：

……中國各地區的文化興衰，也時時在轉動，比較上最能長期穩定的應該首推山東省。若把代表中國正統文化的，譬之如西方的希臘般，則在中國首推山東人。自古迄今，山東人比較上最有做中國標準人的資格。他們最強壯，最活躍，大聖人、大文學家、大軍事家、大政治家各種偉大典型人物都有。既能平均發展，還能長時間維持不墜。第二纔推河南、陝西、山西、河北人。至於江浙閩粵人，大體上說，氣魄不夠雄偉、僅賴北方中國祖先餘蔭，實不足代表中國人的標準風格。

錢先生這番超地域、超族群的精闢客觀的評述，從這部多卷本的《山東通史》中，將可獲得許多明確而真實的例證。

貳、各卷本內容之評介

這部由大陸著名學者安作璋教授主編，而結合山東省二十多個單位和五十餘位學者，歷時八載，集體編撰的八卷十冊的《山東通史》，是中國近世以來一部區域史的巨著。它的出版，不但反映出主此事者的卓識和氣魄，組織協調的能力和智慧，更顯示出許多學者同心協力、合作無間的精神和結晶。它是一部闡述自古以來，山東在中國歷史文化發展過程中所作出的偉大貢獻和佔有重要地位的學術專著。全書上起遠古，下迄現代，按照中國歷史發展的順序，共分為先秦、秦漢、魏晉南北朝、隋唐五代、宋遼金元，明清、近代、現代各卷。編著者參照古今史書各種體裁的優點，採用一種新的綜合體裁，分為綜述、典志、列傳、圖表四個部分，建立了一個完整的山東地方通史體系。綜述是依照時間順序，以編年體和紀事本末體相結合的形式分析和論述山東各個歷史時期的重大事件，以體現山東歷史的發展過程、特點及其規律。典志是以政書體的形式撰述關於山東的經濟、政治、軍事、法典、科技、教育、禮儀、宗教、民族、外事、文獻、名勝古蹟等方面的專題，以補充綜述和列傳兩個部分論述所不便容納的史實。列傳則是採用紀傳體的形式，以專傳、合傳、類傳等不同體例，分別撰述屬於山東籍而又對山東或中國歷史有一定影響的各方面代表人物的傳記，雖非山東籍但對山東歷史的發展確有重大影響的人物，則視其具體情況，分別在綜述或典志中適當的加以論述。圖表包括各種有代表性或典型的實物圖片、歷代地圖以及各類年表、世表、專題表等，以彌補各卷文字表述的不足。以上四個部分，是互相聯繫，互為補充，詳略互見，藉以較充分地反映山東歷史的全貌，今將全書總主編與各卷的主編、內容以及其優缺點分別評介如下：

《山東通史》的總主編安作璋先生，現為山東師範大學、山東大學教授、博士生導師。長期從事中國古代史、秦漢史、山東地方史教學與研究。主要著述有《漢史初探》、《兩漢與西域關係史》、《班固與漢書》、《秦漢官制史稿》、《劉邦評傳》、《秦漢官吏法研究》、《班固評傳》、《漢高帝大傳》等專書，並主編有《中國史簡編》、《中國古代史科學》、《山左名賢遺書》等多種。安教授著作豐富，常識深厚，不僅為山東省史學界的龍頭，亦是大陸史學界的重鎮，曾任中國秦漢史學會副理事長。他的《班固與漢書》不但有台灣版，並且屢為台灣著名的《歷史月刊》執筆撰文。加以其人溫文儒雅，謙和誠厚，實為一位最理想的總主編。

一、先秦卷

《山東通史·先秦卷》，一九九二年七月出版，共一冊，六七八頁。主編李啟謙，現為山東曲阜師範大學歷史系教授，曾任孔子研究所所長。代表作是《孔門弟子研究》。

副主編王鈞林，現為曲阜師範大學歷史系教授，主要從事孔子、儒學以及先秦和近代中國歷史文化研究。代表作為《先秦山東地區宗法研究》。

先秦卷分為「綜述」、「典志」、「列國」、「世家」、「列傳」五個部分。

「綜述」部分是概述從遠古到秦統一山東地區的歷史發展，重點論述了山東地區的大汶口文化、龍山文化、夷夏關係，特別是齊魯兩國的經史文化。

「典志」部分是先秦卷的重點。共分為國野、經濟、田制、奴隸制、管制、兵制、刑制、朝聘會盟、宗法、祭祀、婚制、教育、科技、風俗、典籍等十五個專題，都一一作了系統，具體的考察和論述。

「列國」和「世家」為先秦卷所獨有。「列國」部分是概述姬、姜、任、風、己、曹、妘、嬀、姚、姒、子、嬴、偃、漆等十四姓五十四國的基本情況。「世家」部分則概述齊魯兩國幾大宗族的情況。如魯國的三桓，齊國的國氏、高氏等。

「列傳」部分則介紹各個領域的代表人物，共三十八人，有政治家、思想家、軍事家、教育家、科學家和工匠、醫生、婦女等等。

先秦卷有兩個優點：第一、充分利用考古資料，解決了一些長期懸而未決的疑難問題。例如，在魯國官職中究竟有無「太宰」一職，過去是有爭議的。本卷根據「魯太宰逢父毀」的金文資料，指出：魯國本有太宰一職，到春秋時期始廢而不置。第二、在重大問題上有突破性的研究。例如，關於宗法問題，本卷區分了宗法關係的兩種形態，指出：西周春秋時期的宗法關係，是指宗族內部各個家族根據系譜劃分的本枝關係，也就是大、小宗的關係。這是宗法關係的典型形態，其顯著的特點是和政治、經濟上的宗族統治相結合，從而形成宗法制。宗法制的本質是家和國的一體化，血緣組織和地緣組織完全打成一片。大約到戰國中期以後，開始出現了一種以家族系譜為基礎的個體家庭間的宗法關係，因為它是在宗法制瓦解以後產生的，和宗法制沒有聯繫，所以稱之為宗法關係的非典型形態。

至於先秦卷的缺點，主要的是沒有充分估計到禮樂制度的重要性，沒有作專題論述。另外，由於文獻的不足，一些重要問題只能語焉不詳或存而不論。

二、秦漢卷

秦漢卷的主編為安作璋教授，如前面所介紹的，以安教授在秦漢史研究方面豐碩的成果，以及其長期從事中國古代史、秦漢史、山東地方史教學與研究的學養和資望，由他任主編是理所當然的最佳人選。

秦漢卷的論述，在時間上，是從秦統一中國開始，到三國鼎立局面的形成為止。就是從公元前二二一年至公元二〇八年，凡四二九年，歷經秦、西漢、王莽新朝、東漢四個朝代。在內容上，全卷分為「綜述」、「典志」、「列傳」三個部分。

「綜述」部分是按時間順序概述發生在山東地區的重大事件：一、秦朝對山東地區的統治措施；二、秦始皇巡幸山東；三、秦末山東地區的農民起事；四、田齊王室後裔的復國行動；五、韓信攻取山東、六、漢初對山東的統治措施；七、三齊之亂；八、漢武帝九巡山東和六封泰山；九、昌邑王廢立之爭；十、「昭宣中興」時山東的吏治；十一、西漢末年山東的農民起事；十二、王莽末年赤眉大起事；十三、王莽末、東漢初山東割據勢力的興衰；十四、東漢初年對山東的統治；十五、山東世家豪族的形成；十六、東漢末年山東農民起事；十七、東漢末年軍閥對山東的爭奪。

這一部分以上述事件為主線，勾勒出秦漢時期山東歷史發展的大勢。

「綜述」部分以時間為序，縱向論述，「典志」部分則按典章制度等內容編排，橫向展開，敘述了以下內容：一、政區劃分及演變；二、職官設置及在山東做官的主要人物；三、農業、手工業和商業發展狀況；四、對黃河的治理及其它農用水利工程；五、教育發展狀況；六、齊魯風俗；七、文獻論述情況。

秦漢時期，山東經濟和教育在全國處於領先地位。山東是全國最重要的農業區之一，又是全國煮鹽、冶鐵和紡織中心。商業也很繁榮，武帝時，臨淄「市租千金」，是全國最大商業城市。在教育方面，曲阜成為教育聖地，山東私學之盛，居全國之冠。

「典志」部分對上述問題作了重點論述。

「列傳」部分則為一二〇多個人物立傳。在秦漢時期，山東人才之盛，甲于天下，有三公九卿、皇親國戚、思想家、文學家、教育家、醫學家、農學家以及聞名全國的游俠、孝悌和一些有名的宦官。他們的活動對秦漢社會的各個方面都發生巨大影響。例如創制漢禮的叔孫通；建議遷都長安、與匈奴和親的婁敬；提議設立太學的公孫弘；提出推恩令的主父偃，以及遍注六經的鄭玄等等，他們都是山東人；而齊方士徐福的東渡，成為中日關係史上的一段佳話。

本卷運用詳實的資料，從不同的角度再現了秦漢時期山東歷史的全貌。其中如關於山東儒學的發展及其在兩漢時期之政治、經濟、文化中的地位和影響，漢代世家豪族的形成及其特點，太平道的起源與青州黃巾起事的研究等問題，都提出了新的見解。其不足之處，因限於篇幅，有些問題的論述過於簡略，例如「齊魯風俗」部分，就沒能詳加說明。

三、魏晉南北朝卷

本卷由趙凱球、馬新編寫。趙凱球擬定綱目、通稿和定稿。

第一作者趙凱球，現任山東大學歷史系教授。長期從事中國古代史、山東地方史研究，曾自著或合著《中國史籍精神譯叢‧北史》、《中國皇帝全傳》等著作，並撰有〈南燕史鉤沉〉、〈魏晉南北朝時期山東佛教概說〉等論文。

第二作者是馬新，歷史學博士，山東大學歷史系副教授。代表作是《戰國秦漢時期鄉村社會研究》。本卷主要論述魏晉南北朝時期山東地區歷史，由於當時處在分裂的割據狀態，山東位於北中國的東部，又是南北相爭之地，所受的戰爭影響較大。因此，本卷的內容和前面的秦漢、以後的隋唐，均有顯著不同之特點。全卷分為「概述」、「典志」、和「人物傳記」三個部分。

「概述」部分主要寫曹操統一山東，魏晉時期山東經濟的恢復和門閥統治的建立，十六國時期前燕、前秦、後燕和東晉對山東的爭奪以及南燕的興亡，南北朝時期北魏，北齊對山東的統治等問題。

「典志」部分包括山東的政區、職官、兵制、經濟、教育和士族等方面，論述了許多具有地方特色和時代特色的制度，例如：僑州郡、南燕國官制、青州兵、屯田制、租調制等。概述了山東佛教和道教的傳布，著名的琅邪王氏、泰山羊氏、清河崔氏、蘭陵蕭氏等士族，山東文獻和名著提要等等。

「人物傳記」部分基本上把這一時期各個層面的山東重要人物全部收錄其中，例如諸葛亮、王導、王弼、王粲、劉勰、賈思勰、王羲之、王祥等皆有專傳，足資考證。

本卷的主要優點有三：第一、作者長期從事魏晉南北朝史和山東地方史研究，對本卷中的不少問題過去早有研究或資料積累，如十六國時期在山東地區建立的南燕國史問題，作者在一九八六年就已發表過專文論述。因而本卷不僅內容充實，資料豐富，而且具有相當深度，顯示出堅實的功力，無論在內容的廣度、深度和創新方面，都遠超過了以往有關這一時期山東歷史的論著。第二、深入淺出，通俗易懂。諸如在山東佛教概況中曾涉及教義解釋、門閥士族等等，均能化難為易，說明清楚，使一般讀者亦能讀懂。第三、文字流暢、簡潔，描述人物生動，大為提高了本卷的可讀性。

本卷主要的缺點：我們認為有的部分研究尚嫌不足，內容顯得單薄，如道教部分就是如此。

四、隋唐五代卷

隋唐五代卷的主編為高鳳林，現為山東師範大學歷史系教授，主要代表作除本書外，尚有〈唐朝的節度使制度〉、〈唐朝的銓選制度〉、〈唐代五品以上官吏的選任〉、〈唐代文官制度的發展〉等論文。

本卷的主旨是體現隋唐五代時期山東歷史的基本特點、山東歷史的發展和進步，其內容亦分為「綜述」、「典志」和「列傳」三個部分。

「綜述」部分，主要論述了隋唐五代時期的重大事件，包括分裂、反分裂的鬥爭，壓迫、反壓迫的鬥爭，叛亂和反叛亂的鬥爭，以及各軍事集團爭奪權力與地盤的戰爭等。這些鬥爭儘管給社會帶來了災難，造成了人民的痛苦，但總的來說，社會還是向前進步和發展了。這種進步和發展，集中表現為士族勢力的衰亡，庶族勢力的發展，人身依附關係的削弱等方面。

「典志」部分包括政治、經濟、外事、文化等內容。其中經濟部分為本「典志」中寫作的著力點，意在說明這一時期山東地區的農業、手工業、商業、交通等都發展到了一個新的水準。這種新水準是其它方面進步和發展的基礎。其次是外事部分，寫作的主旨是說明這一時期山東地區和外界的交往、聯繫空前的增多。這是經濟、文化發展的必然現象。再次是文化部分，其中佛教部分寫作的主旨，以寺廟數量及其活動的增多，說明此一時期佛教在山東的勢力達到了頂峰：文獻部分在說明這一時期山東地區的圖書編纂事業空前發達，保存下來的文獻資料之多也是空前的，它是文化發展的一個重要表現。政治部分上要說明政區建置的變化，這一時期在山東任職的官吏及其主要事蹟。

「列傳」部分中的人物，主要包括正面人物和反面人物兩種。其中的正面人物，是中華民族優秀傳統思想文化的集中體現者、繼承者和傳佈者，他們的活動給社會帶來了進步；其中的反面人物，是中華民族的敗類，他們的活動阻礙了社會的進步和發展。正面人物仍然是當今人們效法的楷模，反面人物則可做為人們行為的警戒，是反面的教員。對於一些正、反面互兼的人物，該卷則肯定其正確的一面，否定其錯誤、反動的一面。

總之，本卷係集中隋唐五代時期山東歷史的基本資料撰成，實為研究此一時期山東歷史的基本問題第一本著述；惟可能因為時間關係，沒能對方志、雜史、碑記以及其它實物資料加以充分利用，這應是將來修訂時的一個著力點。

五、宋元卷

本卷是由山東師範大學歷史系趙繼顏教授主編，其主要著作有《中國農民戰爭史·宋元卷》、《中國古代史教程》、《古代中國研究新視野》、《中國古代政治冤案》等，另發表學術論文五十餘篇。近年來主要從事山東地方史研究。

該卷內容分「綜述」、「典志」和「列傳」三個部分。它記述了九六〇年至一三六八年間北宋、金朝、元代時期山東的歷史狀況。其「綜述」部分，對山東的吏治、宋真宗東封泰山、宋遼及宋金在山東戰場上的爭戰、劉豫偽齊政權、李全和李壇父子的叛亂活動，紅襖軍和紅巾軍的反抗鬥爭等，都作了詳盡的敘述。

「典志」部分，則對這一時期山東的政區沿革、官員設置、農業、手工業、商業、水利、交通和教育、文化、風俗等各方面的狀況作了探討，並提出了他個人的看法。

「列傳」部分，所佔篇幅最多，將近全卷的一半。山東地區人才輩出，名人之多，實不勝畢述，作者僅為張齊賢、王禹偁、王旦、王曾、李清照、辛棄疾、王禎、邱處機等一四〇多位山東籍的文武官員和科學家、文學家、藝術家、宗教領袖、技藝人等分別立了傳，詳述其生平事蹟和對國家的貢獻，並對他們為人處世等作出了較為公允和客觀的評價。

該卷有下列三個特點：第一、編著者徵引與參考了許多歷史文獻、文集、筆記、小說以及碑刻、印章等出土資料，故內容十分豐富。第二、宋遼金元時期，政權更迭頻繁，民族關係與社會階級之關係均十分複雜，比較難以處理，編者乃分門別類對各個歷史事件加以梳理，並有系統有條理的加以敘述，使人讀後毫無雜亂之感。第三、本卷以大量篇幅介紹了這一時期山東的經濟發展狀況，並提出山東的經濟發展呈現出了階段性和各地區間的不平衡性特點，這個看法是相當正確和很有見地的。

其缺點是，在「典志」中沒有民族、外事等志。至於宗教，也僅記述了道士。

六、明清卷

本卷主編朱亞非，現為山東師範大學歷史系副教授，其研究範圍為明清史、中外關係史和山東地方史，代表作有《明代中外關係史研究》、《古代山東對外關係史》等，發表學術論文五十餘篇。

明清卷全面記述了自明代建立到清朝鴉片戰爭前夕（一三六八—一八四〇年）山東的歷史，按體裁分為「綜述」、「典志」和「人物傳」三大部分。

「綜述」部分主要記述了明清時期發生在山東境內的重大事件，例如：明代山東地方政權的建立、靖難之役、唐賽兒起事、漢王朱高照的叛亂和覆亡、山東沿海居民抗倭和援朝的鬥爭、明末的山東局勢、清初山東各地抗清的鬥爭、天理教事件等等。

「典志」部分主要記載明清時期山東的行政區劃、戶口、社會風俗與各種典章制度，包括政區和戶口、職官、兵制、經濟、水陸交通、教育、社會風俗、文獻。

「列傳」部分共介紹了明清時期在國內有影響力的一〇八位山東籍人物，根據他們的貢獻、地位和知名度，分別以專傳、合傳和類傳的形式加以介紹。

本卷有下列四個特點：第一、它是國內外最詳實、比較全面而且有系統研究明清時期山東地方史的書籍。徵引的資料豐富、脈絡清晰、觀點明確，使讀者對明清時期的山東歷史能獲得較完整的認識。第二、對過去一些研究不詳的問題進行了深入的探討，例如在山東城鎮經濟發展和資本主義萌芽、抗倭戰爭、運河的治理和使用等問題，編著者都作了深入的探討，彌補了以往研究的不足，為中國通史的研究提供了較好的素材。第三、對過去研究一些被忽略的問題進行了補充，如典志中的社會風俗、文獻等章，人物傳中的某些專傳、合傳或類傳人物，以往極少涉及，該卷均加以收錄或補充，彌補了山東地方史研究的不足，比較準確的反映出明清時期的社會面貌。第四、附有插圖、照片、地圖和年表等，便利了閱讀時的參考。

其不足的是，可能是由於本卷成書時間倉卒，或限於體例篇幅，對一些重大事件和人物研究不夠深入，宜於再版時加以補充。

七、近代卷

本卷共分上下兩冊，由李宏生、宋青藍負責主編。李宏生現任山東師範大學歷史系教授，並兼任該校山東地方史研究所所長。主要論著有：〈太平天國北伐援軍在山東的戰鬥〉。〈毓賢與山東義和團〉、〈義和團運動與國際公正輿論〉、〈山東辛亥革命志士徐鏡心〉、〈山東民主革命先驅陳幹〉、〈孫中山與山東革命運動〉等論文五十餘篇。另編著有《中國近代史》、《齊魯百年風雲錄》等。

宋青藍現為山東師範大學歷史系副教授。

本卷內容分「綜述」、「典志」和「列傳」三個部分。它具有下面幾個特點：第一、從內容上來說，該卷比較全面、系統的反映了近代山東真實的歷史進程和社會歲月，客觀的顯示了近代山東作為中國反清革命主要戰場和反對列強侵華的重要前哨陣地的歷史地位。同時，該卷對於在歐風美雨沖擊下，山東社會的近代化演變情形，亦給予較大篇幅，詳加論列，並注意敘述城鄉經濟結構變造的軌跡和山東在近代化歷程中步履遲緩的特徵。第二、在山東近代史的研究領域，該卷不僅吸收了海內外有關的重要研究成果，而且提出了若干獨到的學術見解。例如，在革命史方面，該卷敘述反清起義、義和團、辛亥革命的篇章，都有最新的研究成果，而且對於義和團的源流、山東辛亥革命歷史地位等問題的分析，都具有開拓意義。又如對社會近代化的論述，在「典志」篇中的手工業、市場經濟、農業科技的推廣、交通、城市等節目，有的是參考編者最新發表的論文和山東各地地方史志研究人員的最新成果。尤其是在編著過程中，還認真參閱了張玉法院士的有關論著。所以具有較高的學術價值。第三、對歷史人物的評價，態度十分謹慎。能夠將歷史人物置於當時所生存的環境中，認真考證其事跡，掌握住他們最具代表性的思想和行為，給予客觀的評判，並能盡力讓史實說話，而不妄加褒貶。例如武訓和許多辛亥革命人物，其是非功過，多有爭議。編著者對此均能做到尊重史實，糾正偏見，給予公允的評價。

八、現代卷

本卷共有上、下兩冊，分別由賈蔚昌、唐志勇擔任主編。賈蔚昌現任山東省教育學院教授，長期從事山東現代史研究，發表的有《山東解放大事記》、《山東抗日根據地》、《中共山東地方黨史大事記》和《中國共產黨歷史》等著作。

唐志弟現任山東師範大學歷史系教授，長期從事中國現代史和現代山東史的教學與研究，發表的主要論著有《工讀互助團的實踐與馬克思主義在中國的傳播》、《近代中國新思想的命運與國情研究》、《日偽新民會始末》、《五四運動前山東各界反對日本設立民政署的鬥爭》、《溫樹德的海軍生涯》。

現代卷上冊的內容包括「綜述」和「典志」兩個部分。「綜述」是按照時間的順序，用紀事本末體的形式，記述了從一九一九年「五四」愛國運動至一九四九年中華人民共和國成立，在山東發生發展的重大歷史事件。共中有反帝等的革命鬥爭，例如「五四」愛國運動在山東、國民革命運動在山東的開展、青島工人反日大罷工、山東抗日救亡運動的高漲、國共兩黨在山東的抗日鬥爭、中國共產黨山東地方組織的建立和發展、國共兩黨的兩次合作和破裂以至演變成武裝衝突、共產黨在山東統治的全面確立等的史實。此外，還記述了張宗昌、韓復榘主政山東和日本侵略者在山東的殘暴統治。

「典志」部分在上冊記述了政區、政權、軍隊、黨團。政區是按照在山東分別主政的北洋軍閥、國民黨和共產黨的歷史順序記述的，司時，將日本侵略者佔領山東時的淪陷政區劃分作為附錄。政權也是按照在山東分別主政的北洋軍閥、國民黨和共產黨的歷史順序記述了各級政權和主要官員的任職，同時，將日本侵略者佔領山東時的各級日偽政權作為附錄。軍隊是按照在中國現代史上軍事鬥爭發展變化的進程，記述了辛亥革命後，中華民國成立，建立了一支國民革命軍，和後來北洋軍閥在山東統治時期的駐軍。一九二八年春，國民黨軍隊進入山東，著重記述了韓復榘的第三路軍。抗日戰爭爆發後，山東很快淪陷，長期處於敵後，記述了國民黨和共產黨在山東的抗日的軍隊之建立和發展。同時，將外國帝國主義、侵略者如英、日、美在山東的駐軍作為附錄。黨團是按照產生的時間先後次序將若干全國性黨團在山東的地方組織分別作了記述，計有中國國民黨地方組織、中國共產黨地方組織、三民主義青年團地方組織、中國社會主義青年團、中國共產主義青年團、中國新民主義青年團地方組織、中國青年黨地方組織、中國農工民主黨地方組織、中國民主同盟地方組織、中國民主社會黨地方組織，基本上反映了各黨派在山東的地方組織概況。

綜觀現代卷上冊，記述的重大史實是可靠的，重要史料來源都註明出處，有不同說法的都在註中加以說明；歷史脈絡是清晰的，對重大歷史事件，實事求是的記述，不作空洞的評議，在夾敘夾議中或結束語中表明了作者的觀點。

「綜述」和「典志」兩部分的內容，從總體上看是互為補充，但兩者之間的敘事也有些重複的地方。其次，出於本卷定稿後到正式出版，因為經歷了一段較長時間，所以有些新的材料和研究成果，沒能來得及加以採用，只有期待再版時加以補充。

關於現代卷下冊的內容，包括現代山東的經濟、教育、少數民族、宗教、僑務、外事、名勝與紀念地等方面的典志，和現代山東籍的軍政、工商、文教、科技、民間藝術、英雄模範等方面人物的列傳。對現代山東經濟、教育和外事等方面發展變化的全部過程、諸部分、各區域的情況都作了敘述，這和以往學者作的階段性、局部性、區域性的研究有所不同。例如，現代山東的外事，以往的整理相對集中在北洋軍閥統治時期的幾次交涉上，本卷則敘述了北洋軍閥統治時期的巴黎和會關於山東問題的交涉、華盛頓會議關於山東問題的交涉、關於交收膠澳和膠濟鐵路的中日交涉、關於臨城劫車案的中外交涉、南京國民政府統治時期的關於濟南慘案的中日交涉、關於交收威海衛的中英交涉，以及抗日戰爭勝利後關於美軍在煙臺登陸中共與美國的交涉，從而系統全面的展現了現代山東較大的外事活動。現代山東的少數民族、宗教、僑務，以往學者的研究整理很薄弱，一些重要問題未被重視，已發表的論著有的失之過於簡略，有的偏重瑣事羅列。本卷初步說明了若干以往未被重視的問題，扼要而又較為充實的敘述了現代山東的少數民族、宗教和僑務狀況。例如，關於現代山東宗教，本卷重視了以往未被重視的基本建設、活動特點等問題，並且通過敘述青島湛山寺的建造、肥城玉都觀的建造、王靜齋的譯經工作、更多的道士常住城鎮鄉村宮觀、天主教和基督教的「中國化」、成達師範學校的創辦等，初步說明了這些問題。現代山東歷史人物，學者發表的文章已有很多，但是多偏重在市政方面，文教和科技方面較少，至於工商和民間藝術等方面更少。本卷是力將現代山東籍對歷史發展有重大影響的各方面有代表性的人物都收入於下冊，給一批被人們遺忘、被歷史塵埃所湮沒的工商鉅子、民間藝人立了傳，對某些以往介紹過於簡略的運政、文教、科技人物也作了較為詳細的介紹。其中有些人物的生平事迹未曾介紹過，該卷的立傳填補了山東歷史人物研究的一個空白。例如，現代山東工商界重要人物穆伯仁、于耀西等，其生平以往無片紙隻字的介紹，該卷為之立傳，完全是作者從濟南商會檔案和舊報刊中搜集的材料整理而成的。

叁、結語

綜合以上所述，這套多卷本的《山東通史》是十分有閱讀價值的地方史著作。如前面所說，每卷本的主編或作者們‧都是長期從事中國相關斷代史和地方史研究的專家學者和大學教授，他們不但發表過一些相關的論著，有豐富的寫作經驗，而且都對山東地方史有相當的研究與可觀的成績。所以，他們實為一支高水準的編寫隊伍。這支實力雄厚的編寫隊伍，經過長達八年的艱苦努力，參照了中國古今史書各種體裁的優點，分為綜述、典志、列傳、圖表四部分，而建立起一個容量大和完整的新體系；對有關史料「上窮碧落下黃泉」的到處搜集和細心的整理與考訂，並廣為參考了有關研究的新成果，終於完成了這部洋洋大觀的《山東通史》。從內容上看來，這部史書的出版，不但為山東地方史的研究開拓出一個新的領域，彌補了過去山東地方史研究的不足，並且為今後山東各個專史的研究產生了一種導向的作用。當然這部巨構也有美中不足之處，特別是對於山東自古至今的風俗民情陳述的很不夠。其他，正如主編安教授所作的檢討說，「各卷的綜述對某些重大問題的敘述詳略不一，有些未能展開充分論述。其他各卷的典志，雖都列有文獻志，但未能詳述其今日存佚情況，不便於讀者使用。其他如民族、風俗、宗教、水利、交通、外事等志，有的卷或付之闕如，有的卷或不夠完善。人物傳中，對個別歷史人物的取捨標準也不一致，仍有少數重要人物未能入傳等等。至於排印校對之失誤，那就更難免了。但是瑕不掩瑜，毫無疑問的，它仍然是一部值得細讀的史學著作。其理由如下：

因為山東省是中國的一部分，山東地方史自然也是中國歷史的一個組成部分。兩者是緊密的結合在一起，一切的變化都是息息相關的。因此，《山東通史》的公開印行，和將來各省區地方史如果陸續出版，也「必將為今後編纂新的中國通史提供重要參考和借鑒。」歷史的功用及其重要性，中外先哲言者多矣。單就我國而言，我們認為研讀中國通史，最能使讀者「明于盛衰之道，通乎成敗之數，審乎治亂之勢，達乎去就之理。」也最能激發國民愛國家、愛民族的志氣，以及明是非、別善惡、辨賢奸、知得失和立身處世的法寶。所以《山東通史》的問題，無論對山東人民或全中國的同胞而言都有龜鑑的作用。再者，世界著名的科學史大師李約瑟(Joseph Needham，一九〇〇—一九九五)曾說：「中國有過一個很偉大的過去，而且是必然有一個偉大的未來。任何事情西方人能夠做到的，中國人也一定能夠做到，即使不是超越的話。而最主要的是，中國人民有偉大的道德傳統，這將是防止現代科學有毀滅我們世界的危險的可能因素。由此可見道德傳統的重要。錢賓四先生指出，中國人傳統的道德觀念是人文精神的。中國人之所謂道，不是為自己打算，而是為別人、為大眾、為天下，乃至為後世打算。中國歷史乃由道德精神所形成。今天，海峽兩岸的中國，正朝著富強的大道向前邁進。同時更重要的是都應積極恢復傳統道德，發揮愛與敬的美德，如果這樣，相信在不久的將來，就能如李約瑟博士所說：「必然有一個偉大的未來」，到那時中國將有足夠的能力挽救世界的危機，給全人類帶來和平與進步。好像是錢賓四先生曾說，「中國文化在山東，山東文化在鄉村。」「中國文化精神，應稱為道德的精神。」我們若透過《山東通史》各卷本的人物列傳和風俗等的記述，便可知錢先生是言之有據的。如近代山東的武訓傾畢生行乞所得來捐辦學校。又如近幾十年來住在台北陋室山東籍的王貫英老先生以累年拾荒所得來捐贈圖書給許多圖書館，並進而計劃籌建圖書館。他們都是來自山東的鄉村，他們這種利他的行為，便是道德精神的表現。總之，我們深信，在即將到來的二十一世紀，維持世界人類和平共存的大任，必將落在國力富強與重道德的中國人之肩膀上。回溯以往，推察未來。「述往事，思來者。」所以這套《山東通史》和中國通史，是山東人和全國同胞應當閱讀的兩種史學著作。

附記

本文「貳、各卷本內容之評介」部分為集體之作，由筆者總其成，特此註明。

民國八十六（一九九七）年八月于台灣大學

（本文原刊台北市《山東文獻》第二十三卷第二期）

8.《劍橋中國史》第一冊〈秦漢篇〉譯序

韓復智　主譯

《劍橋中國史》是一部頗很有閱讀價值的史學著作，南天書局為了以饗國內的讀者與促進學術交流起見，特於民國七十二（一九八三）年十一月獲得劍橋大學譯為中文的授權，七十六（一九八七）年九月先後出版了〈晚清篇〉與〈隋唐篇〉，至今〈秦漢篇〉即將問世，這不僅是史學界新春伊始的盛事，單就《劍橋中國史》中文譯本而言，亦具有重大的意義。因為秦漢時期（221B.C.——220A.D.），不但是我國歷史上由郡縣統一的開創時代，亦是中國史上承先啟後、繼往開來的第一個盛世，在中國歷史上居有重要的地位。現在世界各國稱中國為China，據研究，它是由古代印度梵文Cina, Chinas，阿拉伯文Cyn或Sin，拉丁文Thin、Thinae演變而來的，都是「秦」的譯音。中華民族的主體漢族，就是在漢代形成的。此外，如漢字、漢學、漢醫、漢藥以及所謂的男子漢等，也都是由漢代而得名的。

其次，秦漢時期不但確立了中國的版圖，並建立了許多重要的制度，例如皇帝制度、中央政府組織、地方行政制度、法律、軍事、財經、貨幣、度量衡、選舉和教育制度等，以及現在使用的中國文字的主體漢字，都是在這個時期奠定的。所以說：「中國之教，得孔子而後立；中國之政，得秦皇而後行；中國之境，得漢武而後定，三者皆中國之所以為中國也。」

再就學術思想而言，「以經學史學為中心，再加以文學作輔翼，亦無不由兩漢樹立其主意即主流的意思，以樹木作例，即樹幹之意，後人承其緒餘，而略有發展。」復就科學技術而論，在天文、曆法、數學、醫學、建築和耕種技術等方面，都有了較高的發展，其光輝燦爛的成就，處於當時世界的前列。故有人說：「秦漢歷史文化，是中國歷史文化開闢之龍門，要了解中國歷史來去，學術源流，必由秦漢開始。要知道中國文化之本來面目，必先知秦和兩漢文化。」因此，《劍橋中國史．秦漢篇》中文譯本的問世，不但對國人了解已出版的〈隋唐篇〉、〈晚清篇〉有很大的幫助，而且對將來其他各篇亦必定有參閱價值，這是可以斷言的。尤其是讀者通過〈秦漢篇〉之譯文，不但可以拓展視野，同時也能夠了解外國研究秦漢史的實況，作為今後研習的參考；雖然對於一些觀點難以贊同。但正可以籍此詳考史實，明辨是非。

《劍橋中國史．秦漢篇》，起自秦始皇統一中國，止於東漢的滅亡，亦就是析述從西元前二二一年到西元二二〇年這一期間的中國史，前後共有四百四十年，全篇共一冊，計一〇七四頁，分為十六章，包括政治、軍事、制度、法律、社會、經濟，對外關係、宗教與學術思想。關於該篇的翻譯工作，最初由謝敏聰教授負責聯絡，而邀集了臺大、文化大學歷史研究所肄業與已畢業任教的年輕同好分別從事翻譯。後來，南天書局約聘馬先醒教授和筆者擔任總校訂與主譯，然當時譯稿已大致完成，一年後，馬教授因事赴美，乃辭去此一職務。民國八十二（一九九三）年初，我在香港九龍旺角學峰書局，曾看到大陸上於一九九二年二月由中國社會科學出版社出版的一冊《劍橋中國．秦漢史》中譯本，但書中也不免有些錯誤。例如，在該書〈本卷序言〉之官銜的譯名一節末二行中，誤將「中農令」（Ta-Nung-Ling）譯為「大農林」，據《漢書．百官公卿表》與原書九六七頁Glossary-Index均作「大農令」，這也可能是手書誤植。又如在該譯本五〇七頁第七章〈中央政府〉一節中的「廷尉的助手有一名丞」，實當譯為「廷尉的助手有一名正」，據《漢書．百官公卿表》載：「廷尉，秦官，掌刑辟，有正……。」而此表中所載的九卿如奉常、郎中令、衛尉、太僕等，其助手皆有一丞或兩丞，獨有廷尉有一名，故原書頁四七〇a controller(cheng)，實當譯為「一名正」，不應譯為「一名丞」，又該譯本頁五三四末一段「九卿的第五位是廷尉…為一名丞」亦當譯成「為一名正」。由此可知，一本書要想沒有錯誤，往往是難以做到的，但是我們深信，凡事只要認真竭力而為，必會將錯誤減到最低點，『詩．小雅．鶴鳴』云：「它山之石，可以為錯。」所以，本《劍橋中國史．秦漢篇》的譯者們，有的在修訂譯稿的過程中，也曾參考大陸上的中譯本。

這本《劍橋中國．秦漢篇》自著手翻譯迄今，已歷時近十載，去歲，劍橋大學方面屢次催促，限時出版，因於暑假伊始，即積極展開全書的校審和少部份的重譯工作。因為時間迫切，而請師大史研所博士生丁筱媛、杜欽和臺大史研所碩士許信昌君襄助校閱，尤其許信昌君費時半載，始將全書仔細校閱一遍，有時須要查對原典，然後我再細心過目，凡覺得譯文中有疑問之處，即刻查對原典力加求證。又在此過程中，青年史學工作者陳文豪教授曾提出寶貴意見，十分感謝，惟本書係集體譯成，其中錯誤或不妥當之處，在所難免，至祈方家不吝指正，是所至感，以期於再版時加以修訂。

韓復智序於台大歷史系第十研究室

（本文原載民國五十八（一九六九）年台北市南天書局）

9. 秦漢史增訂版序

此書原於民國八十五年（一九九六）七月筆者等四人為空中大學編寫的教科書，後來曾經幾次印刷，空大亦都函請編著者加以修訂，然因授課忙碌和時限關係，只能改正些錯字而已。今年六月，編著者函商空大後，都同意將此教科書交由里仁書局重新出版。於是里仁和編著者對此書合力作了很大的修訂、補充和改寫。

先是由里仁把全書作了很仔細的校讎，並採用最新而標準的工具書，訂正了全書中的古今地名和年代，尤其是西元年代；另增補了全書中所有引文的出處，以及插入九幅彩色地圖和十六頁彩色文物圖。工作之認真，令人感動。

再者，筆者鑒於近十年來，兩岸學者對秦漢史研究的成果甚豐，出版的書文極多，尤其是大陸學者，在這個領域的研究，「繼續呈現一種深入發展的勢頭」。以二〇〇四年為例：一、出版有關著作六十部左右，發表論文六百篇左右，著作數與論文數均創新高。二、對於秦漢制度史研究有重大新突破，其中以秦漢制度和新莽制度研究的成果最具代表性。如張金光的《秦制研究》，是本年度最具突破性的研究成果之一。詳見黃留珠〈二〇〇四年中國大陸秦漢歷史文化研究綜述〉（黃留珠．魏全瑞主編《周秦漢唐文化研究》第四輯，西安：三秦出版社，二〇〇六年三月）。

面對這種情況，而此書又名為增訂本《秦漢史》，筆者認為，時值此書重新出版之際，必須切實加以增訂，纔不負讀者的期待。因此，除里仁已做了上述的一番整理外，筆者乃請家人全力協助，將全書一字字的做第四次校讎，一併用《史記》、《漢書》等等原典校勘書中的引文和出處，然後由我總校一遍，希望儘量減少錯誤。

其次，因為當年在匆忙中交稿，我在第一章第二節三、〈文物、考古資料〉中，來不及細述，現在參引了許多新資料，例如：由陝西省考古研究所．秦始皇兵馬俑博物館編著，二○○○年十月，北京科學出版社出版的《秦始皇帝陵園考古報告》（一九九九），與同上編著，二○○六年四月，北京文物出版社出版的《秦始皇帝陵園考古報告》（二○○○），以及王學理《漢景帝與陽陵》（西安：三秦出版社，二○○三年十一月）、徐衛民《秦都城研究》（西安：陝西人民教育出版社，二○○○年一月）等等書文，已及時予以增補，共分為九種：一、秦簡，二、漢簡，三、帛書，四、秦始皇帝陵園，五、漢代帝陵與諸侯王墓，六、秦漢時期的都城，七、秦漢長城和沿線城郭烽塞，八、畫像石與畫像磚。此外，又參考了幾種思想史的論著，和個人對王符、崔寔、仲長統的研究，把第十章的內容亦作了部分的補充與改寫。

最後，為了方便讀者在課外自修起見，只好破格在每章最後的「參考書目」內增列了一些相關的新書目。以我手頭上現有的為例：一、安作璋．孟祥才《秦始皇帝大傳》（北京：

中華書局，二〇〇五年一月），二、張金光《秦制研究》（上海：上海古籍出版社，二〇〇四年十二月），三、張文立．宋尚文《秦學術史探頤》（西安：陝西人民出版社，二〇〇三年十二月），四、張文立《秦始皇評傳》（西安：陝西人民出版社，一九九六年三月），五、高敏《秦漢史探討》（鄭州：中州古籍出版社，一九九八年九月），六、安作璋．劉德修《漢武帝大傳》（北京：中華書局，二〇〇五年七月）七、黃金言《秦漢商品經濟研究》（北京：人民出版社，二〇〇五年三月），八、安作璋．孟祥才《漢光武帝大傳》（鄭州：河南人民出版社，一九九九年四月），九、韓復智．洪進業《後漢書紀傳今註》（共十冊）（臺北：國立編譯館主編、出版，二〇〇三年十月），十、韓復智《論衡今註今譯》（上中下冊）（臺北：國立編譯館主編、出版，二〇〇五年四月）。

總之，這樣一來，使得此書增加了不少的篇幅和成本，我想只要對讀者真正有幫助，這樣做應該是值得的。

此書這次雖然作了很大的修改和補充，相信書中還存在著不少的錯誤和缺點，誠懇的希望方家不吝指教和批評，以待將來再加修訂之。

中華民國九十五年（二〇〇六）十二月十二日韓復智識於臺北市

（本文原刊民國九十五（二〇〇六）年里仁書局出版）

10.〈睡虎地秦墓竹簡〉研究報告引言

研究歷史，端賴史料。所謂史料，前輩學者把它分作紙上的材料和地下的材料兩部分，紙上的是舊史料，地下的是新史料；前者稱作文獻資料，後者則是考古資料。這是眾所周知的事。我曾對同學們說過：研究秦漢史，要想將來獲得理想的成績，首先必須落實於文獻資料，惟有在堅實的文獻資料基礎上，才能充分和有效的運用考古資料，才能有創新和豐盛的研究成果。因為流傳到今天的史記和兩漢書等基本文獻資料，有絕對的史料價值，考古資料不可能取代這些文獻資料，恐怕將來也不可能單靠考古資料就可寫出一部完整的秦漢史。因此，必先認真的在文獻資料上下功夫，尤其是對基本文獻資料，非細心熟讀不可。據說翦伯贊氏曾有「八讀漢書」之事，在北京大學校園傳為佳話。其實類似這種的情形，在前輩學者中，不乏其例。如錢賓四、陳寅恪先生等他們對於許多古籍不但能背誦，尤能自首至尾再三的反覆細讀。所以，他們在學術上能有極大的成就，絕非偶然。

近數十年來，關於秦漢時期的考古資料不斷的出土，其數量之多，史料價值之高，都不是後來任何朝代所能比的。其中最引人注目的，自然是雲夢睡虎地秦墓竹簡，居延漢簡，長沙馬王堆漢墓竹簡和帛書，以及湖北江陵鳳凰山漢墓、山東臨沂銀雀山漢墓中所出土大量的漢簡等。這些都是研究秦漢時期的政治、經濟、文化、軍事極珍貴的資料。因為這些前所未見的豐富資料，不但可以補訂文獻資料的不足與錯誤，並能使我們發現新的問題，開拓新的研究領域。我們認為，為使這些研究秦漢史的瑰寶能充分與文獻資料相結合，以提升研究的水準，非加緊認真的研讀不可。所以從上學年度起，便在秦漢史專題研究的課堂上，與同學們共同研讀雲夢睡虎地秦簡、居延漢簡和長沙馬王堆漢墓出土的竹簡及帛書等資料，並規定選讀此一科的同學，全學年寫一篇研讀報告（上學期末繳大綱，下學期結束後繳報告）。關於研讀雲夢睡虎地竹簡的報告，共有下列數篇：

1. 王健文，〈秦簡「為吏之道」與秦的吏治〉。
2. 金善珠，〈試論秦始皇的「統一法令」——以雲夢睡虎地秦簡為中心〉。
3. 李訓祥，〈秦簡中的盜罪〉。
4. 金甲均，〈試論雲夢睡虎地秦簡「編年記」——談「吏論從軍」解〉。

上述幾位博、碩士班的同學，在鑽研秦簡的過程中，所表現出的嚴肅認真與鍥而不捨的精神，是十分令人欣慰的。今徵得《史原》編輯者的同意，特將上述四篇報告刊出，以饗讀者，並祈方家不吝賜教。

（本刊原載民國七十七（一九八八）年十一月於台灣大學歷史系研究室，刊名已佚）

11.《傅斯年董作賓兩位先生百歲紀念專刊》序

今年欣逢著名學者傅斯年、董作賓兩位先生的百歲，中國上古秦漢學會的會友們，深感兩位先生終身勤奮治學、認真研究和熱心培育人才，及其為人處世的風格，正是青年學友們應該效法的最佳典範。所以，本會為了表彰和紀念傅、董兩位先生對於學術和教育的卓越貢獻，以及其鞠躬盡瘁死而後已的精神，並藉以勉勵後進，努力奮發向上起見，特訂於十二月十日(星期日)上午假臺北市立圖書館十樓會議廳舉行紀念學術演講會，並出版《傅斯年、董作賓先生百歲紀念專刊》，以表示對他們崇高的敬意；更希望青年學友們通過此一演講會和對《紀念專刊》的閱讀，能夠激發與增強其敦品勵學、愛國愛人的志氣，進而能恢復並實踐傳統道德，以達成改善社會風氣與化成天下的理想。這就是本會舉辦此項紀念活動的目的。

傅斯年、董作賓先生百歲紀念學術演講會得以順利舉行和《紀念專刊》能夠及時出版，首先感謝臺北市立圖書館的惠予合辦，更感謝行政院文化建設委員會給予經費上的補助，以及國史館副館長朱重聖博士個人的贊助。在籌備此次紀念活動的過程中，倘若沒有張植珊教授、韋社先教授、李善馨先生、王民信先生與蔡美玉女士的鼎力相助，這本《紀念專刊》是無法問世的。十分感謝中央研究院副院長、美國哈佛大學教授張光直院士的貴賓致辭，並為《紀念專刊》寫序與封面題字。學術演講會分別由何茲全教授、王仲孚教授、戴晉新教授與董玉京院長主講，謝金菊館長、管東貴教授、曾祥和教授、黃耀能教授、邵台新教授分別主持，在此非常感謝他們的辛勞。《紀念專刊》中所採用的資料，多是由黃士強教授、董玉京院長、李東華教授、陳鴻琦先生和臺大研究圖書館提供的，中央研究院歷史語言研究所同意採用有關傅斯年先生的兩張圖片，臺灣大學惠借傅故校長的銅像等，均在此一併致謝。於《紀念專刊》中，選載了陳槃院士、勞榦院士、石璋如院士、王叔岷教授、那廉君先生、嚴耕望院士和黃競新教授等紀念傅、董兩先生的文章，並多已蒙諸位先生同意，內心是十分感謝的。最後要說明的，在籌備此項紀念活動的過程中，除獲得許多友好的精神支持外。一切的實際工作，如籌劃、洽辦、搜集資料、設計、編輯和校對等工作，均分別由王仲孚、馬先醒、邵台新、陳文豪、秦照芬、葉高樹、程君顒、林天人、丁筱媛、杜欽、許信昌、金富植、蔡美玉女士先生等負責。至於我，兩個月多來，除授課外，則是日以繼夜全力以赴，這是義不容辭，責無旁貸的。總之，此項紀念活動之順利完成，全是由上述的幾位會友同心協力、不辭辛勞、積極從事的結果，在此特別向他們敬致誠摯的謝意。以上所寫，只是說明籌辦此項紀念活動的實際經過，姑且權充為序。

民國八十四年(一九九五)十二月韓復智序於臺灣大學歷史系第十研究室

12.「中國上古秦漢學會」之成立與發展

一、中國上古秦漢學會的由來

臺灣地區的「中國上古秦漢學會」（以下簡稱「學會」）的前身是「中國上古秦漢座談會」（以下簡稱「座談會」）。原先，在「座談會」組成的前些年，筆者與一些同好得知大陸已成立「中國秦漢史研究會」籌備會。因此，一致認為為了促進兩岸學術交流起見，台灣地區亦應成立類似的組織，故擬成立一「中國秦漢學會」，遂商請適在台大歷史學研究所授課的中研院院士勞榦（貞一）教授，勞先生認為這個意見很好，他全力支持，並說：「只是我在海外，有時可能有些不便。」後來，筆者又與中研院史語所研究員管東貴先生談及此事，管先生因工作關係而無暇參與。當時，文化大學史學系主任馬先醒教授正在美國哈佛大學做訪問學人，而吳昌廉、陳文豪、邵台新先生等，尚在研究所攻讀學位，由於人力不足，此一成立學會的計劃，就停了下來。直到民國七十一年（一九八二年）五月，由從事研究與喜好中國上古史與秦漢史的學者如姚秀彥教授、李震教授乃組成了「中國上古秦漢座談會」。此「座談會」成立後，不需要繳納會費，原則上每半年舉行一次學術座談會，事先推舉同好兩人擔任召集人和報告人，過了幾年，則改為報告人即為下次座談會的召集人。因為，「座談會」主要以聯誼性質為主，並無任何約束力，後來，由於召集人家中發生事故而告停頓下來。

民國七十年（一九八一年）九月，大陸上眾多研究秦漢史的學者終於在西安成立了「中國秦漢史研究會」。筆者等認為在兩岸學術交流日趨熱絡的情況下，台灣地區應趕緊成立一類似組織，以加強聯誼與交流，故主張將原來的「座談會」改為「中國上古秦漢學會」。這一建議獲得與會同好們一致的支持，遂推舉台大歷史系葉達雄教授負責籌劃和辦理申請立案事宜，經過葉先生與筆者的多方聯絡，終於完成了學會發起人的連署工作，學會的籌組工作，便積極展開。後來，在向有關單位申請立案期間，輔仁大學歷史系邵台新主任熱心協辦各種事務性工作，經過一段時間的籌備後，「學會」終於在民國八十二年（一九九三年）六月十二日下午三時，於台北市舟山路僑光堂正式成立。當時，筆者因為在台大休假而至香港任教，故未能即時趕回台北參加此一盛會。

二、「學會」的組織概況

是日（六月十二日），經過大會全體會員的討論與選舉，其組織及工作人員為：理事長：邵台新。常務理事：管東貴、韓復智、邵台新。理事：王仲孚、馬先醒、孫鐵剛、曾祥和、逯耀東、葉達雄。常務監事：姚秀彥。監事：李震、葉世錄。並聘定秘書長等人選，秘書長：陳文豪，學術組組長：吳昌廉，議事組組長：陳鴻琦，聯絡組組長：林天人，總務組組長：吳光華。又決議將學會會址設於輔仁大學歷史學系。

三、重要的學術活動

本學會自成立以來至民國八十三年（一九九四年）九月，歷時已年餘，在此期間，所舉辦的重要的活動有下列三項：

一、恢復停頓已久的學術座談會。民國八十三年（一九九四年）三月五日，假台灣大學學生活動中心舉行上半年的學術座談會，由筆者主持，邀請台灣大學歷史系葉達雄教授報告〈殷周時代的燕國〉，會員們出席踴躍並熱烈參加討論，列席者有美國芝加哥大學夏含夷教授等。

二、舉辦「中國上古秦漢教學研討會」。由教育部贊助，輔仁大學歷史系主辦，台灣師範大學歷史系及中國上古秦漢學會協辦。研討會於五月二十九日假輔仁大學野聲樓谷欣廳召開，輔大副校長張振東教授致歡迎詞，出席的會員及史學界友好共八十餘人。會中由會員提出十篇論文，詳述個人教學經驗和心得，與同好們交換意見。這十篇論文的報告人和題目分別是：

王仲孚：試論中國上古史的特徵與教學的困難

葉達雄：新出土資料與中國上古史教學

韓復智：出土資料對於秦漢史教學的重要性

黃耀能：就《史記》〈本紀〉談中國上古史教學的一些問題

吳昌廉：秦漢史讀書報告寫作之步驟

林天人：對於歷史地理研究與教學之展望

孫鐵剛：關於秦始皇評價的教學問題

戴晉新：「中國上古史」課程名稱與內容的商榷

邵台新：秦漢史教學中有關西北邊疆的討論

陳文豪：大陸整理出版古籍與教學──以與秦漢史研究有關古籍為例

以上十篇論文和與會者的意見，已印製成《中國上古秦漢史教學研討會論文集》，於民國八十三年（一九九四年）八月出版。

三、民國八十三年（一九九四年）七月二十一日下午假政治大學行政大樓會議室舉辦第二次座談會，由筆者主持，邀請北京師範大學劉家和教授及北京大學田餘慶教授主講，二人分別就春秋左傳與班馬異同以及治學經驗和會員們與諸學者討論了三小時，發言情況十分熱烈，討論的問題也相當專門和深入。

除上述活動外，並出版了《中國上古秦漢學會通訊》創刊號。其中有中研院史語所研究員廖伯源先生的一篇〈漢「封事」雜考〉，是一篇有關漢史的佳作，此外，尚有筆者編的近五年來秦漢史研究書目等。

四、「學會」第二屆年會的召開、組織及其活動

民國八十四年（一九九五年）六月二十四日下午，「學會」假僑光堂召開第二屆年會。年會由邵理事長主持，先進行第二屆理監事的選舉，並假計票時間，召開由筆者主持之座談會，請中興大學歷史系吳昌廉教授報告〈漢代郡國的上計制度〉。結果選出新理事長：韓復智。常務理事：王仲孚、馬先醒。理事：管東貴、逯耀東、黃耀能、孫鐵剛、葉達雄、吳昌廉。常務監事：姚秀彥。監事：曾祥和、邵台新。並聘定秘書長等工作人員，秘書長：陳文豪，學術組組長：秦照芬，議事組組長：葉高樹，聯絡組組長：林天人。學會地址遷往台灣大學歷史系第十研究室。

本學會自去年六月改選至今，已一年有餘，在此期間，所舉辦的學術活動有下列幾項：

一、舉辦過三次座談會：于民國八十五年（一九九六年）九月四日上午十時，假台灣師範大學歷史系視聽教室舉辦第二屆第一次學術座談會，由師大王仲孚教授主持，邀請北京大學考古系鄒衡教授報告「近四十年殷商考古的重要發現與意義」。第二次係于民國八十五年（一九九六年）三月十六日下午三時，假臺北市立圖書館總館十一樓研討室舉行，由王仲孚

教授主持，邀請北京中國歷史博物館考古部研究員李先登先生報告「大陸先秦史研究的新資料與新動態」。今年六月，又於台灣師範大學歷史系視聽教室舉行第二屆第三次學術座談會，由中興大學馬先醒教授主持，邀請政治大學歷史系孫鐵剛教授報告「關於兩漢社會性質的探討」。

二、民國八十四年（一九九五年）欣逢我國著名學者傅斯年先生和董作賓先生的百歲，中國上古秦漢學會的會友們，深感兩位先生終生勤奮治學、認真研究、熱心培育人才和為人處世的態度，正是青年學子應該效法的最佳典範。所以，本學會為了表彰和紀念傅、董二位先生一生對於學術和教育的卓越貢獻，以及其鞠躬盡瘁死而後已的精神，並藉以勉勵後進，努力奮發向上起見，特訂於十二月十日上午假臺北市立圖書館總館十樓會議廳舉行「傅斯年、董作賓先生百歲紀念學術演講會」。會中除邀請美國哈佛大學教授、中央研究院副院長張光直院士致詞外，並請北師大何茲全教授、台灣師大王仲孚教授、輔仁大學戴晉新教授以及中華開放醫院董玉京院長分別作學術演講。他們講的題目是：何茲全：憶傅孟真師；王仲孚：董作賓先生對上古史研究的貢獻；戴晉新：先秦諸子與古代史學；董玉京：我的父親與甲骨文書法。此外，並出版《傅斯年、董作賓先生百歲紀念專刊》，以表示對二位先生崇高的敬意；同時希望青年學友通過此一紀念演講會和對《紀念專刊》的閱讀，能夠激發與增強其敦品勵學、愛國愛人的志氣，進而能恢復並實踐傳統道德，以達成改善社會風氣和化成天下的理想。這是中國上古秦漢學會舉辦此項紀念活動的目的。

是日上午出席紀念演講會者共二百餘人，使得會議廳座無虛席，盛況空前，咸謂是一場成功的演講會。張光直博士於貴賓致辭中說：「我對傅先生的景仰，是他的古史研究，尤其是〈夷夏東西說〉這篇文章。……傅先生是一位歷史天才，是無疑的；他的〈夷夏東西說〉一篇文章奠定他的天才地位是有餘的。……傅先生的天才不是表現在華北古史被他的系統預料到了，而是表現在他的東西系統成為一個解釋整個中國大陸古史的一把總鑰匙。……〈夷夏東西說〉……這樣的文章可以說是有突破性的。傅先生的古史文字中，無疑以此文為首。但他的其他的文章也是篇篇擲地有聲的。」張先生又說：「董作賓先生的〈甲骨文斷代研究例〉的「突破性」是顯然而且公認的。自從甲骨文在十九世紀末出世以後，羅振玉、王國維等文字學、古代史學者在不同的層面上對它的研究作了很重要的貢獻，但是甲骨文之成學，亦即「甲骨學」之產生，無疑是董作賓這篇文章的後果。」

三、今年（一九九六年）由陸軍軍官學校文史系主辦、中國上古秦漢學會協辦的「兩漢三國史學術研討會」，於四月二十七日假陸軍軍官校中正堂三樓會議廳召開。由「中國上古秦漢學會」理事長即筆者于大會作專題演講，講題是〈出土資料對秦漢史研究的重要性〉。另由會員管東貴教授、王仲孚教授分別擔任主持人；會員邵台新教授、廖伯源教授、吳昌廉教授、戴晉新教授、羅獨修教授、黃耀能教授則分別擔任評論人；會員陳文豪教授、汪治平教授應邀發表論文。研討會中所發表之論文共七篇，計有吳慶顯的〈前漢對西域國家的和親政策〉，陳文豪的〈「文德」篇考釋〉，汪治平的〈東漢末「死義」的一個特殊背景〉，侯丁富的〈由我國地理形勢論述三國鼎立的地理基礎—兼述諸葛亮的「隆中對」〉，李恭蔚的〈諸葛亮的軍事才能與領導統御〉，蔡美康的〈東吳立國的經濟基礎〉。目前，《兩漢三國史學術研討會論文集》已經出版。

除上述活動外，並于今年（一九九六年）六月出版《中國上古秦漢學會通訊》第二期。

至於本學會的工作計劃，將來如情況許可，擬出版「中國上古秦漢學報」，俾便刊載會員與同好們的研究成果。又目前正與有關民間團體接洽召開一較大型學術研討會，若達成協議，深信將進一步加強兩岸的學術交流。

附記：（一）此係八十五年（一九九六年）八月二十日在廣州舉辦的「中國秦漢史研究會第七屆年會暨國際學術討論會」上所報告的一篇文字，題目是「台灣的中國上古秦漢學會之成立與發展」並擬刊於《秦漢史論叢》第七輯中，今特轉載於此。

（二）至於與一民間團體商洽召開一較大型學術研討會事，自本人等自廣州歸來後，進一步與之聯絡，惟對方改變初衷，因而作罷。

（本文原載《中國上古秦漢學會會刊》第二期）

（三）事略

（三）事略

1. 傅樂成先生學行事略

傅樂成先生，字秀實，山東省聊城縣人。民國十一（一九二二）年農曆六月二十九日生，為清世宗時武英殿大學士傅以漸（星巖）之後裔，今世著名學者前臺灣大學校長傅斯年（孟真）先生之令姪。八歲時，隨家遷至濟南市，二十三年移居北平，就讀於輔仁大學附屬中學，兩年後，又隨家遷往南京，仍上初中。在此期間，喜愛繪畫，以畫蝦最神似，尤工人像，最崇拜著名畫家徐悲鴻與齊白石。此後對文學發生興趣，讀過不少新舊小說，在新文學作家中最佩服林語堂。抗日戰爭的第二年，從長沙離開家人，隻身遠赴貴州銅仁國立第三中學上高中，仍喜愛文學，先是崇拜周氏兄弟，尤傾服大周文章，後來對他一味崇洋的見解和作風感到不滿，遂很少再讀其書；對二周的當漢奸，更是非常卑視，「其後決心不讀新文學作品，興趣漸漸轉移到舊文學」。當時，國文教師金桂蓀先生，學識淵博，尤長於諸子與歷史，為文章全才，「對歷史上若干問題，每有新穎獨特的看法」；而且為人極厚道，有強烈的正義感；講課時見解精闢，言談幽默，他細心教先生寫古文作舊詩，教諸子文，並力言應讀《昭明文選》與《資治通鑑》。他的熱心教誨，對先生的「品性、學識、文章都發生莫大的影響」。先生之終身從事史學研究，可說是深受金師的影響。而對三中校長周慶光（邦道）先生的道德學問，「愛護學生如子弟」及「夙夜在公」的辦學精神，尤推崇備至。高中三年，為其「平生讀書最愉快獲益也最多的一段時光」。周、金二師，同是先生「畢生景慕永難忘懷的恩師」。三中師友，來臺者甚多，每年集會數次，齊聚一堂，「歡若家人」，為「人生少有的樂事」。先生於母校四十週年校慶紀念特刊中，撰有〈周慶光校長六十壽序〉、〈金桂蓀老師的詩〉與〈銅仁風光簡述〉等文，曾曰：「異月泰階平，四海一，與諸師友重蒞東黔，檢點形勝，憑弔舊蹟，狂歌痛飲，作十日之遊，則畢生之心願足矣！」對三中師友情感之深厚，由此可見。

二十九年，先生高中畢業後，以第一志願考取國立西南聯大歷史系，當「進入聯大時，歷史系已因陳寅恪、錢穆、張蔭麟諸先生的離校而稍呈衰象，但系裏的教授陣容，仍是非常可觀」。在「名師如林」的最高學府中，除修習吳晗、姚從吾、鄭天挺、邵循正、皮名舉、雷海宗、劉崇鋐諸教授所講授的史學課程外，並選修或旁聽劉文典、羅常培、唐蘭、毛準、陳夢家、沈從文、聞一多、朱自清、吳宓、馮友蘭等教授所開的課程，聯大博學名師之眾，學風之自由，才氣縱橫的同學之多，以及昆明宜人的天氣，使先生數十年來念念不忘。

三十四年，先生於聯大畢業後，返回重慶家中，旋進入中央圖書館工作；抗戰勝利後，重返南京，繼續在館中服務，「終因耐不住坐辦公室的刻板生活」而轉入私立弘光中學教書。三十七年夏，赴遷徙於蘇州的河南大學做助教。三十八年初，隨其伯父孟真先生來臺，於國立臺灣大學歷史系任助教職。四十三年負笈美國，至耶魯大學進修，次年返國。四十五年始由代理系主任李宗侗（玄伯）教授擢升為講師，三年後升任副教授，五十三年升為教授，講授中國通史、隋唐五代史、秦漢史。於五、六十年代，先後應師大、文化、輔仁、淡江、成功與中興等諸大學敦聘，兼授秦漢史、隋唐五代史、中國西化史，並兼任中興大學歷史系主任、文學院院長。南北奔波，熱心教育，不遺餘力，今日教育學術界中一些知名之士，泰半出其門下。

先生雖身為「海內名家」之後，但從不向人炫耀，從未運用此種得天獨厚的關係，以圖己利。惟因「不擅趨附」，「一切直來直往」，而常遭「僉壬的暗算」，吃過不少虧，然都淡然視之。先生視金錢為身外物，樂於救助窮困，將辛苦兼課之鐘點費，全部用在學生身上。先生極富國家民族觀念，瞧不起鄉愿和偽君子，對貪財弄權之徒甚為疾惡，對曲學阿世及崇洋媚外之流尤不屑一顧。先生雖服膺莊、老，但極重視孔、孟之道，認為人若無品，「學問再好，又有何用？」暇時雖喜月旦人物，但在課堂上絕口不言；對「守正固窮的君子，學行並茂的全才」，則非常讚賞；對重視道義、提掖後進、愛國與自愛的前輩，尤倍極感佩與尊敬。傅故校長是先生最崇拜的人、是「夢裏的典型」。先生鑒於可以為孟真先生寫傳的長輩，不是相繼去世，即是「大都衰病侵尋，不適繁劇」，因於民國五十六年以前就想為傳校長寫傳。在其〈我撰寫傅斯年傳的構想〉一文中說：「促使我決心撰寫這部傳記的原因，還有兩點：一是孟真先生生前對我教誨提掖，叮嚀周至，伯母俞大綵夫人對我也始終愛護。但我少年時未能恪遵他們的訓誨，如今年將老大，仍碌碌無所成就，衷心極感慚愧。所以我想藉這部傳記，以示不忘先人的德業，略贖我昔年荒怱之咎，並期能稍慰大綵夫人。二是我在臺灣十幾年的教書生涯中，目睹學術界風氣的消沉，讀書人性情的薄弱，以及對青年們所造成的某些不良影響，不免時生感慨；希望能藉孟真先生當年的精神和幹勁，給予學術界一點刺激。尤其希望對青年人能有所鼓舞啟發，使他們在為學做人上可以找到一些借鏡。不管我能否達成這些願望，我總覺得我應當在這一方面盡點力量。」這種報答親恩愛護青年的精神，實在令人感佩。然時逾數載，傅傳的資料雖大致齊備，無奈先生晚年久病纏身，遲遲難以動筆，故終未達成心願。誠令人有「壯志未酬身先死，常使英雄淚滿襟」之哀嘆！所幸事先曾撰《傅孟真先生年譜》一書與〈傅孟真先生思想與為人〉等文字，有志青年，可藉此明瞭傅斯年先生生平事蹟，而奮發有為，見賢思齊。

先生才思不羣，治史深得其學通中西的伯父孟真先生意緒，來臺數十年，專志於學問，卓然有成，撰述頗豐，著有《中國通史》、《隋唐五代史》、《漢唐史論集》、《傅孟真先生年譜》、《時代的追憶論文集》及論文十餘篇，對漢唐史研究做出重大貢獻，為臺灣地區近四十餘年來極負盛名的史學家。杜維運教授評論其史學成就曰：「他是漢唐史名家，幾十年的時間，與中國兩個盛世相浮沉，著述雖未至豐碩，凡所論撰，皆有精闢之見。他早年寫成的一部約六十萬言的《中國通史》，尤其膾炙人口，暢銷國內外。這部書的優點是文字簡明，條理清晰，內容豐富。一般這類的書，事略語贅而層次不清。他是一位極為細心而且一絲不苟的人，處理資料，有條不紊，揮筆為文，字斟句酌。這部書問世以後，大受歡迎，大學或中學採用為課本者極多。如果這部書佈局再謹嚴一點，重心再穩固一點，多增添一些西洋所謂的歷史解釋（historical interpretation），將更趨於完美。平時議論風生，而書中絕少議論，是頗耐人尋味的。」嚴耕望院士評之曰：「為近三十年青年學子所必讀。蓋半個世紀來，中國通史之撰述不下二三十家，除無錫錢先生《國史大綱》識解卓異，一世巨擘之外，允推秀實此書，本之國史舊文，頗參時賢成績，條理清晰，平實淺易，轉較錢先生書易為青年學子所能接受也。」王仲孚教授則於今年（八十四年）十月號《歷史月刊》〈簡介幾本大學生應讀的中國通史〉一文中說：「本書的一大特色是：綱舉目張、敘事清晰、文字淺易流暢，初學者易於閱讀，對於當代史學界的重要研究成果，亦能加以吸收，融入著作之中。全書之中，對於秦、漢、魏晉、隋唐各章，內容尤為詳細。由於最近三十年，大陸地區史前及夏、商、周三代考古發掘之新資料甚多，本書著作之時，自無緣採入，但對於本書之許多優點，並無影響。」凡此皆為十分客觀之評述。此《中國通史》一書，曾於六十年略加修訂，並譯有韓文版；先生當年想親自譯為英文本，後因病未果。

先生於漢史研究方面，凡所撰述，多關涉大局，且具通識，立論精卓。其〈西漢的幾個政治集團〉一文，即為頗富創見與啟發性的大文章。如云，西漢之文治武功在歷史上能有水準以上之表現，與當時的「人」有很大關係。每個集團的首腦人物，無論是反動或前進的，本身大都具有相當才幹。賈誼在〈治安策〉中主張不僅在改變舊制度的表面，在精神方面也要一掃嬴秦之惡毒。不僅要改良當時的政治現狀，而且要糾正當時的社會風氣。要在強力之外，更注入政治社會一種德教的新精神。主張以管子中的「四維」改變秦朝以來社會上惟力是視、惟利是圖的頹風。鼂錯對於匈奴問題，有極高明的見解，他曾把漢、匈雙方在戰術上的長短，作過詳細比較，創出「徙民實邊」的偉論。故二人同為漢初最偉大的政治改革論者。

先生很反對畫小圈圈、搞派系，凡妨害國家民族利益的，他都反對。故論到養士與游俠時稱，正如《漢書・游俠傳》所說：「背公死黨之議成，守職奉上之義廢矣。」因指這些養士者與被養的人都是國家走向安定統一之路的障礙物。對〈鹽鐵論〉的分析，認為法家的理論，較切實際；儒家的理論，大半忽略現實，偏重理想。並指出自從元帝信用儒家後，漢朝即開始不能振作。現實派的失敗，象徵著進取人才的全部凋謝，同時更象徵西漢王朝的沒落。其他如〈漢法與漢儒〉、〈漢代的山東與山西〉等論文，多係晚年所撰，主要為前文所衍出。

先生對唐史研究，同樣通過嚴格之史料考證與批判，極力求真求是。如對〈杜甫之死〉、〈玄武門事變之醞釀〉、〈沙陀之漢化〉等等諸問題，皆有精湛之研究與卓識。於〈中國民族與外來文化〉等文中，再三強調中國文化的優越性，極力批評盲目崇洋之惡風。先生不諱言唐人的缺點，盛讚其偉大之處在於進取與坦率。此為唐人創立偉大功業之重要因素。先生認為唐人有三項獨特精神：第一、勇敢進取之尚武精神。第二、胸懷開闊之博大精神。第三、坦蕩真誠之自由精神。這三點很值得國人學習。若一國國民，體弱氣萎，心胸狹隘，言論思想閉塞固陋，凡事但知採本位主義，則此國家不僅談不到什麼武功，亦謀不到什麼文治。整體而言，安史之亂以前之唐代是華夷一家，安史之亂後，唐人夷夏觀念漸趨嚴格，進而產生中國本位文化之觀念。唐人並未因吸收外族文化而迷失自己。今後國人應如何效法漢唐，擷取西洋文化之長處，以創造自身之新文化，是值得我們深思熟慮的問題。

先生原擬名之《勞燕集》一書，勞榦院士認為名《時代的追憶論文集》比較妥當，先生於病榻上表示同意，始改定今名。書中文字都是在各著名雜誌、報章已發表過的論文，共分為四部分：即漢唐史論集續集、傅孟真先生思想與為人、師友雜憶、時代的追憶。李樹桐教授在序中說：「傅先生所作的一切雜文，無不篇篇優美，在理論見解和文筆上，全都上上。其中如〈傅孟真先生的民族思想〉，也就是樂成先生的民族思想和愛國精神。所講述的師友，也都是學有所長，受人尊敬的聞人。」先生追憶往事，流露真情，感人至深，其中尤以

〈追念玄伯先生〉、〈悼念殷海光兄〉二文為最。此外，如〈我怎樣學起歷史來〉一文，是先生的部分自傳。〈做到唯才是用發展人文科學〉是先生的政論。〈年的變幻〉和〈銅仁風光簡述〉，前者為一社會史料，頗有唐代《封氏聞見記》、《酉陽雜俎》的風味，而文筆過之。後者等於遊記，可與柳宗元的遊記媲美。從其〈看相〉一文，可看出先生對歷史人物的觀察精細，融會貫通，有獨到見解。當年慕名前來請求看相的，絡繹不絕，於先生下課前，排隊等候於研究室門外的亦大有人在。先生不但從不收分文，而且準確率又極高。「自古文人，每常以琴棋書畫自娛，孔子曰：『依於仁，遊於藝。』先生的看相，或孔子所謂『遊於藝』歟。」

許多年前，先生為提高漢唐史研究，曾與李樹桐、楊家駱二教授等組織唐史座談會，並舉辦過數次座談；對其弟子馬先醒教授創辦的「簡牘學會」亦給予鼓勵與支持。六十六年，又領導數名弟子編著《中國通史》。凡知者皆深信，以先生資賦之高，功力之深，文筆之佳，使天假之年，定當有更多論著問世。只惜其臥病累年，撰講皆輟，後歸道山。「方當盛年，未盡才學，費志以歿，良深惋嘆！」

先生對學術教育之批評，認為「過分強調科技，往往忽略人文學科，不平衡發展之結果，逐漸有走向唯利是圖的資本主義社會之傾向。」主張提高高等教育水準，通盤規劃教育大計。曾言：「在學界諸多怪象中，使我最感痛心的是至今還沒有建立起一種公正嚴格的學術批評制度。」先生的切中時弊之直言，正說明他的思想與為人。

多年來，先生席不暇暖的培育青年與勤於研究，積勞成疾，六十年，終因腎臟病住入臺大醫院。又四年，罹患中風，六十九年元月，再度中風，病情嚴重，先住進中心診所救治，後轉入臺大醫院醫療，次年七月出院。在此期間，臺大歷史學研究所之諸生自動輪流看護，諸友好、弟子亦紛紛解囊，前往探視者不絕於路。七十二年三月二十七日深夜，因流鼻血不止，凌晨送往臺大醫院急診室急救，醫生診斷為「腦血管障礙併呼吸窘迫及高血壓」。從此呻吟病榻，時逾一年，毫無起色，七十三（一九八四）年三月二十九日晚九時零五分，終因併發肺炎不治，與世長辭，享年六十三歲。噩耗傳出，親友門生莫不垂涕，於老成多凋謝之史學界中又痛失良師！

時光荏苒，轉眼間，先生已仙逝十一年。去歲冬，特舉辦一學術演講，藉申悼念。會中彷佛望見其音容笑貌仍在人間；然其救貧濟困，守正不阿，愛國愛人與勤奮治學之精神，亦深信將永垂不朽。

（本文原載《山東文獻》二十一卷三期，另於民國八十五（一九九六）年《國史館現藏民國人物傳記史料彙編》第十五輯轉載）

2. 王民信先生事略

一、生平

籍貫與生年

王民信先生，重慶市人，民國十七（一九二八）年一月三十一（農曆正月初九），誕生於市內之祖宅。

世系與家室

王先生遠祖系出太原，不如何時徙居湖北麻城。一世祖王國口（？）公，於清代乾隆、嘉慶之際，再遷至四川江北縣朝陽河，以農為業，耕讀傳家。傳至先生已是第八代。初，闔府共九人，除雙親與先生外，有長兄民仁、大姐民雲、二姐民惠、二哥民義、三妹民芳、四弟民本。今多已於故鄉去世。

先生與德配潘珊豪女士育有二子，都已結婚，長子王治元、長媳李瑋欣；次子王治中、次媳李瑾川及三孫女，因工作關係皆僑居美國。

學歷與經歷

王先生性情溫良，沉靜寡言，為人謙退，不喜矜誇，從不疾言厲色待人，故多友好。少時好學，有志操，抗戰期間，小學畢業後，進入木材行工作，以賺取學費，後考入國立中央大學附設中學（重慶沙坪壩分校）。高中考上位於四川宜賓的國立同濟大學附屬中學，抗戰勝利，隨校復員至上海。民國三十八（一九四九）年畢業，時值大局不變，即倉卒渡海來台，幸得李學智先生協助並推薦至臺灣大學圖書館工作，四十年考入臺大歷史系。求學期間，工讀維生，時有經濟來源斷絕之虞，三餐不繼，幸仰李學智先生和周雪樵先生時常相助，始免於饑困。四十四（一九五五）年大學畢業，服完兵役後，曾任教於虎尾中學。四十六年八月回臺大圖書館閱讀組參考股服務，並兼歷史系遼金元史大師姚從吾教授之研究助理。

民國四十八（一九五九）年八月任醫學院圖書分館典藏股股長。餘暇，從廣祿教授學滿文。

民國五十五（一九六六）年八月任總圖書館閱覽組閱覽股股長。

民國六十一（一九七二）年九月任閱覽組主任。六十六年規劃改善總圖書館書庫配置，由原來的閉架式管理改變為開架式。七十年起協調規劃修訂臺灣大學圖書館閱覽規則。

民國七十三（一九八四）年四月出任文學院聯合圖書館分館主任。為擴展館務，打破傳統，開放對外院師生借書服務。

民國七十七年籌劃臺灣大學第一屆春節自強晚會活動，著有成效。由於先生對學校作出上述重要貢獻，因而臺灣大學「七十六學年度服務績優職員」，於是年（七十七）教師節茶會時公開表揚。

民國七十八（一九八九）年九月榮退，在臺大圖書館共服務三十二年。之後曾任《歷史月刊》顧問。

先生博學多聞，學養深厚，極有研究實力與豐富成果。民國五十六年十月台灣師範大學歷史系趙鐵寒教授因病無法授課，乃邀請先生代為講授「遼金史」課，歷時三年，深獲學生好評。

民國七十三、七十五年，分別出席中、日、韓國際史學研討會議，所發表的論文，廣受與會學者之重視。又參加中國唐代學會，出席研討會議，發表多篇有關唐代歷史論文。

此外，先生喜愛歌唱，故於六十年十月籌組「臺大教職員合唱團」，並出任首屆團長，於每週一、四中午在學生活動中心練唱，並多次舉行公演。週日則與諸友好同仁從事登山活動，談心健身。平時雖極忙碌，但生活得十分愉快。

二、學術著作

五十年來，先生在圖書館工作之餘，勤於學術研究；榮退之後仍著述不懈，專治宋遼金元史，對西夏史之研究，尤多創見，堪稱名家。先生不但通西夏文，並撰有多篇專論，深受中外有關學者的重視與贊揚。今錄其部份的著作（包括編的）如下：

（一）專書

一、契丹史論叢（台北，學海出版社，民國六十二（一九七三年）。

二、李燾續資治通鑑長編宋遼關係史料輯錄（同陶晉生合編）（中央研究院），民國六十三（一九七四）年。

三、史記研究之資料與論文索引（編）（台北，學海書局，民國六十五（一九七六）年）。

四、沈括熙寧使虜圖箋證（台北，學海書局，民國六十五（一九七六）年）。

五、宋史資料萃編第三、四輯（編）（台北文海書局，民國七十（一九八一）年）。

六、中國歷代詩文別集聯合書目（編）（台北，聯經出版公司，民國七十（一九八一）年）

七、蒙古入侵高麗與蒙麗聯軍征日，《中韓關係史論文集》七十二年十二月一九八三年十二月。

八、西夏紀事本末，王民信，文海（民國七十六）。

九、丘處機（中國歷代思想家（三十一），台北，台灣商務印書館，民國七十六（一九八七）年）。

十、遼金元明文學論著集目正編（國立編譯館主編，五南書局印行，民國八十五（一九九四）年）。

十一、耶律楚材、許衡、方孝孺（同趙振績、邱德修合著）（台灣商務印書館，民國八十八（一九九九）年）。

十二、中國歷代名人年譜彙編例略（台北，廣文書局印行）。

十三、黨項源流新證等五篇。

（二）論文

一、唐代吐谷渾餘緒考（一）、（二）（大陸雜誌十六卷七、八期，民國四十七（一九五八）年四、五月）。

二、隨唐對於吐谷渾之經營（一）、（二）（大陸雜誌十八卷六、七期，民國四十八

（一九五九）年三、四月）。

三、兩晉南北朝時期的吐谷渾（一）、（二）（大陸雜誌十九卷二、三期，民國四十八（一九五九）年七、八月）。

四、遼史韓知古傳及其世系補證（幼獅學報二卷一期，民國四十八（一九五九）年十月）。

五、吐谷渾西遷及其立國時期的推測（大陸雜誌二十卷六期，民國四十九（一九六〇）年三月）。

六、從吐谷渾的漢化論其社會制度（一）、（二）（大陸雜誌廿二卷一、二期，民國五十（一九六一）年一月）。

七、遼史「契丹語官名」雜考（幼獅學報四卷一、二期，民國五十（一九六一）年十月）。

八、「吐谷渾」試釋（大陸雜誌廿四卷十二期，民國五十一（一九六二）年六月）。

九、孫克寬「元代漢文化之活動」評介（中華文化復興月刊三卷五期，民國五十九（一九七〇）年。

十、契丹古八部與大賀遙輦迭剌的關係—附耶律迷律二姓試釋（原載史學彙刊四期，民國六十一（一九七二）年。（收錄於契丹史論叢）。

十一、黑山、永安山、犢山考—遼朝地名考（邊政研究所年報八期，民國六十六

(一九七七)年。

十二、蘇頌「華戎魯衛信錄」—遼宋關係史,附:宋朝時期的契丹史料(書目季刊十四卷三期,民國六十九(一九八〇)年)。

十三、「西夏」國名雜談(邊政研究所年報第十二期,民國七十(一九八一)年)。

十四、西夏文「孫子兵法」(書目季刊十五卷十二期,民國七十(一九八一)年)。

十五、遼「東京」與「東京道」(邊政研究所年報十三期,民國七十一(一九八二)年)。

十六、高麗與遼、宋、金外交關係探索(見九六〇~一九四九中韓關係史國際研討會論文集,民國七十二(一九八三)年)。

十七、蒙古入侵高麗與蒙麗聯軍征日(中韓關係史論文集,民國七十二(一九八三)年)。

十八、高麗王室婚姻問題分析(韓國學報三期,民國七十二(一九八三)年)。

十九、中國歷代詩文別集聯合書目(台北,聯合報文化基金會,民國七十一—七十四(一九八一—一九八五)年。國學文獻館第一—十四期)。

二十、高麗忠宣王:王源(璋)(石唐論叢十期,韓國東亞大學,民國七十四(一九八五)年)。

廿一、高麗史女真三十姓部落考(政大邊政研究所年報十六期,民國七十四

（一九八五）年）。

廿二、西夏官名雜考（邊政研究所年報第十七期，民國七十五（一九八六）年）。

廿三、從遼上京興建看塞外都市發展之情形（國際宋史研討會論文集目錄，民國七十七（一九八八）年）。

廿四、理想的漢學參考工具書（國立中央圖書館館刊二十二卷一期，民國七十八（一九八九）年）。

廿五、薛仁貴西征（第一屆國際唐代學術會議論文集，臺灣學生書局，民國七十八（一九八九）年）。

廿六、范仲淹與西夏李元昊（范仲淹一千年誕辰國際學術研討會論文集，民國七十九（一九九〇）年）。

廿七、西夏的農業（韓國學報十一期，民國八十一（一九九二年）。

廿八、西夏的農業（中國文化大學蒙藏學術會議論文集，民國八十一（一九九二）年）。

廿九、薛仁貴與契丹（第二屆國際唐代學術會議論文集，中國唐代學會主編，台北文津出版社，民國八十二（一九九三）年）。

三十、從厚黑學看曹操、劉備、孫權及其軍師（《歷史月刊》九十五期，民國八十四（一九九五）年十二月號）。

卅一、高麗王「筵宴」雜記（韓國學報十三期，民國八十四（一九九五）年）。

卅二、遼朝時期的康姓族群~遼朝漢姓氏族集團研究之二（第二屆宋史學術研討會論文集目錄，民國八十五（一九九六）年）。

卅三、林英津「夏譯孫子兵法研究」評價（中國書目季刊三十一卷二期，民國八十六（一九九七）年）。

卅四、評介三部西夏字書研究，《番漢合時掌中珠》研究，《文海》研究，《同音》研究。（中國歷史學會集刊第二十九期，民國八十六（一九九七）年）。

卅五、王安石與西夏（首屆西夏學國際學術會議論文集，民國八十七（一九九八）年）。

卅六、李範文「夏漢字典」評介（中國書目季刊三十二卷四期，民國八十八（一九九九）年）。

卅七、談西夏語中的「魚骨」（民族華僑研究所年報第三期，民國七十（一九八一）年）。

卅八、契丹的柴冊儀與刷新儀（契丹史論叢）。

卅九、宋與西夏的關係（國立中央圖書館館刊）。

四十、再談「白高國」。

四一、田氏纂齊始末（思與言 第一卷第四期，民國五十二（一九六三）年）。

案：此外尚有多篇論文於大陸發表，一時不及收錄。

王先生一生，居處恭，執事敬，寬厚有容，道德文章兼優，誠為士林中一謙謙君子也。求諸今世，殆罕其匹。惟不幸於民國九十四年（二〇〇五）年七月六日上午六時（農曆六月初一卯時）因病逝世於臺北市榮民總醫院，享壽七十有八。筆者為王先生學弟，在臺大交好三十餘年，懷念古友，草成此篇，權充王先生之事略。

（本文原載民國九十九（二〇一〇）年台灣大學出版社）

3. 岳母大人蔡陳欵女士事略

岳母大人諱欵，系出台北市南區望族。年幼時，因家中兄姊眾多，外祖父母乃托佃農之妻代為撫育。此佃農夫婦即後來之祖父母也。岳母少時，因佃農家窮，未能入學讀書、然其天資聰穎，喜勤習閨訓，四德七誡，莫不通曉。及長，乃力勞家事，尤擅女紅，故甚為乳母疼愛。後逾時十餘年，乳母幾次懇求外祖父母允將其來歸岳父崑山公。公乃乳母之長男也。岳母資性溫淑，侍親至孝，又友愛妯娌，相夫教子，主持中饋，無不克盡厥職。因以賢淑聞名。岳祖母中年生幼子，母乳少，乃命岳母代乳之。當時，家境清寒，岳母謹遵祖父母旨意：「生男傳宗接代做棟樑，生女割愛送人換子媳。」故所生諸女多分散各地，依養父母為生。抗日戰爭後之某歲，岳父母為謀生計，乃率子女舉家遷離祖居，搬至台大附近。終年胼手胝足，以洗衣、做工，維持全家生計。因為收入微薄，生活艱苦，平時極少食魚肉，然每逢佳節，必購得上等肉十斤，以孝敬父母。岳母娘家雖然富甲一方，但因從未分得私毫祖產，而沒有半句怨言；且屢誡諸子女曰：「用自己的雙手與勞力賺來的錢，用之纔心安理得。」岳母一生，待人真誠謙和，從未與鄉里爭吵過。因其處世淡然，一切都不勉強，而順應自然。其雖不信奉宗教，然心存大愛，樂於濟人助困照顧鄰居幼小尤如同孫輩，平日鄰居有求必應，因有活菩薩之美譽。惟因數十年來，勞累過度，於去年身感不適，遂送往市內三軍總醫院內科部治療。今年夏，復入院醫療養數月後，遵醫師所囑，返家療養，不幸於九月二十二日凌晨溘然長逝。深念岳母終生辛勞，以德行聞名鄉里。今遽返西土，乃含悲靜聽過其五女蔡美玉（余之內人）哭述後，遂恭述其懿行如上，以慰　大人在天之靈，並彰在世之德也。

民國一〇〇年六月十日（星期六）修訂稿

（本文於民國八十七（一九九八）年九月由蔡家家屬自印）

國家圖書館出版品預行編目資料

韓復智文史散集 / 韓復智 著
--初版-- 臺北市：蘭臺出版社：2012.8

ISBN 978-986-6231-37-7(平裝)
1.中國史 2.文集
610.7　　　　　　　　101008280

蘭臺年譜叢刊 1

韓復智文史散集

作　　者：韓復智
美　　編：林育雯
封面設計：鄭荷婷
主　　輯：郭鎧銘
出 版 者：蘭臺出版社
發　　行：蘭臺出版社
地　　址：台北市中正區重慶南路1段121號8樓之14
電　　話：(02)2331-1675或(02)2331-1691
傳　　真：(02)2382-6225
E—MAIL：books5w@yahoo.com.tw或books5w@gmail.com
網路書店：http://store.pchome.com.tw/yesbooks/
http://www.5w.com.tw、華文網路書店、三民書局
總 經 銷：成信文化事業股份有限公司
劃撥戶名：蘭臺出版社 帳號：18995335
網路書店：博客來網路書店 http://www.books.com.tw
香港代理：香港聯合零售有限公司
地　　址：香港新界大蒲汀麗路36號中華商務印刷大樓
C&C Building, 36,Ting, Lai, Road, Tai,Po, New,Territories
電　　話：(852)2150-2100　傳真：(852)2356-0735
出版日期：2012年8月 初版
定　　價：新臺幣800元整（平裝）
ISBN：978-986-6231-37-7